U0537120

"文青"皇帝
宋徽宗

余耀华 著

中国书籍出版社
China Book Press

图书在版编目（CIP）数据

"文青"皇帝宋徽宗 / 余耀华著 . —北京：中国书籍出版社，2022.1

ISBN 978-7-5068-8732-8

Ⅰ . ①文… Ⅱ . ①余… Ⅲ . ①宋徽宗（1082-1135）—传记 Ⅳ . ① K827=44

中国版本图书馆 CIP 数据核字（2021）第 201848 号

"文青"皇帝宋徽宗

余耀华　著

图书策划	王星舒
责任编辑	王星舒
责任印制	孙马飞　马　芝
装帧设计	彩丰文化
出版发行	中国书籍出版社
地　　址	北京市丰台区三路居路 97 号（邮编：100073）
电　　话	（010）52257143（总编室）（010）52257140（发行部）
电子邮箱	eo@chinabp.com.cn
经　　销	全国新华书店
印　　刷	三河市顺兴印务有限公司
开　　本	720 毫米 ×1000 毫米　1/16
字　　数	298.6 千字
印　　张	19.75
版　　次	2022 年 1 月第 1 版　2022 年 1 月第 1 次印刷
书　　号	ISBN 978-7-5068-8732-8
定　　价	59.00 元

版权所有　翻印必究

前言

书写心中的历史

皇帝是什么？就是高居于由人民垒成的金字塔顶端的那个人。

这个人被神化为上天派到人间管理众人的头儿，所以称为天子。因为是神的意志的化身，便以人间并不存在的龙作为象征，通常被神化为真龙天子。

从中国第一个皇帝嬴政算起，到最后一位皇帝——清朝末年的溥仪，共有三百五十多个皇帝走马灯似的"你方唱罢我登台"，其间不知上演了多少悲剧、喜剧和闹剧。好皇帝、坏皇帝；贤明皇帝，昏庸皇帝……形形色色，亦庄亦谐，民间有野史，孰真孰假，莫衷一是。

后人写前人，老百姓写帝王，到底该用一种什么态度？是戏说还是正传？是据野史演义还是正史为鉴？每一个作家都有自己选择的权利。这两种态度实际上从司马迁写《史记》时便已并存。完全客观的历史学家并不存在，完全客观的作家更是不存在。即便是那些食官俸为皇家修史的官员，也遮遮掩掩地表现出自己对人物的好恶，即使治学严谨的太史公，在他的《史记》里也添加了大量的文学描写和大胆想象。每一个以历史为题材的作家，都可以在遵从基本历史事实的前提下，写出自己心中的人物和事件，只要写得有趣、有味，也就可以了。

遵从历史本源，非虚构，书写心中的历史，是吾辈毕生之追求。

"文青"皇帝 宋徽宗

一个奇特的混合体

北宋靖康二年（1127年），在中国历史长河中只是一瞬间，但却是一个令人难以忘怀、值得永远记住的日子。

这一天，经济文化堪称辉煌灿烂，发达程度丝毫不亚于甚或超过汉、唐、元、明、清而最为鼎盛的时期，经济文化发展达到巅峰，甚或是当时世界经济文化最发达的北宋王朝，顷刻之间宣告覆亡，"靖康耻"如刀子般永远刻进了中国人的记忆中。帝国大厦的突然崩塌，宋徽宗有不可推卸的责任。

宋徽宗是一个奇特的混合体：

> 他很颖悟，又最愚蠢；
> 他很睿智，又最昏庸；
> 说他仁爱，却最残忍；
> 说他多情，却最负心；
> 他曾拥有一切，最终一无所有；
> 他曾是天之骄子，却成了阶下囚。

以他为首的一个统治集团，曾经酿成了中国历史上一场空前浩劫。

宋徽宗具有双重身份，他既是大宋王朝的皇帝，又是一位杰出的文人艺术家。正是由于政治的需要和艺术家气质的冲突，最终导致了国家和个人的悲剧。

宋徽宗执政时，北宋王朝积贫积弱已久，就像一个久染沉疴、辗转床褥的病人，要徽宗妙手回春，挽狂澜于既倒，似乎是不切实际的空想。但是，徽宗的昏聩荒淫，挥霍无度，任佞逐贤，大兴土木，沉浸于道教，这一切，都加剧了北宋的覆亡，这也是不争的事实。

前　言

作为皇帝，宋徽宗无疑是一个失败者。即位之初，宋徽宗像是一位有为的英主，对内惩奸扬善，驱除邪恶，昭雪冤狱，广纳忠言，这些都受到朝野一致赞誉。假如他能够持之以恒，假若他不受宵小的包围蛊惑，假若他能够汲取历史上那些亡国之君的教训，北宋王朝或许可以中兴，至少能够保持与金国抗衡的局面。可惜的是，这段清明的政治只是昙花一现，在历史上几乎没有留下什么痕迹。时隔不久，他便沉沦了，把一个好端端的国家弄得满目疮痍，哀鸿遍野，十室九空，民怨沸腾。在毁掉北宋江山的同时，也尝到了自己种下的苦果——沦为金人的阶下囚。

繁荣昌盛的北宋王朝，为何如此不堪一击呢？《宋史·徽宗本纪》在谈论北宋覆亡的原因时说："自古人君玩物而丧志，纵欲而败度，鲜不亡者，徽宗甚焉，故特著以为戒。"

王夫之谈论北宋覆亡的原因时也说，徽宗君臣"君不似乎人之君，相不似乎君之相，垂老之童心，冶游之浪子，拥离散之人心以当大变，无一而非必亡之势"，这些评价大体都符合事实。

徽宗欲联金抗辽，本想大振国威，谁知却弄巧成拙，金人的铁蹄以摧枯拉朽之势颠覆了北宋王朝。不少史学家对徽宗的这一决策提出质疑，认为这一决策直接导致北宋覆亡。这显然是肌肤之见。徽宗图谋收复燕、云十六州并无过错。自五代时期石敬瑭将燕、云十六州割让给辽国以后，中原王朝便丧失了抵御北方游牧民族南下的屏障——长城，而自燕京（今北京）至黄河之间的平坦地势，几乎无险可守，北方游牧民族很容易进入中原腹地。从五代后周世宗柴荣以来，中原王朝都欲收复失地以固邦本，但都是力不从心，无功而返，宋真宗与辽国签订"澶渊之盟"，花钱买和平，才换得双方相安无事。尽管北宋在与辽的贸易中赚了不少钱，但向辽输岁币这件事，毕竟让一个主权国家难堪，徽宗宁愿将给辽的岁币给金，也要收复燕、云十六州，这是一个大胆的构想，值得嘉许。

然而，就北宋的状况而言，自元祐以后，朝廷上下几无可用之将，举国内外几无可战之兵，城堡颓废，防御松弛，戍卒离散，武力不竞，自然难以抵御游牧民族剽悍铁骑的进攻。但是，如果徽宗认真整军经武，事情并非没有转机。以财

"文青"皇帝 宋徽宗

赋而论，徽宗虽然奢侈，但还不至于像隋炀帝那样用之于泥沙，尽天下之财以捍卫北方，仍然还是绰绰有余。以兵力而论，北宋的兵力超过金方数倍，以将相而言，张孝纯、张叔夜、张浚、赵鼎等俱已在位，韩世忠、岳飞、刘锜等或已在行伍中，或已崭露头角，如果用人得当，大可以一展身手。不幸的是，徽宗集团竟然派出阉宦童贯、刘延庆等人领兵。宋军以精锐之师去攻打行将澌灭的契丹，犹不能稳操胜券，先是童贯折戈白沟，随之是刘延庆、郭药师兵败燕山。金军的铁骑几乎没有遇到有力的抵抗，长驱直入，直达汴梁城下。这一切来得如此突然，徽宗完全没有思想准备，一夜之间便由天之骄子沦落为阶下囚。

凄风苦雨，长夜不眠，宋徽宗只能在羁旅中含泪吟出《眼儿媚》这样怀旧的诗句：

玉京曾忆昔繁华。
万里帝王家。
琼林玉殿，
朝喧弦管，
暮列笙琶。

花城人去今萧索，
春梦绕胡沙。
家山何处，
忍听羌笛，
吹彻梅花。

借以抒发他国破家亡的感慨。

作为艺术家，宋徽宗是极为成功的。他那潇洒飘逸、刚柔相济的瘦金体；栩栩如生、呼之欲出的花鸟人物图；饱蘸泪水、哀怨低回的诗词，时隔八百余年，仍然放射着璀璨夺目的光彩。

宋徽宗贵为九五之尊，虽然寻花问柳，嫖娼狎妓，但没有像前蜀王衍写出"这边走，那边走，只是寻花柳。那边走，这边走，莫厌金杯酒"（《醉妆词》）那样格调低下的词，也没有像李后主写出"奴为出来难，教郎恣意怜"（《菩萨蛮》）那样露骨的词。从操守来说，宋徽宗虽然风流，但不下流。

实事求是地说，宋徽宗与李后主在才能、气质乃至结局上，有很多惊人的相似之处：李后主除了诗词、书法外，对于治理国家一窍不通，让他当一国之主，实在是一场天大的误会；宋徽宗则不同，以他的才能，治理国家本可游刃有余，到头来却演绎了一出牵羊系颈、衔璧出降的悲剧。

剧情错综复杂，结局耐人寻味。

目录

◎ 第一章　有争议的皇位继承人 / 1

　　风流的端王 / 1

　　觊觎神器 / 4

　　有争议的继承人 / 8

◎ 第二章　昙花一现的清政 / 13

　　清明的初政 / 13

　　虚怀纳谏 / 19

　　激浊扬清 / 22

◎ 第三章　端不平的一碗水 / 26

　　建中靖国 / 26

　　新一轮争吵 / 29

　　蔡京卷土重来 / 31

◎ 第四章　风云突变 / 37

　　引狼入室 / 37

党人碑 / 40

下一个目标是谁 / 44

正直的石匠 / 50

◎ 第五章　一场文化浩劫 / 52

奸佞的野心 / 52

文人的劫难 / 56

不该点燃的导火索 / 58

◎ 第六章　花石纲之祸 / 62

诱君奢侈 / 62

搜集奇花异石 / 65

夜砸党人碑 / 69

暗流涌动 / 72

◎ 第七章　谁是凶手 / 76

捏造祥瑞 / 76

投毒杀人 / 79

如意算盘落空 / 81

◎ 第八章　赵佶迷上道教 / 87

女真族的崛起 / 87

蔡京惑君 / 91

赵佶迷上了道教 / 96

◎ 第九章　最牛的嫖客 / 102

修建延福宫 / 102

赵佶的烦恼 / 104

神秘的嫖客 / 107

◎ 第十章　皇帝成了道教掌门人 / 115
　　　　道教新掌门 / 115
　　　　奸佞惑主 / 120
　　　　人造假山 / 122

◎ 第十一章　失败的外交 / 125
　　　　谎报窃功 / 125
　　　　崛起的女真人 / 127
　　　　宋金"海上之盟" / 132

◎ 第十二章　方腊造反 / 137
　　　　方腊结梁子 / 137
　　　　神秘的摩尼教 / 139
　　　　漆园誓师 / 142

◎ 第十三章　宋江举义 / 149
　　　　历史的真实 / 149
　　　　宋江起义 / 151
　　　　兵败海州 / 154
　　　　招安 / 158

◎ 第十四章　不一样的结局 / 162
　　　　催命的涌金门 / 162
　　　　曲终人散 / 166
　　　　慷慨就义 / 170

◎ 第十五章　北伐惨败 / 174

　　与狼共舞 / 174

　　阉宦掌兵 / 178

　　十万不敌一万 / 181

◎ 第十六章　逍遥天子 / 186

　　万金易空城 / 186

　　特殊贺礼 / 192

　　太平天子乐逍遥 / 196

◎ 第十七章　最后的午餐 / 201

　　张觉事件 / 201

　　天祚皇帝的末路 / 206

　　最后的享受 / 211

◎ 第十八章　撂挑子 / 215

　　临阵脱逃 / 215

　　金兵南下 / 219

　　在危急中禅位 / 221

◎ 第十九章　东下避险 / 225

　　被逼做了皇帝 / 225

　　上皇仓皇出逃 / 227

　　战、和之争 / 231

◎ 第二十章　城下乞盟 / 236

　　李纲临危受命 / 236

宋朝没有脊梁 / 238

民心不可违 / 241

恭送强盗凯旋 / 246

◎ 第二十一章　金兵再次南侵 / 250

赵佶回京 / 250

六贼伏诛 / 254

山雨欲来风满楼 / 257

◎ 第二十二章　山河破碎 / 261

北宋版"烽火戏诸侯" / 261

康王成漏网之鱼 / 264

铁蹄踏碎汴梁城 / 267

◎ 第二十三章　靖康耻 / 272

赵桓献降表 / 272

皇帝做了人质 / 275

傀儡张邦昌 / 278

魂断五国城 / 281

◎ 跋　才华横溢的艺术家 / 286

独树一帜的书法 / 286

精湛的绘画艺术 / 287

工于格律的诗词 / 290

推动文化的繁荣 / 295

第一章

有争议的皇位继承人

风流的端王

赵佶出生于元丰五年（1082年）十月十日。

传说赵佶降生之前，神宗巡视秘书省，偶见东厢房的墙壁上挂着一幅南唐后主李煜的画像，只见画中的李煜丰神秀骨、眉清目朗，风流倜傥、雍容华贵。神宗对这位亡国之君的儒雅风度极为心仪，便在旁边的椅子上小坐一会，谁知刚刚坐下，忽觉一阵头晕，朦胧之中见画中的李煜从墙上走下来，冲着他双手一揖道："恭喜陛下，今夜喜得龙子，此子乃天上文曲星下凡，才高八斗，学富五车，聪明盖世，乃绝代奇才。"神宗皇帝正欲问话，李煜又重新走进画中，两眼注视前方，纹丝不动。神宗晃晃头，眨眨眼，不知是怎么回事。

随行内侍上前关心地问："皇上，你很疲劳，回宫休息吧！"

"没有呀！"神宗道，"朕这不是好好的吗？怎么疲劳了？"

"皇上刚坐下，就小憩了一会儿。"内侍道，"我们大家都站在这里，等皇上醒来呢！"

"有这种事吗？"神宗这才知道，刚才自己是做了个梦，微笑着说，"没事、没事了。"

"文青"皇帝 宋徽宗

当天晚上，后宫陈御侍果然生下一子，这位皇子，就是赵佶。

神宗皇帝后来回忆这件事时，曾说赵佶是"生时梦李主来谒，所以文采风流，过李主百倍"。

说赵佶是李后主托生固然荒诞，但赵佶自幼聪颖绝伦却是不假。笔墨、丹青、琴棋书画样样精通。尤其是书法绘画，更是表现出非凡的天赋。十五六岁时，赵佶的才子之名便已经传遍了东京城，他独创的"瘦金体"书法流传到宫外，令当时的一些书法大家如苏轼、米芾、蔡襄等也叹为观止。

随着年龄的增长，赵佶逐渐地迷恋上了声色犬马。游戏踢球，更是他的拿手好戏。

赵佶身边有个侍女名叫春兰，生得花容月貌，且精通文墨。

春兰原是江南一个小县教谕的女儿，自小随父读书咏诗，临书绘画，颇有才气，十五岁被选入宫，一直在向太后宫里受使唤，赵佶每次进宫拜见向太后，都是春兰招待他。赵佶封王的时候，向太后便将春兰送给了他。

赵佶不满足于一个春兰，他以亲王之尊，经常微服出宫，游幸于青楼歌馆，寻花问柳，京城稍有名气的妓女，几乎都与他有染，有时，他还将喜欢的妓女乔装带入王府，独居一室，供他淫乐。

俗话说，赌博不落单，嫖娼不成双，端王赵佶却不是这样，他常同一班臭味相投的朋友出入于烟花柳巷，其中有一个叫王诜的，是英宗皇帝的女儿魏国大长公主的丈夫，封为驸马都尉。论辈分，他是赵佶的姑夫。王诜为人放荡，行为极不检点。虽然公主温柔贤淑，尽心侍奉公婆，王诜却移情小妾，多次顶撞公主。神宗曾为此两次贬他的官，他却不思悔改，甚至在公主生病的时候，当着公主的面与小妾寻欢作乐。品行如此恶劣之人，竟然是赵佶的座上宾，两人经常结伴到京城有名的妓馆撷芳楼宿妓，可谓臭味相投。

王爷、驸马同宿妓，说出来，真的是一件令人捧腹的事情。

有一次，两人在撷芳楼鬼混一宿，次日正要离去，王诜见赵佶鬓发零乱，从怀里掏出一柄小梳子递给他，让他梳理一下。赵佶梳过头，却把小梳子拿在手里

不停地把玩。原来这梳子是用翡翠雕琢而成,绿光晶莹,玲珑剔透,十分惹人喜爱,赵佶羡慕不已。

王诜见他喜欢,便说:"前几天刚好让玉匠又打造了一副,比这个更精巧,殿下如果觉得还行,明天我就派人给殿下送过来。"

此话正中赵佶的下怀,连声说:"那我先谢过了。"

第二天早朝后,王诜果然派府中一个叫高俅的小吏将小梳子送往端王府。

高俅来到端王府,正逢赵佶在后院草坪上同一班年轻的太监和宫女蹴鞠,站在旁边观看。

赵佶是一个蹴鞠高手,在场上非常活跃,场上的太监、宫女都很卖力,双方的攻守非常激烈,忽然,球冲着场边的高俅飞来。

高俅本来也是蹴鞠一流高手,正看得技痒,见球向自己飞过来,一时兴起,轻出右脚,将球稳稳勾住,脚尖一挑,将球抛向半空,待球落下,忽然耸身跳起,以左脚将球从背后挑起,然后用头一顶,那球稳落右肩,右肩一耸,球移到左肩,左肩一摆,球又落在背上,然后顺着身子下滑到脚后跟,只见他一个鹞子翻身,左脚跟轻轻一磕,球便飞向场内的端王,不前不后,不左不右,恰好落在端王脚下。这一连串的动作,就像变魔术一样,让在场的人看得眼花缭乱,连连喝彩。

"好俊的身手,"赵佶向高俅问道,"你是谁,从哪里来?"

高球忙跪下答道:"小人乃都尉王大人身边的跟班,姓高名俅,奉王大人之命,给王爷送来翡翠梳一柄。"

"你的球技怎么这样好?"

"小人从小酷爱蹴鞠,适才一时技痒,忘情献丑了,请王爷恕罪。"说罢,将带来的玉盒双手捧上。

赵佶让小太监李辰接了玉盒,拉上高俅下场玩了起来。高俅使出浑身解数,陪赵佶踢球,高超的球技,很快就征服了赵佶,大有相见恨晚的感觉。散场之后,赵佶派人给王诜传话,玉梳子收下了,送梳子的高球也留下了。

"文青"皇帝 宋徽宗

高俅日益受到赵佶的宠幸。后来,有些仆人向赵佶请赏,他居然说:"你们有他那样的脚吗?"

觊觎神器

元符年间,哲宗皇帝唯一的儿子、太子赵茂夭折,哲宗因皇嗣未立,心中郁郁寡欢,跟前没人的时候,常常长吁短叹。亲信太监童贯窥知他的心思,瞅一个适当机会,悄声说:"皇上,听说泰州天庆观有一个名叫徐神翁的道士,通晓阴阳,未卜先知,何不派人前去让他推算休咎,或许能求得一个多子多孙的良方,也未可知。"

"是吗?"哲宗似乎有了兴趣,说,"那就辛苦你跑一趟吧!"

童贯骑快马赶到泰州天庆观,求见徐神翁,说明来意。

"天子的子嗣,自有天命所司,天意如何,非人力所能改变,恕贫道无能。"徐神翁说罢,闭目养神。

童贯无奈,只得又问:"当今圣上百年之后,何人入继大统,请仙长明示。"

徐神翁沉吟片刻,说:"上天已经降下嗣君,大人何必再问。"

宦官说:"皇上别无子嗣,嗣君是谁?"

徐神翁缄默不语,被童贯问得急了,随手取过一片纸,在上面写了"吉人"两个字,递给童贯说:"拿回去交差吧!"

童贯再问,徐神翁已打坐入定,无奈之下,只得回京复命。

哲宗看着"吉人"二字,百思不得其解,只得作罢。

其实,"吉人"二字合起来是一个"佶"字,这正是端王的名讳,徐神翁之所以不肯明说,是怕泄露了天机。

一日早朝,哲宗端坐龙椅,文大臣左右两班站立。哲宗近来身体有些不适,

心情也很差，一脸倦容，精神萎靡不振。

近侍道："各位大臣，有事且奏，无事退班。"

近来朝廷无大事，几个言官出班说了一些海内平安，某地又现祥瑞等无关紧要的事情。站班大臣们也自松懈，站姿东倒西歪，个别人甚至小声议论皇上的龙体。

看班舍人巡视班列，见有的人手中的笏板居然歪斜在肩下，大声喝道："端笏立！"意思是提醒大家，将手中的笏板持正，不要没精打采的样子。

说者无心，听者有意，前朝驸马都尉王诜用手偷偷捅了一下端王赵佶，赵佶不知何故，也不敢吱声。

哲宗本来在怠倦打盹，听看班舍人一声大喝，心中一惊，"端笏立"，这又是一个不祥之兆，这不是意味着端王持笏被立吗？想到这一层，不禁一阵惊悸慌乱。由于心情不好，脱口说道："没有其他的事情，散朝。"

散朝之后，王诜紧走几步，赶上端王赵佶，悄声说："端王听到看班舍人的话吗？这是天示符谶，欲立端王……"

赵佶打断王诜的话，呵斥道："你找死，不要拖我下水呀！"

王诜笑道："我只是给您提个醒，近来圣上龙体欠安，朝野议论纷纷，您平日处事，要谨言慎行。"

这天晚饭后，赵佶正在与春兰、秋菊等几个侍女嬉闹，小太监李辰来报，说宫内童公公有事求见。童贯是哲宗身边的红人，赵佶不敢怠慢，赶忙起身相迎。童贯笑嘻嘻地进来，见到赵佶，纳头便拜。

赵佶连忙扶起童贯，笑道："自己家里，无须行此大礼，公公深夜来访，想必是有什么事吧？"

童贯拿眼睃睃屋内，淡淡地说："没什么事，只是顺便来看看王爷。"

赵佶会意，立即屏退左右，将童贯带进一间密室，落座后问道："这里就你我二人，有什么事，公公请说吧！"

童贯向前挪了挪凳子，悄声说："近来皇上龙体欠安，日渐沉重，太医们走

"文青"皇帝 宋徽宗

马灯似地轮番诊治,丝毫没有起色。"

赵佶叹气说:"孤也很担心啊,你们这些身边的人,要抓紧想办法才行。不能这样拖着呀!"

"奴才自会尽心,可再好的医者,也是医得了病,医不了命哟!"童贯问道,"王爷光忧愁不行,要早作打算啊!"

"此话怎讲?"

童贯压低声音说:"近来朝野议论纷纷,都说王爷当嗣大位,你难道没有听到一点风声?"

"休得胡言。"赵佶厉声说,"这可是大逆之罪。"

"实不相瞒,奴才暗中问过太医。"

"他们怎么说?"

"皇上的病,就是华佗再世,扁鹊重生,也无济于事。"童贯说,"再说,王爷入继大统,早已是天有兆示,奴才何罪之有?"

"你说什么?"

童贯便把他奉命去泰州天庆宫,徐神翁写"吉人"二字的事详告赵佶,接着说道:"吉、人合成一字,不就是'佶'字吗?在皇上面前,我可不敢说。"

赵佶看着童贯,知道他不会骗自己,但事发突然,他不知该怎么回答。

"殿下!"童贯问,"记得前年宫内新建的那座殿堂吗?"

赵佶点点头:"记得,怎么了?"

"当时,皇上请群臣给新殿取名,那些饱读诗书的文人士子,一个个搜索枯肠,想取一个好听的名字以博取皇上欢心,竟然没有一个中意。最后还是皇上自己定名为'迎端'。皇上的本意是'迎事端而治之',不料竟寓含了'迎端王而立'的天兆。后来皇上也有所悔悟,因怕引起人心浮动,不便再改。种种兆示都明明白白,奴才这才斗劝殿下预做准备。天予不受,反为人诟。请殿下三思。"

一席话,说得赵佶怦然心动,从心底感谢这个通风报信的太监,暗想此人可倚为心腹。表面上却不露声色地说:"本王向来耽于玩乐,流连于笔墨丹青之间,懒散惯了,于政事一窍不通,听天由命吧!"

有争议的皇位继承人 第一章

童贯是人精，看出赵佶已经心动，也不说破，神秘地一笑说："向太后她老人家时常念叨王爷，王爷可要常去尽尽孝心哟！"说罢起身告辞。赵佶命李辰取十两黄金相赠，亲自送出府门。

送走童贯之后，赵佶有些不淡定了，尽管自上次"端笏立"事件之后，自己变本加厉地纵情声色犬马，尽量给人一种胸无大志、无意窥视神器的印象。但机会一旦摆在面前，却再也不能无动于衷了。

赵佶叫来高俅，换上便装，出了端王府，前往大相国寺。

大相国寺是著名的皇家寺院，不仅是佛教圣地，而且也是方士、高人聚集的地方。一路上，赵佶将事先写好的自己的生辰八字交给高俅，附耳道："你持这个找方士推算，就说是你自己的生辰八字，问明吉凶祸福。"

大相国寺既是佛教圣地，也是京城民众聚集之所，傍晚时分，寺前广场上的人群，仍然熙熙攘攘，川流不息。广场东西两边，十步八步便有一个江湖术士摆摊算命。

高俅拿着赵佶的生辰八字，逢摊必问，赵佶若即若离跟着高俅，听那些江湖术士们神侃，竟然没有一人能说到点子上。

高俅大失所望，突然，他发现不远处的树底下有一位占卜者淡定地坐在那里，对来来往往的人行注目礼，高俅慢慢踱过去，礼貌地问："先生哪里人？"

"浙人陈彦！"

高俅拿出赵佶的生辰八字递过去说："这是在下的生辰八字，请先生测一下吉凶祸福。"

陈彦接过去看了看，熟视高俅一会后说："足下真会开玩笑，你虽然也是富贵之相，但这个生辰八字，绝不是你的。"

赵佶本就在旁边看热闹，见相士有点道行，上前轻声说道："实不相瞒，这生辰八字乃是我家王爷的，还望直言，必有重谢！"

陈彦上下打量赵佶，突然神色大变，一脸的倨傲之态一扫而光，也压低了嗓

"文青"皇帝 宋徽宗

子说:"请回去告诉你家王爷,此八字乃天子之命,九五之尊,屈指可及,望王爷自爱。"

赵佶不露声色地说:"请问仙长尊姓大名,我家王爷日后定当重谢。"

"贫道姓陈名彦,不过山野之人。此地不是说话的地方,二位速归吧!"

赵佶让高俅留下一锭银子,权作卦金,道了一声谢,迅即离开。

随之不久,端王府发生了几件异事。

一次,两只鹤鸟降落在端王府后花园的树上,鹤降于庭,向来都被视为祥瑞。朝中大臣得知这个消息后,纷纷前来祝贺。端王府管家杨震担心传出去引起哲宗皇帝的猜忌,便把那些人赶走了,对前来祝贺的人说:"看错了,是鹳非鹤!"

又有一次,端王寝阁上突然长出一株灵芝,这又是祥瑞之兆,大臣们纷纷前来祝贺。杨震是一个有心人,连忙把灵芝铲掉,对前来祝贺的人说:"是菌,非芝。"

赵佶开始对杨震的做法很不满,后来才理解他护主的良苦用心,从此对杨震更加信任。

有争议的继承人

北宋元符三年(1100年)正月,哲宗皇帝赵煦得了不治之症,乘鹤西去,对外公开的病情见于《元符遗制》,书中记载:"故冬以来,数冒大寒,浸以成疾,药石弗效,遂至弥留。"知枢密院事曾布的日记《曾公遗录》记载其症状为"精液不禁,又多滑泄"。通俗地说,哲宗皇帝死于纵欲过度。

哲宗皇帝无子,猝然而逝,没来得及留下任何遗嘱,没有指定皇位继承人。因此,尽管后宫里一片悲伤哀戚,皇后、嫔妃们忍不住小声哀泣,但新君未立,还不是发丧的时候。

第一章 有争议的皇位继承人

大行皇帝的梓宫临时安放在宣和殿一侧，向太后做牵头人，升坐福临殿，召集执政大臣开会，商议皇位继承人的问题。

向太后是河内人，即今天河南沁阳人。她出身名门，是宋真宗时期名相向敏中的曾孙女，与宋神宗结为夫妻后，二人感情极好。元丰八年（1085年），宋神宗驾崩于福宁殿。向皇后与神宗生母宣仁太后一起，策立赵煦为帝，就是哲宗。后来，宣仁太后命人修缮庆寿宫给向太后居住。向太后坚决拒绝。原因是庆寿宫在宣仁太后住所的东面，按照帝国的习俗，东面为上，向太后不肯乱了婆媳上下之分。哲宗即位后，挑选皇后，并为各位皇弟娶妻。向太后是一个非常有远见的女人，她告诫向氏家族的女子，不要汲汲于富贵，不得参与其间。家族中有求官者，她都一概拒之门外，不肯通融。因此，这位正直贤淑的太后，在朝野上下臣民中相当有威望。

向太后是个精明强干、颇有主见的女人，经过了神宗、哲宗两朝许多重大政治风波的历练，深知现在朝廷正处在非常时期。先皇驾崩，新帝未立，朝中大臣各怀心事，各色人等都在跃跃欲试，如果自己稳不住脚，压不住阵，变生不测在一瞬之间。

向太后想到这里，流着泪对大家说："国家不幸，此乃大宋之不幸，社稷之不幸。大行皇帝未留下子嗣，当务之急，是要推举一位贤者来继承皇位。尔等都是社稷重臣，国之柱石，当以朝廷为重，社稷为重，秉公举荐。"

一番话说得冠冕堂皇，不偏不倚，从中听不出一点向太后自己的倾向。大殿一时寂然无声，似乎连空气都凝滞了。

自从神宗朝以来，王安石推行的新法废而又立，行而又废。新党掌权，则旧党废黜；旧党主政，则新党遭贬。党同伐异，派系丛生。多少人为此被贬斥，遭流放，丢掉了乌纱帽，甚至身家性命。这班朝臣大多是过来人，一个个心有余悸，每逢大事，总是噤若寒蝉。何况这是策立新君，生死荣辱，往往系于一言之间，谁敢轻易开口。

章惇是宰相，百官之首，只有他来打破这种沉闷的局面。向太后拿眼瞅了瞅他。

"文青"皇帝 宋徽宗

章惇站出来说:"依礼律论,皇位应该由哲宗皇帝的同母弟弟简王赵似继承。"

古代宗法制是立嫡长子,可哲宗赵煦别说嫡子,就是庶出也没有,章惇的建议,算得上是立嫡的变通,毕竟除了儿子外,皇帝一母所生的弟弟比其他人更有资格继承皇位。

向太后不同意章惇的意见,她说:"老身也没有亲生儿子,所有皇子都是神宗皇帝的庶子,不应该再有区别,简王排行十三,不可排在诸兄之前,卿言不当,可再议。"

章惇又改口说:"有嫡立嫡,无嫡立长,这是古今通例。神宗皇帝生有十四个儿子,其中八人早逝,加上大行皇帝,共为九人。剩余五位藩王中,依照长幼顺序,应立申王赵佖为帝。"

章惇和申王赵佖并无多少交往,他之所以竭力推荐赵佖为帝,目的只有一个,就是阻止端王赵佶登基。哲宗逝去后,各位王爷中赵佖的年龄最大,立他为帝,顺理成章。只是赵佖年幼时患眼疾,瞎了一只眼。

章惇说了一大篇,向太后似听非听,待他说完之后,只说了一句:"申王右眼失明,不宜为君王。"

章惇反驳说:"自古以来,择君唯贤是举,只要有德有才,仁爱施于万民,才具治于邦国,便是江山之福,黎民之福。纵是五官略有缺陷,也无大碍。"

向太后见章惇当面顶撞,心中大怒,断然说道:"堂堂大宋王朝,让一个瞎子当皇帝,岂不贻笑天下?此事不宜,不可再议。"

章惇一时语塞。

向太后似乎是胸有成竹,缓缓地说:"申王既有目疾不能立,依次当立端王入继大统,各位卿家,可有异议?"

皇帝继承是一件最为敏感的问题,一言不合,便会招来无妄之灾,最为稳妥的办法,就是三缄其口,一言不发。因此,朝堂无人出声。

端王赵佶是个什么人,章惇心里有数。虽然说聪明伶俐,风度翩翩,但他那点小聪明,只是表现在吟诗绘画方面,至于治国安邦,实在是不堪大任。让他

有争议的皇位继承人 第一章

当一个县令，还不一定能治好一方，何况君临天下，居九五之尊，岂不是拿国运开玩笑？再者，端王行为轻浮，沉湎女色，终日嫖娼宿妓，寻花问柳，一旦为帝王，大宋王朝这艘巨轮，驶向何方？想到这里，章惇热血上涌，大声反驳说："端王行为轻佻，不适合做皇帝君临天下。"

章惇直接将矛头指向端王的人品。这一招非常厉害。试想，一个人品不正的人，怎么能够君临天下呢？

向太后见章惇竟敢再次当堂顶撞，心里有些恼火，沉下脸说："先帝曾经说过，端王有福寿相，人又仁孝，有当人君的福气，立他为君，是继承先帝的遗意。"

话说到这份上，谁心里都明白，选谁做皇帝，向太后早就心有所属，所谓廷议，只是走过场而已。

向太后和宰相章惇各执一词，双方似乎有些僵持不下，此时，需要有一个人站出来，打破这个僵局。

知枢密院事曾布与章惇向来不和，乘机出班奏说："今天朝议立君，事发突然，章惇发表议论，只是个人意见，不是执政大臣共同商量的结果。"

向太后脸上立马露出了笑容，反问道："你认为呢？"

曾布大声说："太后的决定英明，立端王为君，我举双手赞成。"

曾布是枢密院的长官，与中书分掌军政大权，合称"二府"，他有资格与章惇分庭抗礼，一较高低。

尚书左丞蔡卞出班奏道："臣以为，端王禀赋聪慧，天纵奇才，是诸王中继承皇位最合适的人选，臣愿拥立端王为帝。"

关键时刻，有人站出来说话，太后的砝码陡然加重，天平立即发生了倾斜。章惇正要分辩，中书门下侍郎许将也站出来附和，说端王赵佶是继承皇位最合适的人选。

章惇见偌大的朝堂上无人附和自己，自己势单力薄，知道再争辩也无用，只得向隅而立，长吁短叹。

向太后缓缓地说："先皇在世时曾经说过，端王有福寿之相，且又仁孝，不

"文青"皇帝 宋徽宗

同于其他诸王。既然诸王中无人与他比肩，于情于理，都该由他嗣位。众卿家如无异议，那就立端王赵佶为帝。"

一直在太后身侧侍立的太监童贯，至此才心定下来，躬身请旨道："奴才这就去请端王？"

太后道："着童贯传唤端王及其余几位王爷。"

哲宗病重之际，赵佶躁动不安，但他关心的不是哲宗的安危，而是自己有无染指皇位的希望。

哲宗帝驾崩的消息，已在宫中悄悄传开，尚未举丧。个中原因，便是国不可一日无君，先皇举丧之日，便是新君继立之时，新君未立，举丧须暂缓。

赵佶时刻关注着福临殿那边的动静，并派人前去刺探消息，他在端王府时而兴奋，时而沮丧，时而仰天长啸，时而伏案沉思，这是他一生中从未经历过的焦灼时刻。蓦地，他似乎听到有杂沓的脚步声传来，由远及近，直至端王府。他知道自己企盼的事情即将成为现实，脸上的愁容一扫而光。

"太后有旨，请端王福临殿议事。"话音未落，童贯进来了。

"童公公……"赵佶欲言又止，他本想打听一下福临殿议事的结果，一想又觉得这不是自己该问的，所以又刹住了话头。

童贯当然知道赵佶想知道什么，但他也知道，私自透露宫讯，会是一个什么样的后果。于是伏地拜道，"恭喜端王，端王大喜。"他只能以这种方式向端王透露消息。

赵佶自然明白，料知大事已成，心头不禁一阵狂跳，连忙对童贯虚扶一下。童贯起身，两人便匆匆向福临殿走去。

第二章

昙花一现的清政

清明的初政

赵佶即位之时，年仅十八岁，从一个亲王而突然坐上皇帝的龙椅，他完全没有思想准备，更不用说像做太子而继位的皇帝那样，经过严格的岗位培训。

初登金銮殿，脑海里一片混沌。眼前跪伏的朝臣，个个都那么熟悉，一下子又变得陌生起来。从御座到丹墀，咫尺之间，似乎变得有万里之遥。自己高高在上，他们匍匐在脚下，连头都不敢抬。看到跪在脚下的这些人，特别是那几位王爷兄弟，他有些得意，有些飘飘然。在这场最高权力的角逐中，自己捷足先登，是胜利者。但他又有些后怕，自己侥幸登上大宝，对朝廷没有尺寸之功，对臣僚没有点滴之恩，以后他们能俯首称臣，事事听自己的吗？怔忡良久，突然惊醒过来，自己是刚即位的皇帝，文武百官还跪在那里，等自己作施政演说呢！赵佶自觉失仪，赶紧说道："众卿家平身吧！"

"谢万岁！"群臣这才立起身，分左右两班站立。

赵佶缓缓地说："国家不幸，大行皇帝英年早逝，万万没有想到，竟把这天大的重担压到朕的肩上。朕尚年轻，初掌大宝，于军国大事尚不熟悉，各位大臣要像侍奉先皇那样，辅佐朕除弊兴利，振兴朝纲。"

"文青"皇帝 宋徽宗

大殿内一片寂静，章惇也是竖耳聆听。

赵佶扫了群臣一眼，知道开场白还行，心中略安，说话也流畅多了："眼下最迫切的事情，就是大行皇帝的丧礼。丧礼一定要办得风光、体面，这件事就由宰相章惇主持吧！"

章惇心里正忐忑不安，没想到新君登基，第一个差事便委派给了自己，虽然不算什么机要大事，但却是眼下最迫切的要务，有些出乎意料，慌忙出班答道："臣，章惇遵旨。"

赵佶接着说："朕刚才说过了，朕尚年轻，初登九五，没有执政经验，深恐贻误大事。因此，这第二件事，就是请太后垂帘听政。"

宋朝有个怪现象，自从仁宗皇帝由刘太后垂帘听政之后，无论是宗室，还是大臣，似乎对后宫的女人有一种依赖感，十八岁的赵佶继位后，也继承老传统，请向太后垂帘听政，理由是自己经验不足，既然太后将自己扶上了马，那就再送自己一程。

赵佶见无人回答，说道："如果没有异议，散朝之后，朕当亲往太后宫中请旨了！"

群臣击笏道："听凭圣聪独运。"

赵佶显得很兴奋，提高嗓门说："神宗、哲宗两朝，修明政治，强国富民，大政方针是好的，朕将继承先帝遗愿，身体力行，继续以中兴大宋为己任。但是，纵观历代王朝的大政方针，有得便有失。神宗推行新法，先帝实行'绍述'，虽然卓有成效，但因为朝中大臣各守门户，各怀私念，不以大局为重，终至引起朋党之争。同朝为官，却裂为新党、旧党，二者势不两立，党同伐异，相互攻讦。长此下去，人人自危，国运何以中兴？朕决定，从此以后，不管新党旧党，不论政见、门户，朕将一视同仁，唯才是举，唯贤是用。现有朝廷上下一切官秩爵实禄，皆维持现状，以后发现新人高才，可不拘一格，选拔重用。"

赵佶的施政演说，讲得慷慨激昂，洋洋洒洒。殿下群臣听得耳目一新，一个个心里热乎乎的，抑制不住喜悦之情。这些年来，他们夹在新旧两党之间，就像烧烙饼一样，翻来覆去，提心吊胆，如履薄冰。今朝新皇即位，许多人心里像揣

昙花一现的清政 第二章

着个小兔子，不知风向又要向哪方，倾向新旧？偏袒旧党？无论是哪方，都会有人要倒霉。这下好了，皇上开宗明义，新党旧党一视同仁。英明啊！连章惇心中的一块石头也落地了，他甚至为反对赵佶继位的行为而后悔。

新皇帝的施政演说话音刚落，满殿响起了雷鸣般的欢呼："皇上英明！""皇上圣明！""吾皇万岁！万岁！万万岁！"

向太后年事已高（55岁），且性格恬淡，如今新天子即立，自己正可逍遥自在，颐养天年了，新天子却要她垂帘，心里当然不情愿，于是淡淡地说："官家已经是大人了，有能力处理国家大事，不必要我垂帘多事。"

赵佶心里没底，巴不得向太后能帮自己一把，见向太后推辞，连忙跪下哭求道："儿臣年纪轻，阅历浅，突然间做了皇帝，没有心理准备，处理国家大事，恐怕有见理不明之处，母后既然将儿臣扶上皇位，就再送一程吧！"

向太后见赵佶恳求，只得勉强答应了。

第二天，向太后通过御药院内侍黄经臣传旨，发了一道明诏，诏告天下：

> 垂帘听政，非出本心，只因圣君拜请，大臣劝谏，这才勉为其难。一旦国事稍定，便立即还政，断不敢同真宗刘皇后、英宗高皇后那样终身听政。

急办之事处理停当，赵佶自是欢喜不尽。随之，赵佶追尊生母陈美人为皇太后；尊哲宗的皇后刘氏为元符皇后；授皇兄申王赵佖为太傅，晋封为陈王；皇弟莘王赵俣为卫王、简王赵似为蔡王、睦王赵偲为定王。

立夫人王氏为皇后。皇后是德州刺史王藻之女，元符二年嫁进端王府，曾封顺国夫人。封郑宛玉为贵妃，王静文为德妃，韦翠儿为贤妃，秋桂为淑妃。春兰虽是赵佶最先临幸之人，却因三番五次地劝阻赵佶继承皇位，即位大典之后，仍然谏意不改，拒不称贺，让赵佶心里不爽，这次只封了个婉仪。

转眼便是正月十四，是上元灯节的头一天。往年这个时候，京城早就热

"文青"皇帝 宋徽宗

闹起来了，宫里宫外，朝廷民间，都在忙忙碌碌地扎彩灯，耍龙灯的，舞狮子的，踩高跷的，跑旱船的，各种杂耍队伍，都在秣马厉兵，跃跃欲试。今年的情形大不同，时值国丧，万民举哀，就是民间，也不能像往年那样风风火火，大张旗鼓地游乐庆祝，皇宫里就更不能有什么喜庆活动。眼下的皇宫，笼罩在一片哀凄肃穆的气氛之中，大家说话都是悄声的，更难听到欢声笑语，每到晚上，各宫殿只在门前挂上一盏灯笼，作为过节的象征，其余活动，一律皆免。

赵佶本是一个好热闹的主儿，在藩邸时，上元灯节前后十几天，不仅在王府内尽情嬉戏，每到晚上，还要换上便装，同几个知己好友，溜到市井街面上尽情玩乐，彻夜不归。现在做了皇帝，不能随便出宫，宫内又如此冷静，不觉有些兴味索然，抑郁不乐。

晚膳过后，在御书房批阅了几份奏折，觉得提不起精神，便想着到殿外散散心。即位几天来，天天忙于政事，少有闲暇，连大内都没有去走一走，尤其是小时候曾常去玩耍的御花园。何不趁此良宵佳节，来一次月下游园，也当是一种乐趣。于是叫上随身太监童贯，出了御书房。

月园之夜，御花园寂静一片，见不到人影，更无笑声，花草已经枯萎，树木都已凋落，只有那片松树林，仍然葱葱郁郁，在夜色中被刺骨的寒风吹得"吱吱"作响。穿过那片松树林，便是一片假山，赵佶小时候经常去的地方。

"走，到那边去看看。"

赵佶在前，童贯在后，正准备穿过松树林，突然，一条黑影从树林里疾射而出，赵佶吓得跌坐在地。

童贯吓得惊叫一声，正准备喊人抓刺客，不料黑影并没有进一步采取行动，只是在离赵佶三尺之外跪下，轻声地抽泣，仔细一听，竟是女子的声音。于是壮着胆子大喝："大胆狂徒，是要行刺皇上吗？"

"启禀皇上，婢子不是刺客，是瑶华宫被废的孟皇后的宫女萍儿。有天大的冤屈要申诉，惊动了圣驾，奴婢罪该万死。"

赵佶见是一个宫女，心中大定，爬起来，一边拍打着沾在身上的枯草，一边

说：“既有冤枉，这里不是说话的地方，随朕到宫里细说吧！"

萍儿叩头谢恩，爬起身，随赵佶去了御书房。

萍儿跟着赵佶进了御书房，再次跪下，给皇上叩头谢恩。

"这里没有外人，坐下来说话。"

萍儿哪里敢坐，站着说："婢子今日得觑天颜，已是天大的造化了，这里哪有婢子坐的位子。"

赵佶打量眼前这个女孩子：十七八岁，俊眉俏目，高挑鼻梁，一张小嘴棱角分明。一看就知是一个能说会道的妞儿，见她身子仍然在发抖，叫童贯端一杯热奶给她喝了。

"暖和些了吧？"

萍儿感激地说："暖和多了，谢皇上。"

"有什么话，说吧！"赵佶两眼盯着萍儿。

"此事关系到先皇圣誉，婢子不敢言。"

"既然要为你的主子申冤，不详尽说明，怎么能行？"赵佶说，"朕免你无罪，你把事情的来龙去脉详细说说吧！"

"我家主子是遭人陷害的，请皇上替我家主子做主。"

"谁敢陷害你家主子？"

"昔日的刘妃，现在的元符皇后。"

"是她？"赵佶惊问，"她为什么要这样做？"

"两个原因，一是我家主子窥破了刘妃的隐秘。"

"隐秘？"赵佶问，"什么隐秘？"

"刘妃生性轻浮，先皇虽然对她宠爱有加，但也不能夜夜留宿，宫中流传她与宫外的野男人有染。有一天，听说刘妃病了，孟皇后前往探视，推门进去，发现了不堪入目的丑事，有一个野男人一丝不挂地躺在她的床上，正在做那苟且之事。"

"是谁？"赵佶惊问。

"先皇最亲信的尚书右丞蔡卞。"萍儿说，"事关皇家名声，更关系到几条

"文青"皇帝 宋徽宗

人命，孟皇后对此不敢泄露半分，见到刘妃，就像没事一样，刘妃不但不感激我家主子，反而还对她怀恨在心。"

"后来呢？"

"事过不久，刘妃便生下皇子赵茂，这是先后第一个儿子，不料此子落地才几天，便因病夭折。先皇悲伤至极，一连三天没上朝。"

萍儿看了赵佶一眼，见他听得非常认真。赵佶在藩邸为端王时，不结朝臣，不问政治，这些事当然一无所知。登基才几天，大臣们说话小心翼翼，也听不到这些奇闻逸事。催问道："后来怎么样？"

"刘妃与蔡卞再次幽会，蔡卞给刘妃出主意，要她借题发挥，搞倒孟皇后，一方面永远堵住孟皇后的嘴，一方面取而代之。"

"一箭双雕！"

"刘妃在先皇面前又哭又闹，说孟皇后妒忌她，在宫里以魔镇妖符咒死了皇儿，说得有鼻子有眼。她又买通身边几个宫女，一口咬定在皇后宫里亲眼看到皇后施行魔镇之法。先皇在盛怒之下，将孟皇后废为庶人，黜居瑶华宫，刘妃从此独宠中宫。"

赵佶默默地听着，心里一阵阵发冷。朝中大臣争权夺利，残酷争斗也就罢了，想不到后宫之内也会如此尔虞我诈，机关算尽。

赵佶见萍儿哭得伤心，一把将她拉过来，搂在怀里说："只要你说的都是实情，朕一定会还你们一个公道。"

萍儿听到这话，破涕为笑。赵佶心中一荡，猛地在萍儿脸上亲了一口。萍儿虽然很害羞，但却也不敢乱动。赵佶得寸进尺，见萍儿没有反抗的意思，一只手伸进萍儿的衣内……

冷不妨萍儿一拧身，拨开赵佶的双手，一下子站了起来，笑嘻嘻地对赵佶说："皇上，到此为止吧！孟皇后的事一天不完，小婢子便一天不能从命。何时孟皇后的冤情昭雪，小婢子一定会侍候皇上个心满意足。"

赵佶正在兴头上，被萍儿闪了个冷不丁，却也无可奈何，摇头骂道："你这小蹄子，这次朕且饶过你。去吧！告诉你家主子，朕知道了。"

昙花一现的清政　第二章

虚怀纳谏

赵佶在政治上是一个新手，在很多问题的处理上缺乏经验，况且他以庶子成为皇帝，朝野不服者大有人在，于是，他在登基之后，处处小心谨慎，秉承一个宗旨，凡是自己拿不准的事情，就向老臣们请教，重大问题，请向太后裁夺。赵佶满怀一腔热血登上皇位，他想通过自己的励精图治，把这个江河日下的大宋帝国打造成太平盛世。即位之后，进章惇为申国公；召韩忠彦为门下侍郎，黄履为尚书左丞。

韩忠彦向朝廷提出四条建议：广仁恩，开言路，去疑似，戒用兵。

向太后看了韩忠彦的奏疏，大加赞许。恰好此时吐蕃发生叛乱，青唐、邈川两地相继失守，边将向朝廷传回告急文书。向太后采纳韩忠彦戒用兵的建议，决定放弃这两个地区。于是下诏，将青唐留守王赡贬到昌化军，邈川留守王厚贬到贺州。并对吐蕃采用安抚政策，将鄯州（即青唐）归还羌族木征子陇拶，授河西军节度使，赐名赵怀德；赐他的弟弟名怀义，为廓州团练使，同知湟州（即邈川）；封辖征为怀远军节度使。让他们去招抚那些尚未归降的吐蕃部落。

热闹的时间易过，转眼就到了春天，司天监计算出四月初一有日食。在那个科学不发达的年代里，人们都非常迷信，一旦出现日食现象，便认为是朝政有重大失误或朝中出了奸臣，上天以示警诫。

赵佶也很相信这些，再想到韩忠彦广开言路的建议，便下诏让士庶臣僚直言指责时弊，批评朝政，并明确表示，说对了有赏，给你官，给你钱，说错了也没有关系，绝不会因此获罪。诏书中说：

> 朕入继大统，任大责重，不知如何治理天下。四海之大，问题之多，非朕一人能遍察，还赖文武百官及庶民多进忠言，以匡扶朕之不足。举国之内，每个人都在思考问题，村氓百姓之中，也不泛可采之言。凡朕躬的阙失，如朝中大臣的忠奸、政令是否妥当，风俗是美是恶，其他如朝廷的恩泽不能普及民间、百姓的疾苦无人关心等，均可直言。其言可用，朕则有赏；言而失中，也不加罪。在京言事者，送给所

"文青"皇帝 宋徽宗

属地区长官；外地言事者，送给所在州军转呈。

诏书出自中书舍人曾肇之手，感情激热，沁人肺腑，在宋朝的诏书中别具一格。我们完全可以想象，此时的赵佶完全是出于至诚，绝非欺世盗名、骗取朝野的好评。

诏书下达后，宰相韩忠彦立即上奏说，哲宗即位时，曾下诏让天下人言事，献言者以千百计。及至章惇为相，命人摘取上书人的片言只语，随意发挥，诬之为谤讪朝政，应诏言事的人大多获罪，至今人们还愤愤不平。如今陛下又下诏让中外直言朝政得失，请陛下吸取前车之鉴，免得敢言之士疑虑重重，钳口结舌。中书舍人曾肇则说，祖宗以来从不编录臣僚奏章，偶尔编录，也略去姓名，以爱惜言事之人，免遭罪戾。若一一编录，流传四方，必结怨于其子孙。编录臣僚奏章，有百害而无一利，请陛下三思！

赵佶觉得有理，便下诏撤销了编类臣僚章疏局，让百官庶民放心言事。

古代等级制度森严，不是谁都可以给皇上写奏折的，只有一定级别的朝廷官员才有这个权利。诏书下达之后，那些平常没有资格给皇上写奏折的中下级官员，纷纷提笔给皇上写奏折，而奏疏又多集中在如何清除奸邪。

筠州推官崔鶠只是掌一州中司法事务的小官，位卑职微，但他不以为意，上书说："陛下下诏求直言。臣如果有话不说，便辜负了陛下的栽培之恩。如今政令烦苛，民不堪其扰，风俗险恶，法令不能制，这且不去说它，单就陛下身边的忠奸大臣。"接着，他把矛头直指宰相章惇，说他狙诈凶险，恩怨必报，天下之人称他为奸邪，京师流传说"大惇小惇（指御史中丞安惇），殃及子孙"，还有人直接称章惇为"惇贼"，这样的人如果不惩罚，难以平民愤！

赵佶看完了崔鶠的奏章，对左右说："崔鶠只是一个小小的推官，能像这等直言，算得上是个忠臣，朕左右的大臣，都能像崔鶠这样吗？"

经与太后商量，下诏嘉奖崔鶠，提拔他为相州教授。但是，赵佶只是嘉奖崔鶠的忠心，并没有采纳他的建议。章惇仍然还是继续做他的宰相。

赵佶之所以这样安排，也有他的想法，他知道，章惇掌权太久，有些专横跋扈，特别是在朋党之争中，排斥异己，对旧党进行疯狂的报复，夹杂了很多个人情绪。这个人确不能再用,但第一个拿他开刀,却担心招来非议,天下人会说自己挟嫌报复。因为章惇曾极力反对赵佶继位,登基后头一个拿他开刀,人们口边的一句话就是:心胸狭窄,睚眦必报。为了避嫌,赵佶暂时放了章惇一马。

向太后不是一个恋权的女人,见赵佶处事颇有章法,心里很高兴,前两个月她还是正经八百地垂帘听政,遇事也从旁指点一二,到了后来,就故意少说话,大事都让赵佶自己做主,如果觉得有所不妥,才补充说几句,垂帘听政只是一个摆设而已。

赵佶见太后很支持自己,信心逐渐增强,随后他又提拔龚夬为殿中侍御史,召陈瓘、邹浩为左右正言。

安惇是言官们抨击的第二个对象。他身为御史中丞,本应扶正祛邪,整肃朝纲,但他却与章惇沆瀣一气,狼狈为奸。邹浩在哲宗时期因劝谏册立元符皇后之事,被章惇进谗,削官安置新州,赵佶即位才被召回朝,出任右正言。

安惇见赵佶起用邹浩,奏说道:"陛下起用邹浩,对得起先帝吗?"

赵佶怒斥道:"立后这样的大事,中丞不敢言,独邹浩敢尽言,足见他是个直臣,这样的人,为什么不能够复用?"

安惇听了,惶恐而退。

左正言陈瓘上表弹劾安惇,说他扰乱圣聪,阻挠陛下起用贤臣。陛下如果要向天下人明示好恶,亲君子,弃奸佞,请从安惇做起。

赵佶锐意图治,虚心纳谏,采纳了陈瓘的意见,下诏将安惇逐出京城,贬到潭州去了。安惇成了赵佶清政的第一个试刀者。

这一天,群臣齐集朝堂,韩忠彦、曾布先后出班启奏,说当年厌魅一事,纯属捕风捉影,理当恢复哲宗皇帝废后孟氏的皇后之位。

朝臣们都心知肚明,孟皇后贬居瑶华宫,是蔡卞与当时的刘妃、现在的刘皇后一手制造的冤案,韩忠彦、曾布的议案,犹如一滴冷水掉进了热油锅,立即沸腾起来,此时,章惇为山陵使,给哲宗送葬去了,不在朝。

"文青"皇帝 宋徽宗

蔡卞情知不妙，出班奏道："如果瑶华复位，则是直接彰显先帝之过，因为废后的诏书，是先帝御批的。"

右正言邹浩反驳说："先帝废孟皇后之后，中宫之位三年虚设，足见先帝自己也有悔意。现在恢复孟皇后之位，是做先帝想做而又不便做的事，以补先帝生前的缺憾。"

"怎么可以？"蔡京出班说，"弟弟给嫂嫂恢复名誉，名不正，言不顺，恐成天下人的笑柄了！"

蔡京的话很厉害，赵佶一时不好作答。向太后是个明白人，接口说道："蔡承旨此言不妥吧！今天是老身垂帘听政，权同处分军国大事，给孟皇后昭雪，应该是姑复媳位，而不是弟复嫂位。如果确实是冤案，弟复嫂位，又有何不可呢？先帝在的时候，就废后之事曾对老身说过：'章惇误我！'说这话的时候，蔡右丞（蔡卞）也在场，也是知情人。蔡右丞，有这回事吗？"

蔡卞显得很尴尬，说有这回事，孟皇后立即便会咸鱼翻身，自己一手炮制的冤案将会倒转，实在是心有不甘，说没这回事吧，明显是欺君，向太后铁腕，他是知道的，他不敢犹豫，只得回答："臣当时确实在场，先皇是这样说的。"

"这就是了。"向太后问道，"蔡承旨？你是不是还有什么证据，能够证明瑶华宫的废皇后，确实犯了什么大逆不道之罪？"

蔡京虽然能言善辩，面对向太后咄咄逼人的气势，也只有跪下请罪的份："臣一时糊涂，说了昏话，给孟皇后恢复名位，名正言顺，臣再无异议。"

向太后见再无人反对，下旨恢复孟氏为元祐皇后，派人将她从瑶华宫迎回皇宫居住。

激浊扬清

蔡卞是言官们攻击的又一个目标，他是蔡京的弟弟，王安石的女婿，哲宗绍圣年间任尚书右丞，不断做一些小动作欺骗哲宗，排斥异己。他每次中伤朝中正

直官员，便事先递上密疏，详尽罗织罪状。哲宗不辨真假，自然同意他的意见，蔡卞趁机以圣旨名义发出，让全国执行。这样即使积怨，也与他没有什么关系。宰相章惇虽然老奸巨猾，也往往落入他的圈套。

蔡卞、章惇二人狼狈为奸，一唱一和。章惇轻佻，好发议论，蔡卞城府极深，藏而不露。每逢议论朝政，章惇往往是摇唇鼓舌，说得唾沫四溅，蔡卞却缄默终日，一言不发。

殿中侍御史龚夬上奏，说蔡卞与章惇勾结，一个在明，一个在暗，使元祐旧臣全都贬到岭南等僻远荒疏之地，民间歌谣说："蔡卞心，章惇口"，章惇所做的坏事，都是蔡卞暗中出的主意。此人不宜留在京师，应该罢黜。

"一蔡二惇，必定灭门，籍没家财，禁锢子孙。"这是说人们如果得罪了蔡卞、章惇、安惇等人，必遭灭门之灾，家产被抄没，子孙遭禁锢。

又有一首歌谣说："大惇小惇，入地无门；大蔡（蔡京）小蔡（蔡卞），还他命债。"说的是得罪了章惇、安惇，连入地狱的门都找不到，触怒了大蔡小蔡，就连性命也难以保全了。

接着，台谏陈师锡、陈次升、任伯雨等十多人上疏弹劾蔡卞。

赵佶放了章惇一马，对于蔡卞便不再姑息，下诏贬蔡卞为江宁（今南京）知府。

谏官们认为处罚太轻，仍然继续弹劾。

赵佶于是下旨将蔡卞改贬为提举杭州洞霄宫，太平州居住。

尽管如此，朝臣们痛打落水狗，弹劾不已。

赵佶便又下旨，降蔡卞为秘书少监虚衔，但这只是名义，毫无实权。赵佶不让他在朝，命他分司池州（今安徽贵池）。

接着，赵佶又提拔韩忠彦为尚书右仆射，兼中书侍郎，李清臣为门下侍郎，蒋之奇同知枢密院事。此三人均有贤名，破格重用，朝野上下翕然称颂。

七月，向太后见赵佶处理朝政尚属清明，选贤任能，罢黜奸邪，国内清明，决定急流勇退，传谕撤帘还政。向太后垂帘听政不足半年时间，她不贪权势，主动撤帘。应该说，在宋代的众多后妃中，向太后不失为睿智贤淑的一位。

"文青"皇帝 宋徽宗

骤失向太后的怙恃，军国大事便全落在了不及弱冠之年的新天子身上，已经没有人可以依傍，大宋江山这副重担，自己得一肩挑起来。

宋室规定，皇帝去世，首相为山陵使，将先帝的灵柩送往寝陵安葬。章惇是宰相，正好当这个差，送哲宗的灵柩去永泰陵安葬。

八月间，章惇护送哲宗的灵柩去永泰陵。途中天降大雨，灵柩陷入泥泞之中难以前行，在荒郊野外折腾了一夜，才得以通过。台谏丰稷、陈次升、龚夬、陈瓘等人，弹劾章惇大不敬，还有谏官上表，说章惇在皇上继位时有异议。

赵佶对朝臣们说："朕不会因为章惇对朕继位有异议而罢他的官，但是，他护送先帝灵柩于永泰陵时，确实是严重失职，朕要处理他了。"于是下诏，将章惇撵出京城，出知越州（浙江绍兴）。

蔡京与其弟蔡卞是一丘之貉，赵佶即位时，蔡京已被罢去翰林学士兼侍读、修国史之职，贬为太原知府，皇太后动了恻隐之心，留他在京修国史。朝中大臣纷纷上书，揭露蔡京的罪行。侍御史陈师锡上疏指出，蔡京好大喜功，日夜结交内侍、戚畹贵族，企图得到重用。如果真的用他，必然导致天下大乱，毁了祖宗基业。

龚夬则劾奏蔡京治文及甫狱时，大臣梁焘、刘挚、陈衍等含冤而死，子孙遭到禁锢，而王岩叟、范祖禹、刘安世等贬窜远方，心肠之狠，甚于蛇蝎。

赵佶知众怒难犯，才把蔡京逐出京城，贬为知永兴军（今陕西西安）。言官们认为处罚太轻，赵佶于是再次下诏，将蔡京夺职居杭州，诏书中说他"擢自神考，际会泰陵，上缘翰墨之华，起居侍从之首，为恶直丑正之行"。

林希在绍圣初年攀附权贵，起草贬斥司马光、吕大防、苏轼等人的诏书，颠倒黑白，信口雌黄，品质极为恶劣。右司谏陈瓘上疏弹劾，林希被削去端明殿学士之职，出知扬州。

哲宗绍圣年间曾任御史中丞的邢恕是一个伪君子，心地险恶，与蔡卞、章惇等同流合污，排斥元祐诸臣，诬告宣仁皇后想废掉哲宗，又诋毁大臣梁焘、刘挚图谋不轨，导致他们几至灭族。经陈瓘上疏弹劾，邢恕被贬至均州。

昙花一现的清政 第二章

接着，吕嘉问、吴居厚、徐铎等一干奸臣也相继被贬。至此，那些宵小奸佞大部分被逐出了京城，使赵佶朝廷初步呈现出一派清明的气象。

驱逐了奸佞，为任用贤良铺平了道路。

赵佶听从韩忠彦的建议，召还元祐诸臣。首先受益的是年已七旬、双目失明的哲宗朝宰相范纯仁。范纯仁是范仲淹之子，公忠体国，为人正直，因受章惇等人的迫害，于绍圣四年（1097年）二月被贬往岭南，安置在永州。他自忖生死未卜，今生已休，忽然接到新天子的勖勉慰问，不禁有绝处逢生、恍如隔世之感，在赴邓州途中，赵佶又拜范纯仁为观文殿大学士、中太乙宫使。这两个职务虽然都是虚职，但观文殿大学士可备天子顾问，京城的宫观使照例是宰执充任。对于新天子的知遇之恩，范纯仁感激涕零。接着，赵佶又派人赐药，催他入朝觐见。这种吐哺握发、求贤若渴的举动，得到朝野一片赞誉。可惜这位年过古稀的老宰相疾病缠身，回京后也不能替朝廷做事，赵佶便批准他退休在家养老。赵佶每次见到辅臣，都要问候范纯仁，并对人说："范纯仁，得识一面足矣！"并任命他为尚书右丞。

号称唐宋八大家之一的文坛领袖苏轼也获得了平反昭雪。可惜天不为宋主留文才，苏轼在平反昭雪、回京途中就去世了。

赵佶得知苏轼病死途中，感慨地说："苏轼作文，好像行云流水，虽嬉笑怒骂，也都成文章，是当今奇才！召他进京，就是要他帮助朝廷，不想就溘然长逝了！"

韩忠彦还奏请追复司马光等官阶。赵佶随即降诏，允许刘挚、梁焘归葬故乡，并录用他们的子孙，恢复司马光、吕公著、文彦博、王珪、吕大防、刘挚、梁焘等三十三人官阶名誉。这些棘手公案已经沉积多年，赵佶举重若轻，都一一妥善解决，表现出了一个年轻天子的才干。

赵佶的治国方略能持之以恒，北宋王朝的前景也许充满曙光，可惜的是，赵佶锐意改革的政策只是昙花一现，接下来所发生的事情让人大跌眼镜，大宋王朝这艘巨轮随之也逐渐滑向深渊。

第三章

端不平的一碗水

建中靖国

赵佶为端王的时候，虽然醉心于笔墨、丹青、琴棋书画，来往于烟花柳巷，对朝廷的政事并不怎么关心，但他毕竟是宗室一分子，尽管不去刻意打听，但在那个圈子里生活，耳闻目睹，对朝廷的事情还是略知一二。在哲宗朝，无论是宣仁圣烈太皇太后垂帘听政时期司马光搞的"元祐更化"，还是哲宗亲政时期章惇搞的"绍圣绍述"，实际上都是在搞窝里斗，朝臣的精力都在内耗中消失，做皇帝的精力也都花在调解各种各样的矛盾之中。

对于赵佶来说，最大的历史遗案，便是对王安石变法的评价问题。王安石在神宗的支持下大力变法，确实使国家富强起来，但因此也得罪了不少朝中元老，以致变法、废法，一直成为贯穿神宗后宋朝始终的大问题。在赵佶的鼓励下，上疏言事的人越来越多，后来议论得最多的问题便是对神宗、哲宗时变法、废法的评价上。

一种议论认为，神宗任用王安石变法图强，但元祐年间，司马光反其道而行之，更改熙宁、元丰之政，使国家陷入积贫积弱的境地。以后虽有绍圣"绍述"，推翻了元祐之政，但终因积重难返，神宗时的法度已破坏殆尽。新朝如果

欲大有作为，必须尽去元祐党人，弃旧图新。

另一种看法则是针锋相对，认为祖宗之法本已很完善，只需萧规曹随即可，不必节外生枝。司马光拨乱反正，正本清源，才使宋室江山转危为安。后来又有绍圣之变，导致国穷民困，政令不举。当务之急是起用元祐旧臣，贬逐主张绍述的大臣。

还有一种观点是不必持门户之见，无论是元丰党人，还是元祐党人，都有过失，希望以大公至正来消除朋党，防止党争

赵佶绝对是个聪明人，知道窝里斗的危害性极大，经过反复思考，赵佶于元符三年（1110年）向全国发布一道诏书，表明自己对元丰、元祐两党之争的态度。大意是说，对于军国大政和用人标准，对于元丰、元祐不会有区别，如果能使政事稳妥无失，人才各得其用，天下就太平了。无偏无党，正直是与，清静无为，顾大局，识大体，使天下得以休养生息。

很显然，赵佶想谋求一个在新党与旧党之间的平衡点，使两党能够和平相处。诏书刚颁布一个月，便将"元符"年号改为"建中"。

建中的意思，就是谁也不偏向，新党旧党一视同仁，大家都是好兄弟，又因为"建中"是唐德宗的年号，不能重复，特地在"建中"二字后面添加"靖国"二字，即为"建中靖国"。

靖国的意思，就是大家要团结起来，谁也不要闹，保持安定团结的局面，让国家安安稳稳地搞建设。

赵佶找平衡，从用人开始，章惇被逐后，起用韩忠彦、曾布两人为宰相，一个是旧党，一个是新党。要是能实现这个理想，宋朝的命运可能会是另一种结局。

新、旧两党注定要斗下去，宋朝的内耗还必须继续。赵佶虽然有调和之意，但终究还是调而不和，一碗水难以端平，这就是宋朝的命。

时间刚刚进入建中元年（1101年），向太后撒手西去。

向太后撒手人寰，应该是含笑而去，因为她看到大宋王朝已是后继有人，赵佶登基后，选贤任能，罢黜奸邪，朝政还算清明。但她万万没有想到，赵佶的清

"文青"皇帝 宋徽宗

政只是昙花一现，不久以后，在一帮奸佞的误导下开始胡来。向太后九泉有知，不知是否还笑得出来。

向太后去世不久，范纯仁也病死家中，他的儿子呈上范纯仁口述的遗表，劝赵佶要清心寡欲，约己便民，杜绝朋党，明察邪正，不要轻易在边疆发动战争，不要轻易罢免谏官，为宣仁圣烈太皇太后洗刷诬谤。

赵佶看过后，叹息不已，下诏赠白金三十两，赠开府仪同三司，赐谥忠宣。

苏东坡、范纯仁的相继逝去，似乎成为一个时代消逝的象征，从此以后，我们所看到的，就将完全是另外一种景象了。

赵佶想将一碗水端平，欲行中庸之政，似乎是一厢情愿，因为他的臣子们并不一定都按他的思路走，特别是被"绍述"压制了多年的旧党，他们怀着一种以血还血、以牙还牙的复仇心理，要收复他们的失地。任伯雨就是一个代表人物，他认为，君子和小人的矛盾无法调和。

任伯雨是言官，有充分的话语权，他要用手中的权力，攻击那些打压过旧党的人。他认为范纯仁之死，章惇有不可推卸的责任，于是上表论章惇之罪，并邀请陈瓘、陈次生等联名上奏。

赵佶对章惇已没有了兴趣，于是下诏，再贬章惇为雷州司户参军。

当年，章惇把苏辙谪徙雷州时，故意使坏，命人把苏辙从官舍里赶出来，苏辙只得租赁民屋居住。章惇又诬陷他强夺民居，命有司依律惩治苏辙，幸得苏辙的租赁手续齐全，才使章惇的阴谋没有得逞。

现在，章惇也贬谪到雷州，也向民间租屋居住，百姓却不愿租给他。章惇有些不解，问那里的人，有空房子，为何不出租，别的地方可不是这样。

百姓说，雷州和别的地方本来一样，空房可以出租，自从苏公来过之后，事情就改变了。

"这又是为何？"章惇奇怪地问，"是他叫你们以后不要出租房子吗？"

"不是这样。"百姓说，"苏公来租房屋居住，朝中的奸相章惇使坏，弄得我们几乎家破人亡，自此以后，再也不敢出租房屋了。"

章惇不禁满面羞惭，心想，当日要害苏辙没害着，如今却是搬起石头砸了自己的脚啊！

有人说，章惇是自作自受，现世报。章惇刚当宰相的时候，他的妻子曾劝他当宰相，不要报怨。章惇为相之后，却对旧党进行疯狂的报复，如今，他自己也遭到了报应。

章惇后来又改迁睦州，病死在那里。

新一轮争吵

曾布本是与章惇一同主张绍述的人，后来与章惇产生了矛盾，便反戈一击，与韩忠彦联手，挤掉了章惇。看着章惇死在贬所，他视而不见，听而不闻，如今又故态复萌，又来主张绍述，排除忠直之臣。

任伯雨上疏贬了章惇之后，又把矛头对准了曾布，他针对曾布欲调和两党的做法，上疏说：

> 人才固不当分党与，然自古小人未有与君子杂然并进，可以致治者。盖君子易退，小人难退，二者并用，终于君子自去，小人犹留。唐德宗坐此致播迁之祸，建中乃其纪号，不可以不戒。

这里，任伯雨是将旧党中人视为君子，而将新党中人视为小人。任伯雨是个很固执的人，当谏官半年，连上一百零八篇奏疏，这些奏疏中，有的是真有其事，有的却是捕风捉影。

有一次，赵佶将任伯雨的奏章扔在地上，生气地说："朕不是说了吗？稳定是第一位，不要再搞窝里斗，怎么总是这样喋喋不休呢？"

赵佶恼火了，开始讨厌旧党中人。

"文青"皇帝 宋徽宗

曾布则不仅仅是恼火,而是忍无可忍了,本想顺着赵佶的意思,先调和一段时间再说,既然有人不买账,那就不用再调和了,他奏请赵佶,罢了任伯雨谏官之职,改任权给事中,并秘密派人去警告任伯雨,今后少说话,否则会下场很惨。

任伯雨铁了心要同曾布斗到底,不但同传话的人大吵一场,而且还准备上疏弹劾曾布。

曾布得知任伯雨的态度和要弹劾自己的意向后,怒不可遏,先下手为强,将任伯雨改任度支员外郎。

右司谏陈瓘也接连上表弹劾曾布。

任伯雨和陈瓘都是韩忠彦举荐的,两人都同曾布过不去,使得曾布与韩忠彦之间产生了嫌隙,只因此时赵佶仍然本着中和立政、持平用人的宗旨,并不偏向于哪一方,因此,朝中虽然暗流汹涌,表面上却还是风平浪静。

曾布不是一个有气度的人,当然不会容忍陈瓘对他的攻击。奏请赵佶,将陈瓘逐出京城,贬往泰州。

中书舍人邹浩、右谏议大夫陈次升一齐来找曾布,请他收回成命,曾布并没有给他们面子,只好相约给陈瓘饯行。

陈瓘对他们说:"我原以为官家天资聪慧,或能有一番大作为,故而敢效愚忠,直言相谏。现在看来,官家的聪明,不在政治上,而在文学艺术上。他虽然倡导调和、公正、持平,却又不明白怎么做。一旦调和不成,持平不了,局势必将一边倒,到那时,只怕党争要酿成党祸,其来势之凶猛,恐怕会甚于元祐更化、绍圣绍述了。"

"陈兄认为会向哪一边倒呢?"邹浩问道。

"韩忠彦懦弱,影响不了官家。曾布虽主调和,调和不成,他也影响不了官家。据说,有不少人在为蔡京唱赞歌。如果蔡京上台,那后果就难以预料了。"

陈次升惊问道:"为什么?"

陈瓘回答道:"蔡京多才多艺,办事干练,让他治理一个州县,必定是一个能吏,如果让他治国,官家若能驾驭,国必大治,如果驾驭不了,国必大乱。"

说到这里，三人默然无语。

尚书右丞范纯礼，为人耿直敢言，曾布对他有所忌惮，想除去他却又找不到理由，思之再三，他找到驸马都尉王诜，悄悄地对他说，皇上的意思，是要让王诜为承旨郎，由于范右丞从旁谏阻，因此才罢了此议。

其实，曾布是无中生有，陷害范纯礼。

王诜果然怀恨在心。恰好辽国派使臣来京，王诜和范纯礼一同接待辽国使臣。辽使离去后，王诜便向赵佶进谗言，说范仁礼多次在辽使面前直呼皇上的御名，让辽使见笑，失了臣子之礼。赵佶竟然不问真假，便将范纯礼贬到颍昌府做了知府。李清臣也因为与曾布有矛盾，罢了门下侍郎之职。

一切迹象表明，新一轮的人事洗牌又将开始，绍述之风，又将盛行。

赵佶继位初期，朝政气象为之一新，使人看到了北宋繁荣复苏的曙光，为何这种清政只是昙花一现呢？除了与他本人性格轻佻有关外，还跟一个人有关。这个人就是宋朝的宰相，赵佶艺术上的"知音"，政治上的"导师"，生活上的"良伴"，北宋第一奸臣蔡京。

蔡京卷土重来

蔡京绝对是聪明人，他有一拿手绝活，或称成功秘诀，就是见风使舵，紧跟形势走。

蔡京是熙宁三年的进士，当时，王安石变法方兴未艾，神宗皇帝视王安石为股肱，新党人士当政。于是，蔡京便成了新党；元丰八年，神宗去世，蔡京已经爬到代理开封府的位置，有了参与朝廷高层政治活动的资格。眼看前途一片光明，不料在宣仁圣烈太皇太后的支持下，保守派司马光卷土重来。精明的蔡京马上意识到，新党的气数到了尽头。他想到要改换门庭，却又苦无机会，但他抓住

"文青"皇帝 宋徽宗

了一个稍纵即逝的机会，使他的愿望得以实现。

当时，司马光曾不顾一切地下了个死命令，限天下五天之内废除"募役法"，恢复"差役法"。在人们普遍认为这是一个不可能做到的事情时，蔡京竟然在自己的辖区内，奇迹般地办成了，并立即向保守派领袖司马光报功。

司马光觉得蔡京是个人才，很快地就喜欢上了他。蔡京心里美滋滋的，等着司马光提拔他。但旧党中的那些人并不接纳蔡京，有人指控说，蔡京在五天之内完成由"募役法"到"差役法"的转变，实在是糊弄，是"故意扰民以坏成法"。

司马光面对旧党汹汹的浪潮，担心旧党起内讧，只好挥泪斩马谡，让蔡京卷铺盖走人。但司马光并没有亏待蔡京，将他安置在真定府做知府，兼真定府路安抚使，在行政级别上相当，而真定府绝对是一个肥缺，很多人想去也去不了的地方。

哲宗绍述的时候，蔡京又以新党的面目出现，当上了户部尚书，成了章惇眼里的红人，官至翰林学士承旨，有可能跻身执政大臣的行列。谁知章惇最终被曾布击败，逐出京城，最终客死他乡。

十年之间，蔡京翻手为云，覆手为雨，政治操守可见一斑。章惇遭贬，蔡京也跟着倒霉，被撵到杭州去闲居了。蔡京虽然到了杭州，但并未就此沉沦，他时刻都在寻找机会，谋求东山再起。

机会，总是为有心人准备的，蔡京就是这样一个有心人。

赵佶即位之后，仍未失艺术家的本色，做皇帝的第二年，也就是建中靖国元年，在杭州设了个访求古玩书画的明金局，并派宫里的宦官童贯专门负责这项工作。

闲居在杭州的蔡京得知这个消息，预感到机会来了。

他知道，童贯是当今圣上眼前的第一红人，自己后半生的仕途，多半要仰仗这个太监。因此，当童贯到达杭州时，便马上为童贯办了接风盛筵。以后几天，

居然形影不离地跟着童贯，凡童贯想玩、想看的地方，都陪着他转个遍。当童贯说到要为朝廷抢救古玩字画时，蔡京便毫不犹豫地打开自己的库房，拿出多年来收藏和巧取豪夺的珍品书画，任由童贯挑选。童贯选了几件，看看都是价值万贯，便不好意思再选。

蔡京慷慨地说："童大人不必如此，想我蔡某平生雅好这些物什，也不过是为抢救珍品，不使湮没的意思。既然皇上与朝廷也有这个想法，这些宝物便再不会明珠暗投，比放在老夫这里好得多了。"

童贯听了此话，也就不再谦让，拱手道："那就多谢老太师了。回朝以后，我一定会把老太师的精忠赤忱禀报圣上，圣上也决不会亏待你的。"于是便刻意挑选，尽情搬运。

蔡京虽然感到阵阵心痛，但也只能佯装若无其事的样子，舍不得孩子套不着狼，放长线钓大鱼嘛！

蔡京还真是一个有心人，童贯回京的时候，他还托童贯带走一些金银珠宝和小巧玩意，请他分送给后宫众嫔妃与众内侍。惹得后宫中人，无一不感谢蔡京，人人都说蔡京才华出众，贤能无双，忠于朝廷，是个不可多得的人才。

蔡京也没有忘记元符皇后刘氏，当年章惇废孟后，蔡京是同谋者，刘皇后是知道的。此时有个左阶道篆叫徐知常，常以道士身份出入于元符皇后宫中，蔡京便嘱咐其心腹太常博士范致虚花重金交结徐知常，托他求元符皇后暗助蔡京复职。

元符皇后本来就对蔡京心存感激，当然满口答应，她与徐知常密商一计，由心腹宫女传出话去，说当今皇上是上界星君下凡，必定另有星宿下凡辅佐。

赵佶当然也听到了这些谣传，而且还很合自己的口味，他不想追究谣传的出处，却想知道辅佐的星君是谁。他想起了一个叫陈彦的道士，当年他为端王的时候，这个人就以"佶"字测得他有天子之像，"佶"者，"吉人"也，吉人自有天相。

"吉人自有天相"这句话是否始于此，不得而知，但赵佶此后真的做了皇帝，他对这个道士当然佩服得五体投地。

"文青"皇帝 宋徽宗

陈彦很快被召进宫，奉旨测算，他装模作样地推算了半天，写下四句谶语：

宦海沉浮三十年，两朝耿耿佐君边。

芳草萋萋去天际，京师腊祭好重迁。

赵佶七窍玲珑，一看就知道，这是说在腊祭之前将蔡京召回，既然是谶句，那就是天机，天机不可泄露啊！谶语说得如此直白，是不是有什么问题？赵佶有了疑心，便没有依谶语行事。然而，这四句话却在宫里传开了，都说蔡京即将获得重用。

赵佶自收到童贯的密奏和他从杭州带回来的古玩书画，对蔡京很有好感，再加上后宫这些人整天在他耳边嘀咕，这个说蔡京是天下少有的贤臣，那个说蔡京是举世无双的奇才，说得多了，心中那点疑惑也就被冲淡了，于是下诏起用蔡京知定州，蔡京还没有到定州赴任，又下诏改任大名府。

蔡京是一个深藏不露的人，复出后便采取了行动。

蔡京有个密友叫邓洵武，是邓绾的儿子。韩忠彦因邓绾是先朝重臣，举荐他为起居郎。蔡京便与他密谋，要邓洵武找机会在赵佶面前离间韩忠彦和曾布。

这一天，邓洵武奉召进见，乘机进言说："皇家以仁孝传家，又以仁孝治天下，陛下乃神宗皇帝之子，理应绍述神考遗志。宰相韩忠彦是韩琦的儿子。神宗推行新法，韩琦常谏新法不可行。现在韩忠彦事事更变神宗时代的法度，陛下都听之任之。韩忠彦作为臣子，尚能继承他父亲的遗志反对新法，陛下作为天子，反而还不能绍述先帝的遗志。"

邓洵武的这番话，具有很大的鼓动性，赵佶不禁愕然说："依你之见，此事该如何处理呢？"

"陛下如欲继先帝遗志，非起用蔡京不可。"邓洵武是看准了赵佶在是否变法上举棋不定而又急于继承父志的心理，用父子之情去离间君臣关系。

赵佶果然掉进了邓洵武设好的圈套，沉默不语。当时，蔡京已被贬出京城，赵佶并无起用蔡京之意。

邓洵武是一个很有心计的人，他采用范仲淹和郑侠曾经使用过的办法，画了一幅《爱莫助之图》献给赵佶。图分为左右两表：左表列元丰诸臣，右表列元祐诸臣。自宰相、执政、侍从、台谏、郎官、馆阁、学校等，各作一表。

在元丰诸臣表中，列蔡京为首，余下不过赵挺之、范致虚、王能甫、钱通等五六人而已。表下面注：能够尽力，以助绍术。在元祐诸臣表中，列韩忠彦为首，而举满朝公卿、百官、执事，尽行载入差不多有五六十人。表下面注：破坏政令，阻挠绍述。

这其实是恶作剧式的文字游戏，赵佶竟然深信不疑。对于神宗、哲宗两朝旧臣，赵佶本已不存偏见，而邓洵武公然挑拨，目的在于试探赵佶调和两党矛盾的态度是否坚定不移，谁知他这种带赌博式的荒唐举动，竟然得到这位青年天子的默许。

赵佶之所以对蔡京情有独钟，是因为他有一股艺术家的情怀，因为他对蔡京潇洒飘逸的书法心仪已久。原来，赵佶当藩王时就与书法结下了不解之缘，只要见到自己喜爱的书画作品，都要想办法弄到手。

绍圣年间，蔡京的书法名噪一时，无人能出其右。一次，蔡京的两个侍从持百圆扇为蔡京扇凉，蔡京一高兴，便在两人的扇子上题写了杜甫的两句诗。几天之后，两人再来侍候蔡京时，喜气洋洋，衣帽一新。蔡京觉得奇怪，问他们怎么一下子阔了起来。两位侍从告诉他，几天前蔡京给他们题字的两把扇子，被端王赵佶花两万钱高价买走了。

赵佶花重金购买两蔡京的墨迹，当然是爱屋及乌，对蔡京本人有好感。即位之后，本想重用蔡京，无奈蔡京劣迹斑斑，犯了众怒，遭到朝野一致抨击，无法庇护，只得将他贬谪到杭州去了。

宋朝的皇帝，对看图说话似乎都很重视，当年的王安石因郑侠献一幅《流民图》而败走麦城，如今的赵佶看了《爱莫助之图》之后，感触也非常深。他以为

"文青"皇帝 宋徽宗

元丰人少，元祐人多，疑心元祐众臣朋党为奸，有心要改变这种状况。

恰在此时，身为旧党的宰相韩忠彦也推荐蔡京，他在赵佶面前把蔡京说得天花乱坠，仿佛就是一个无可替代的超级人才。这样的人才不能让他闲着，应该获得重用。

这件事看起来有点怪，韩忠彦为何要推荐一个与自己政见不合的激进人物呢？

原来，曾布和韩忠彦争权夺利。韩忠彦的权谋之术远远不及见风使舵的曾布，接连吃了几次亏后，竟然想出了个以暴制暴的办法，曾布靠"绍述"迎合赵佶，韩忠彦想找来一个更能"绍述"的人来制服曾布。

曾布与蔡京本来矛盾很深，蔡京几次逐出京，曾布都从中起到了推波助澜的作用，这时为了达到驱逐韩忠彦的目的，居然一反常态，也向赵佶举荐蔡京，企图借助蔡京的帮助，击败韩忠彦。

韩忠彦只顾用蔡京来排挤曾布，曾布也想靠蔡京打败韩忠彦，但他们都忽视了蔡京的能力和野心。蔡京是个奸诈之徒，工于心计，心狠手辣，睚眦必报，而且还善地溜须拍马，论他的综合能力，韩忠彦和曾布两人绑在一起，也不是他的对手。

韩忠彦本想找一个助手，不想病急乱投医，引狼入室，为自己找了一个"掘墓人"。

曾布想找一个帮手，却找来了一个卸磨杀驴之人。狼，真的来了，建中靖国这个年号，只用了一年，也要夭折了，大宋王朝这艘船，在他的舵手赵佶的操纵下，一步一步地驶向了一条不归路。

第四章

风云突变

引狼入室

　　建中靖国的年号只用了一年，第二年便改元"崇宁"，"宁"指的是熙宁，这是赵佶的父亲神宗皇帝推行变法的年代，"崇"是推崇之意，这是明白无误在表示要恢复神宗之法。赵佶即位之初，曾经发布煌煌文告昭示天下，将以至正大公的胸怀，不偏不倚地对待变法与保守两派，以期利国利民。仅仅一年多时间，言犹在耳，便自食其言，改革尚未见任何成效，便宣告夭折。大宋王朝这艘巨轮，在赵佶的操纵下，正式向灭亡的彼岸驶去。天才的艺术家，开始用自己的实际行动来证明自己的轻佻了。

　　崇宁元年（1102年）三月份，蔡京再次出任翰林学士承旨。他是一个极有野心的人，翰林学士承旨对于他来说不是终极，他的目标是宰相。而要达到宰相之位，韩忠彦、曾布则是横在面前的两道坎，搬掉这两块绊脚石，跨越这两道坎，就是他的彼岸。

　　赵佶改年号，有意恢复神宗时期的举措。国策的变动，人事重新洗牌也就成为必然。于是下诏提拔邓洵武为中书舍人给事中、兼职侍讲；恢复蔡卞、邢恕、吕嘉问、安惇、蹇序辰等人的官职；礼部尚书丰稷，被逐出京城，出任苏州知府。

"文青"皇帝 宋徽宗

蔡京是个聪明人，知道饭要一口一口地吃，路要一步一步地走。一番深思熟虑之后，他决定先联合曾布向韩忠彦下手，然后再干掉曾布。于是，邀同曾布在赵佶面前唱双簧，说韩忠彦乃百官之首，从骨子里不乐意崇尚神宗之法，不赶走韩忠彦，崇尚神宗之法就是空谈。

五月，赵佶罢了韩忠彦的宰相之位，贬到大名府去做知府。

韩忠彦原本举荐蔡京还朝，是要挤兑曾布，不料搬起石头砸了自己的脚。

赵佶又下诏追贬司马光、文彦博等四十四人官阶，并规定，不再任用元祐、元符党人；司马光等人的子弟不得为京官。再下诏，进蔡京为尚书左丞、赵挺之、温益为尚书右丞、许将为门下侍郎、许益为中书侍郎。

尚书左丞，是一个副宰相的职级，但蔡京并不满足于此，他的目标是首辅宰相，他只能在一人之下、万人之上，这样才可以为所欲为。

要想进位宰相，最大的阻碍便是曾布，别看曾布不太受皇上的宠信，但仍然是以右丞相署朝政。要扳倒他，并非易事。因为曾布是三朝元老，办事圆滑，没有大的过错。按说，蔡京东山再起，曾布功不可没，但蔡京却并不领情，曾布当初拉他，是排挤韩忠彦的需要。再说在官场上，没有永久的朋友，也没有永久的敌人，心不黑，手不辣，就别想在朝班中站得住脚。

再说曾布，当初为了挤走韩忠彦，有意援引蔡京，不料蔡京回朝后，官运竟如此亨通。满朝文武多是蔡京旧日门人和党羽，争相趋附，如蝇逐臭。曾布已经感觉到了威胁，蔡京锋芒毕露，自己的相位岌岌可危，前门驱虎，后门进狼，曾布真的有些后悔了。

韩忠彦罢相，右仆射曾布一人当国，心里正在暗自高兴，认为顺理成章，宰相之位非他莫属，谁知螳螂捕蝉，黄雀在后。因为蔡京驱逐韩忠彦之后，立即把枪口对准了曾布，曾布的好日子快到头了。

韩忠彦罢相，左仆射虚位以待，谁来填补这个空缺，赵佶举棋不定。蔡京意识到机会来了，恰在童贯给他带来一个好消息。

童贯此时已升任内客省使，成了内侍的最高长官，消息最灵通。

原来，赵佶召见新任翰林学士承旨侯蒙，询问他，右仆射曾布、尚书右丞温益、蔡京三人谁优谁劣。侯蒙说他任京官时间不长，不好作出判断。赵佶想要一个结论，继续问道："论德？"

侯蒙说："臣对三人知之不深。"

"论才？"

"蔡京第一，曾布次之，温益最劣。"侯蒙忍不住，还是说出了自己的看法。

"论能？"

"蔡京称能干，曾布次之，温益无能。"

蔡京得此消息，大喜过望，他没有想到侯蒙竟有如此论断，觉得时机已到，准备向曾布发起攻击。

两府议事，蔡京故意同曾布唱反调，凡是曾布提出的建议，他几乎都要提出反对意见。曾布意识到引荐蔡京是引狼入室，后悔已是不及，此时蔡京羽翼已丰，圣眷正隆，曾布即使想把他怎么样，已经没有那个能力了，一切只好委曲求全。

这一天，赵佶召曾布、蔡京、温益、赵挺之等至病榻前议事。曾布乘机推荐陈佑甫担任户部侍郎。这位陈佑甫与曾布是儿女亲家，陈佑甫的儿子陈迪是曾布的女婿。按照大宋的规矩，宰相是不能举荐自己亲属担任要职的。

在两府议事的时候，曾布曾提过这件事，蔡京故意使坏，不说同意，也没提反对意见。曾布以为蔡京默许了，便向赵佶举荐。

赵佶看了蔡京一眼，似乎是征求他的意见。

蔡京不冷不热地说："爵禄是公器，国家设官分职，是为了治理国家，确定俸禄，是为了让臣子尽忠供职。陈佑甫是你的儿女亲家哟！官职爵禄，宰相怎么能私授呢？"

曾布被激怒了，反驳道："蔡卞是你的兄弟，不是也同朝为官吗？"

"曾大人！"蔡京抓住曾布的语言漏洞说，"我说过亲家不可同朝吗？我是说不可凭借权位私自相授。你见过我举荐蔡卞吗？当年蔡卞任尚书左丞，位在我

"文青"皇帝 宋徽宗

之上,哲宗皇帝拟授我右丞之职,有人说兄弟不可同朝,想必曾大人还记得这件事吧?"

兄弟不同朝这句话,其实就是曾布说的。蔡京虽然语含讥讽,曾布却无话可说,只得怒斥道:"陈佑甫虽然是我的亲家,但以他的才干,足以胜任户部侍郎之职,外举不避仇,内举不避亲,我怎么就不能举荐?"

蔡京冷笑一声道:"恐怕未必有才吧!"

曾布冷哼一声道:"以小人之心,度君子之腹。"

温益从旁叱斥道:"曾布,这是在皇上面前,怎么如此无礼?"

在天子面前无人臣之礼,是犯罪行为。曾布自知失礼,连忙跪下请罪。

赵佶面露愠色,不悦地说,"你们都退下吧!"

第二天,御史大夫们交相弹劾曾,其中最著名的一句话是:"呼吸立成祸福,喜怒遽变炎凉。"意思是说,曾布势焰熏天,喘口气就能决定别人的命运,喜怒哀乐之间,就可以改变天地间的冷暖炎凉。

曾布无奈,只得请求辞职。赵佶立即准奏,免去他右相之职,改为观文殿大学士,贬到润州去当了知州。而蔡京随即以尚书右丞直接跃升为右仆射、兼中书侍郎。

这还没有完,蔡京乘胜追击,弹劾他贪赃枉法,收受贿赂,将他的几个儿子一网打尽,抓进开封府刑讯逼供,迫使曾布低头认罪。结果曾布再次贬官,被发往太平州居住。五年后在郁郁寡欢中死去。曾布死不足惜,但从其宦海沉浮中,我们可以看到北宋末年政坛的波诡云谲,权臣相互倾轧,最终导致北宋的衰微与覆灭。

党人碑

蔡京成功地导演了一场联曾倒韩,尔后又卸磨杀驴的好戏,如愿当上了尚书右仆射、兼中书侍郎,也就是宰相。

蔡京奉诏后,入朝谢恩。赵佶对他礼遇有加,赐坐后,也不兜圈子,开口便说:"神宗皇帝创立法制,不幸中道升遐;先帝继承遗志,又两次遭遇帘帷变更,

所以国事越弄越糟糕。朕想绍述父兄之志，特命你当宰相，你将何以教朕？"

赵佶把神宗、哲宗并提，只是碍于面子，其实是要继承父志，排斥兄长。蔡京心里也是镜明雪亮，忙离座俯伏于地，谦卑地说："陛下有此宏图大志，臣誓死效忠陛下！"

赵佶听后大喜，脸上露出了灿烂的笑容。

蔡京乘机说道："神宗朝，王安石推行新法，'民不加赋而国用足，四方来朝，万民乐业'。哲宗帝亲政后，虽欲'绍述'，由于旧党势力把持朝政，新政无法推行，以至于弄得蓄积不厚，商旅不通，风俗浇薄，民生维艰。"

这里，蔡京竟然打出了经济牌，因为王安石变法，是切中时弊，对当时的政治、经济进行的一次重大改革，且侧重于经济。这可以说是北宋王朝的最后一根救命稻草，可惜由于种种原因而中途夭折。

赵佶觉得蔡京说得有理，连连点头。

"可如今……"蔡京看了赵佶一眼，欲言又止。

"如今怎么了？"赵佶说，"有什么想法，大胆地说出来。"

"如今，司马光等人虽然已经作古，但其影响仍在，旧党势力盘根错节，此呼彼应，制约着朝政的方方面面。"

"你的意思是……？"

蔡京冷冷地说："陛下欲承父兄之志，必先消除旧党影响，黜退旧党势力，到那时，上下同心，君臣同力，何愁大业不成？"

赵佶已被蔡京的煽动迷惑了心智，或者说在他的灵魂深处，潜在的意识正如蔡京所说，此时的他，已将登基时所秉持的对新党、旧党不偏不倚之初衷，抛到了九霄云外，高兴地说："言之有理，言之有理。"

蔡京得到赵佶的赞赏和支持，立即就露出了大奸大恶的本相，拉着大旗作虎皮，打着辅佐皇上"上述父兄之志"、恢复"新法"的旗号，竭力标榜自己是王安石变法的真正继承者。但他所推行的并不是新法，而是大兴党禁，力图彻底消灭反对派人士，从而达到自己独揽朝政的目的。

赵佶向全国发了一道明诏。诏书是蔡京一手炮制出来的，主要内容是指责哲

"文青"皇帝 宋徽宗

宗在位时期,民生维艰,商旅不通,官吏寡廉鲜耻,民风浇薄,赋税不均,奢靡严重,稍微遇到饥荒,百姓便流离失所。禁止元祐年间所行之法,把元祐期间的政治措施抨击得一无是处,措辞之严厉,态度之蛮横,完全不同于以往的谦抑与温和。

实事求是地说,诏书中所指的都是事实,但北宋积贫积弱已久,把这些积弊全都算在哲宗头上,实在不公允。不过,问题的症结并非如此。哲宗是赵佶的兄长,尽管不是一母所生,毕竟是神宗的儿子,且已撒手人寰,清算这些陈年老账,并非蔡京的本意,整肃仍然活跃在政坛上的哲宗朝的大臣,置这些人于死地,才是蔡京的真正目的。

诏书下达全国,凡有识之士尽皆茫然。两年以前,赵佶信誓旦旦地表示要"不偏不倚,大公至正"的话,犹然在耳,现在却突然一个大转身,一切推倒重来。朝中正直之士见此诏书,人人自危,个个胆寒。凭多年的从政经验,他们已经闻到了一种令人窒息的气味,感到了一种黑云压城城欲摧之势。

蔡京的动作非常迅速,上任仅几天,奏请赵佶,禁用元祐法规,恢复王安石新法之后。便提拔了吴居讲、王汉之等十余名私党,而那些与他政见不同的人,均被视为元祐党人,全部贬官。并调赵挺之为尚书左丞,张商英为尚书右丞,一同狼狈为奸,乱发政令。

元符末年反对恢复熙宁法的人,都被称为奸党。蔡京亲自为赵佶提供了一份元祐奸党名单,总共一百二十人,其中,曾任宰执等官的人姓名如下:

司马光、文彦博、吕公著、吕公亮、吕大防、刘挚、范纯仁、韩忠彦、王珪、梁焘、王岩叟、王存、邓雍、傅尧俞、赵瞻、韩维、孙固、范百禄、胡宗愈、李清臣、刘奉世、苏辙、范纯礼、安焘、陆佃。

曾任侍制以上等官的人姓名如下:

苏轼、范祖禹、王钦臣、姚勔、顾临、赵君锡、孔文仲、马默、王

陆、孔武仲、朱光庭、孙觉、吴安持、钱勰、李之纯、赵彦若、赵高、孙升、李用、刘安世、韩川、吕希纯、范纯粹、曾肇、王觌、王畏、吕陶、王吉、陈次升、丰稷、谢文瓘、鲜于侁、贾易、邹浩、张舜民。

曾任杂官的人姓名如下：

程颐、谢良佐、吕希哲、吕希绩、晁补之、黄庭坚、毕仲游、常安民、孔平仲、司马康、吴安诗、张耒、欧阳棐、陈瓘、郑侠、秦观、徐常、汤馘、杜纯、宋保国、刘唐老、黄隐、王巩、张保源、汪衍、余爽、常立、唐义问、余卞、李格非、张庭坚、商倚、李祉、陈祐、任伯雨、朱光裔、陈郛、苏嘉、龚夬、欧阳中立、吴俦、吕仲甫、刘当时、马琮、陈彦、齐昱、鲁君贶、韩跂。

曾任内官的人姓名如下：

张士良、鲁焘、赵约、谭裔、王称、陈询、张琳、裴彦臣。

曾任武官的人姓名如下：

王献可、张巽、李备胡。

应蔡京之请，赵佶以他那优雅高超的瘦金体书法，先后两次亲书"元祐党人碑"，刻石立于皇宫的端礼门和文德殿的东壁之上。

蔡京刊立党人碑后，又将元符末年，因日食，求直言时上书的几百人全部清查出来，将他们定为邪上、邪中、邪下三个等级，以钟世美以下四十一人为正等，悉数加以升官嘉奖。

范柔中以下五百多人定为邪等，无一例外地都被降官，以示惩罚。尽管如

"文青"皇帝 宋徽宗

此,心肠歹毒的蔡京仍嫌株连不够,又向赵佶提出惩办那些要求恢复元祐旧法之人。赵佶自然应允,于是刘奉世等二十七人被罢了俸禄。

宋代规定,大臣罢官之后,让他们去管理道教宫观,没有具体职掌,只领取俸禄,称之为"祠禄"。如今连这一点微薄的待遇都取消了。同时又命令这些人分散在各州居住,不得居住在同一个州,以防串通滋事。

这些人多是蹒跚老翁,长期遭受迫害,困顿潦倒,生活拮据,现在又以戴罪之身,携妇将雏,飘零天涯,饱受颠沛流离之苦。著名词人黄庭坚、晁补之等人就在这一行列中。涉及的人数之多,范围之广,较之章惇当年的疯狂报复,有过之而无不及。

有人看不惯这种做法,写了一首讥讽小诗:

当初亲下求言诏,
引得来胡道,
人人投献治安书,
比洛阳年少。
自讼镌官差岳庙,
却一齐塌了。
误人多事,
误人多是。
误人多少!

几次大的清洗迫害,贤良正直之人都被排挤出朝廷,奸佞之徒留在了朝廷。奸邪当道,忠良遭殃,这是古今不变的一个定律。

下一个目标是谁

这一天闲暇无事,赵佶突然想起了孟皇后身边的侍女萍儿,这小蹄子太能逗了，几次在御花园里碰上她，她都是跪拜之后，还没等近身，便借故嘻嘻哈哈地跑开了，惹得人心头火烧火燎，怪不自在。何不以探视孟皇后为由，前去会一会这个萍儿。

孟皇后复位之后，深居宫中，吃斋念佛，不问世事。突见赵佶来访，颇为惊讶，叔嫂二人落座之后，宫女们早就泡好香茗，端上各种果品。赵佶悄悄打量孟皇后，心中暗暗称奇。记得在未复位之前，他曾前往瑶华宫探视过一次，那里的她，脸色蜡黄，鬓发蓬乱，衣衫不整，如同一个四五十岁的老女人。可眼前的皇后与上次相比，简直就像换了个人一样，粉面如脂，黑发似漆，体态丰满而不臃肿，双目生波而不妖媚，端庄秀丽竟丝毫不比自己的妃子逊色。其实并不奇怪，孟皇后也只比赵佶大四五岁，复位之后，心情大好，身体自然会越来越好，原本就是一个美人坯子，此时便显出了庐山真面目。

赵佶醉翁之意不在酒，同孟皇后的交谈，也只是问问身体状况怎么样，饮食如何，需要什么帮助等。

孟皇后听了，自然是感动万分，千恩万谢，之后，孟皇后轻轻地叹了一声，面有忧容。赵佶忙问："皇嫂莫非有什么未了之事？"

孟皇后小心地说："妾身原本是一个废人，得遇官家浩浩之恩，才脱得苦海，过气的皇后，本不应议论朝政，只是事关重大，妾身如鲠在喉，不说总觉得闷得慌。"

"皇嫂有什么事，尽管说来。"

孟皇后看了一眼赵佶，犹豫了一下，还是说道："听说蔡京为相，把持朝政，妾身甚感不安。蔡京好险贪虐，虎狼之心，较之其弟蔡卞，有过之而无不及，好让这样的人得势，恐扰乱朝政，为祸江山百姓，我并非为一己之利担忧，望陛下多听听朝野正直之士的呼声。妾身冒死谏言，望官家三思。"

"这事朕心里有数。"赵佶惦记着萍儿，淡淡地应一声，立即转换话题，笑着对萍儿说，"萍儿，朕想看看你的闺房，可以吗？"

孟皇后明白赵佶的心事，虽然不舍萍儿离开自己，但她也不想耽搁了萍儿，谏言之事，听不听全在官家，于是不再多言，命萍儿给皇上引路，她与众宫女送

"文青"皇帝 宋徽宗

到阶下，便知趣地留了步。

萍儿引赵佶进了自己的卧室，扶他坐下，忙去洗了水果端来，嘻笑着说："皇上日理万机，怎么想到要到这里来呀？"

赵佶色迷迷地盯着萍儿的隆胸，反问道："你说呢？"

"皇上的心事，小婢子怎么知道呀？"说着话，便将一颗樱桃塞进赵佶的嘴里。

赵佶一把抱住萍儿，涎着脸说："朕的心事，难道你不知道吗？朕今天是来践约的。"说着话，手已经伸进萍儿衣内……

云雨之后，赵佶对萍儿说："明天，朕便接你进宫，封为婉仪，以后再慢慢晋升，做朕的妃子。"

萍儿突然跪下说："皇上千万不要接萍儿进宫。"

"为什么？"

"皇上有所不知，这些年来，婢子与主子相依为命，甘苦与共，主子待我如同亲妹妹，婢子这一辈子跟定主子了。别说封我婉仪，就是贵妃，我也不去。皇上若真疼婢子，就准了婢子之请吧！皇上什么时候想要婢子，婢子随时应召，一定将皇上侍候得舒舒服服，心满意足为止。"

赵佶不竟对萍儿肃然起敬，心里叹道，好一个侠义女子，须眉之中又能有几人能及？他知道拗不过萍儿，也就答应了。

蔡京认为，孟皇后称为元祐皇后，是元祐党人的精神支柱，元祐党人都逐出了京城，甚至连死去的人都给予了追加处罚，而孟皇后却在宫里过着平静的日子，这不是蔡京的风格。元符皇后和内侍郝随也都向蔡京传话，叫他将元祐皇后赶出宫去。

蔡京复出，是通过童贯走元符皇后这条线。现在刘皇后发了话，蔡京当然要还这个人情。恰在此时，昌州判官冯澥越级上疏，奏说元祐皇后不应当复位。蔡京喜出望外，连忙将冯澥的奏折面呈赵佶，请求将这份奏折交给辅臣、御史们讨论。赵佶觉得这个程序也不错，随口答应了。

朝中的辅臣、御史，多数都是蔡京爪牙，一切惟蔡京马首是瞻，只要蔡京发一句话，这些人就像跟屁虫一样，随声附和。

御史中丞钱遹，殿中侍御史石豫、左肤等人先后上疏，奏称韩忠彦等人建议恢复瑶华宫废后，是掠流俗之虚美，奏请再废元祐皇后。

蔡京又邀集许将、温益、赵挺之、张商英等人联名上疏，请求再废孟皇后。

赵佶面对一大摞奏疏，很是为难，他心里明白，孟皇后并没有什么过错，复位以来，吃斋念佛，不问世事，做人也很低调，皇后也常夸她贤德，对于这样一个与世无争的人，再给她沉重一击，实在有些于心不忍。如果驳回辅臣们的奏疏，则又要遭掠流俗之虚美的讥评，而且还要得罪先帝。踌躇数天，实在难下决心。便把蔡京等人的奏疏拢在袖里带回宫中。

王皇后是德州刺史王藻的女儿，有德、有才、有色，元符二年嫁进王邸，曾封为顺国夫人，赵佶即位后，册封为皇后；事上御下很有礼数，不但宫中的下人对她感恩戴德，就是赵佶，对她也很敬重。孟皇后自瑶华宫迎还宫中后，王皇后见她也喜欢书法，两朝皇后，因有相同的爱好，互相爱敬，引为闺中知己，王皇后常在赵佶面前夸孟皇后贤德。

赵佶回宫的时候，王皇后正在后宫挥毫泼墨，她见赵佶回宫，连忙放下手中画笔，迎上前问寒问暖，见赵佶脸有不愉之色，关心地问："官家有何不顺心的事吗？"

赵佶没有回答，从袖内取出一摞奏折递过去道："你自己看吧！"

王皇后接过，浏览一遍后说："臣妾向来不过问国家政事，但这件事不得不说了。"

"你说吧！"赵佶两眼看着王皇后。

"元祐皇后当年被废，是遭章惇等人陷害，不是真有什么罪，所以，哲宗皇帝降诏之后，也自追悔莫及，只是制命已出，错已铸成，不好出尔反尔，才搁置未议。废元祐皇后之后三年不提册立继后之事，就是这个原因。元符皇后要不是因后来诞生皇子，恐怕终先朝之世，只能处在嫔妃之列。陛下恢复元祐皇后的后

"文青"皇帝 宋徽宗

号,迎回禁中居住,正是消除哲宗皇帝的遗憾,弥补先朝的失德,是一桩美举,有什么可议论的地方?大臣们要关心国家大事,为何要将后宫这些陈芝麻、烂谷子拿出来说事呢?他们到底有何居心?"

赵佶只是摇头叹息。

"官家下令,叫这些人闭嘴。"王皇后有些急了。

"那天下人不说朕拒谏吗?"赵佶说,"你是看了奏疏的,他们说得义正辞严,哪有朕批驳的余地呢?"

"官家将怎样处置这事?"

"除了从谏,别无可选。"赵佶似乎有些无奈。

王皇后听了,潸然落泪,随手把奏疏递给赵佶。

十月,赵佶下诏,撤销了元祐皇后的名号,重新出居瑶华宫。元祐皇后奉诏,微笑着对左右道:"我又离开是非地了。"

从此,孟皇后便在瑶华宫过着孤灯独影的生活,当她再次出现在人们视线的时候,那已经是北宋灭亡之时。

赵佶撤销元祐皇后的名号,但事情还没有了结。当初议复孟后一事的大臣,也受到连坐,再降韩忠彦、曾布的官职,追贬李清臣为雷州司户参军,黄履为祁州团练副使,将翰林学士曾肇,御史中丞丰稷,谏官陈瓘、龚夬等十七人再贬到更偏远的地区。

冯澥因上奏有功,提拔为鸿胪寺主簿。

刘皇后拔除了孟皇后这个眼中钉后,又叫郝随去密告蔡京,叫他想办法整治邹浩。

刘皇后为何痛恨邹浩呢?因为当初哲宗要立她为后,邹浩反对最为强烈,刘皇后记下了这个仇恨。

蔡京得到刘皇后的密嘱,召集一班私党商量对策,看找个什么理由治邹浩的罪。有人说,皇上刚即位,第一个召回被贬在外的邹浩,恢复他谏官之职,回京的时间不长,便由右正言升任左司谏,又改起居舍人,进中书舍人,升兵部侍郎

转吏部侍郎，后自请外任，以宝文阁待制知杭州，据说皇上常夸他极善言辞，论辩缜密有力，有重新召回之意。要治邹浩的罪，恐怕有点难。

"欲加之罪，何患无辞？"蔡京道，"大家想想办法，我就不相信治不了他。"

御史中丞钱遹道："把邹浩当年谏阻刘皇后奏章找出来，从那里挑挑骨头。"

"我已命三省查找邹浩的原疏，根本就找不到。"蔡京反问道，"据说邹浩连奏疏、札子的草稿都烧了，有这回事吗？"

"有这回事。"钱遹说，"当时邹浩同皇上奏对，是邹浩亲口说的，听到这话的人很多。"

当年邹浩谏立刘后，有原奏与一份札子。哲宗留而不发，群臣谁也没有见过。赵佶即位，首先召邹浩复为谏官，曾向邹浩问及奏疏、札子草稿何在。邹浩说烧了。退朝后，邹浩将与皇上的对话告诉了陈瓘。陈瓘听后大惊，埋怨邹浩不该说将原奏疏烧毁了，假如日后有人查这件事，奸人从中舞弊，伪造一书，到时跳到黄河也说不清，恐怕日后要因此而遭祸。邹浩虽然后悔不已，但错已铸成，后悔已是不及，只好听天由命了。

蔡京听罢哈哈大笑，对钱遹说："钱遹，你是御史，这件事就交给你了。"

钱遹根据蔡京的授意，第二天上朝，出班启奏，说宝文阁待、知杭州邹浩在哲宗立刘皇后时，捏造刘皇后杀卓氏而夺其子之言，攻击哲宗有桀纣之行，多狂妄指斥之语，实属大逆不道。万死难赎其罪。说罢，当堂将捏造的一份奏疏呈上。

读过真奏疏的哲宗、向太后、朱太妃都死了，死人不能出来作证，邹浩远在杭州，也无法站出来为自己申辩，满朝大臣谁也没有见过真奏疏，唯有惊诧而已，却无法开口。

赵佶也没有见过真本，也就视假为真了，下诏将邹浩贬往昭州。追册刘皇后死了的儿子赵茂为太子，予谥献愍，并尊元符皇后刘氏为皇太后，奉居崇恩宫。

"文青"皇帝 宋徽宗

正直的石匠

崇宁二年（1103年）正月，蔡京做了左尚书仆射兼门下侍郎，不久，他的弟弟蔡卞以资政殿学士的身份，晋升为知枢密院事。

蔡京、蔡卞兄弟两人同掌大权，为所欲为，又追论任伯雨等人的罪行，在同一天之内连下十二道处罚令：安置任伯雨于昌化军，陈瓘于廉州，龚夬于化州，陈次升于循州，陈师锡于柳州，陈祐于澧州，李深于复州，江公望于安南军，常安民于温州，张舜民于商州，马涓于吉州，丰稷于台州。

赵挺之升中书侍郎，张商英、吴居厚为尚书左右丞，安惇复入副枢密院。

尚书左丞张商英原先依附于蔡京，因争权力与蔡京发生了冲突，蔡京便奏请赵佶，罢张商英，贬往亳州任职，并将他的名字排入元祐党籍。

蔡京又自书元祐党人姓名，颁发到各郡县，命令各地将这些名字刻在石碑上。

长安官府接到立碑的命令，不敢怠慢，立即召一个叫安民的石匠刻碑。安民看过党人姓名后说："小匠不晓得朝廷刻碑的意思，但听得司马相公这个人，海内都称道他正直忠良，如今却把他列做奸党首领，小匠不忍奉命刻碑。"

长官怒道："你一个小小的石匠，能够辨别朝廷谁是忠谁是奸吗？"

安民对答道："并不是小人能辨别朝廷的忠奸，不过像司马相公爱国爱民之赤心，天下之人，妇孺皆知。举世都识为忠，朝廷独指为奸，怎能叫小人不疑心呢？"

"越发胡说了！"长官大喝道，"这是朝廷的命令，我尚不敢违抗，你是什么人，竟敢违抗朝廷之命？"

石匠安民愣在当场，不敢出声。

"刻，便是活，不刻，立即乱棒打死，两条路，你自己选吧！"

"小人愿刻。"安民跪在地上，哭着说，"但求大人答应小匠一件事。"

"什么事？"

"小人刻碑不留名。"

原来，石匠行当有一个不成文的规定，就是所刻的石碑上，要刻上刻碑人的名字。安民不想将自己刻这个罪恶之碑的罪恶之名流传后世，故以不留名的方式对蔡京一伙提出抗议。

九江有一个碑工名叫李仲宁，镌刻技术十分精湛，偶与诗人黄庭坚相识，黄庭坚为他所居之处题了"琢玉坊"的匾额，自此名声远播，生意兴隆。当朝廷诏令州郡刻元祐党人碑时，九江太守便命李仲宁刻这块碑。

李仲宁见"奸党"名单中有苏东坡、黄庭坚的名字，无论如何也不干。他对太守说："小人以前家庭贫穷，只因刊刻苏内翰（苏轼）、黄学士（黄庭坚）诗翰、匾额，来买的人越来越多，小人一家才得以饱暖，如今说他们是奸人，并要镌刻石上，小人实在不忍下手。"

太守大怒，欲将李仲宁抓起来治罪。

李仲宁慨然道："小人虽是一介草民，也懂得'石可碎而不可夺其坚，人可杀而不可毁其志'，要杀要剐，悉听尊便，要小人刻此石碑，断乎不可。"

太守为李仲宁的侠肝义胆所感动，感慨地说，想不到一个乡野村夫，竟有这等超凡脱俗的见解，真是难能可贵。于是馈赠以酒，并答应了他的请求，破例放他回家。

安民、李仲宁这些贫贱乡民深明大义，比起那些满腹经纶，却卖身投靠权贵，夤缘干进的士大夫来，相去何啻霄壤！

第五章

一场文化浩劫

奸佞的野心

蔡京下令，更盐钞，铸当十大钱，并下令将全国各地冶炼的金银全部收归大内。在京师创设军器库。聚敛是为了示富，创设军器库以耀军威。种种迹象表明，当时的国库，即便不是开国以来最富裕的，也肯定财政状况相当不错，最少在赵佶的眼里是这样，否则，接下来的事情不可能发生。

蔡京随之推荐王厚、高永年为边帅，准备武力收复湟中地区。

湟中位于黄河上游，汉代为羌族聚居之地，宋初，吐蕃族占领了这片地区，称青唐，神宗时代，王韶收复湟中，设湟、廓、鄯三州。赵佶即位之初，向太后迫于形势，放弃了青唐，由羌族陇拶兄弟分别管辖青唐、邈川等地。陇拶兄弟降宋后，对宋廷非常恭顺。吐蕃大酋溪巴温之子溪赊罗撒却挑起事端，他们占领了青唐城，胁迫已经降顺宋朝的羌族首领陇拶归服他。迫使陇拶兄弟，哥哥迁居河南，弟弟迁居河北，而且他们兄弟之间为各自的利益，也出现了不和。整个吐蕃各部落四分五裂，人心不安。各族首领互相猜疑。多罗巴拥立溪赊罗撒为主，盘踞在西蕃。

其实，这只是吐蕃一次内乱，既没有挑衅宋朝，也没有扰边害民，对宋朝没有构成任何威胁。

熙州知州王厚得知吐蕃发生内乱，认为是收复湟中地区的大好机会，于是上奏朝廷。

蔡京得知吐蕃发生内乱，极力主张对吐蕃开战。

蔡京主张向吐蕃开战，有他自己的小算盘。因为他明白，自己执掌朝廷机枢以来，除了迫害异己、结党营私、挑起朋党之争外，没有干过一件对朝廷有利的大事，长此下去，难免会有人在背后议论，也很难巩固自己在朝中的地位和皇上对自己的信任。因此，他急于要干一番轰轰烈烈的大事，以立不世之功。建功最快捷的办法就是军功。他对宋朝周边国家势力进行对比分析，认为吐蕃政权的实力弱于辽国和西夏，对吐蕃用兵，取胜的把握最大，他把目标选在吐蕃，明显是吃柿子捡软的捏。

赵佶也是一个好大喜功之人，登基以来，朝中的事情办得都很顺手，便自以为天纵神俊，聪慧绝伦，常自比秦皇汉武、唐宗宋祖，要成为千古流芳的帝王，当蔡京奏请出兵吐蕃时，居然连想都不用想，一拍即合。

一个是皇帝，一个是宰相，两位天才艺术家，尽管各怀目的，但对吐蕃开战的目的是一致的。

赵佶询问蔡京，派谁为将。蔡京推荐王厚为帅。河东蕃官高永年为副将。

"王厚？"赵佶摇摇头说，"他镇守邈川之时，纵兵杀戮而遭贬，怎么能用这样的人呢？"

"纵兵杀戮，是青唐主帅王赡干的事，王厚只是无辜受牵连。"蔡京看了一眼赵佶，继续说，"王厚是受冤枉的，若能委以重任，为他申雪昔日之冤，必能激励其忠勇之气。"

蔡京推荐王厚，并不是看上这个人才，而是接受了王厚的重贿，而王厚重贿蔡京的金银珠宝，正是在邈川纵兵抢掠所得。

收人钱财，替人消灾，蔡京很遵守游戏规则，收了王厚的重贿，当然要替王厚说话。

崇宁二年六月，在蔡京的鼓动下，赵佶命令王厚安抚洮西，调兵十万西征。

"文青"皇帝 宋徽宗

蔡京为了报答童贯在赵佶面前美言的功劳，极力推荐他去西北监军。说他曾随李宪十次去西北军，熟悉西北五路的地理环境和各位将领。

赵佶继位，童贯出了大力，他早就想重用童贯，只是没有机会，如今有蔡京举荐，他当然乐得做个顺水人情。

君臣二人的考虑，似乎都是一己私念，至于其他的，好像就不那么重要了。

童贯是个宦官，是在后宫侍候皇上和嫔妃起居的人，受命出任西北监军，从此染指军权，官职一路飙升，最后居然当上了全国最高军事长官——枢密使。这是后话。

出兵打仗是一件事关全局的国家大事，必须慎之又慎，然而，赵佶和蔡京两人，既没有经过三省、枢密院的讨论，也没有经过廷议，就这么一合计，居然就定下来了。

聪明绝顶的赵佶，竟然被极具野心的蔡京玩弄于股掌之中。

童贯受命后，立即赶赴湟州，同王厚、高永年会合，择吉日出师。

童贯出京不久，宫城内太乙宫失火，虽然抢救及时，没有酿成大祸，却也让赵佶害怕起来，他认为这是天象告警，不宜用兵，立即手写一道命令，派人送往西北前线交给童贯，叫他停止出兵。

童贯看完赵佶的手令后，随手塞进靴子里。

王厚询问童贯，问他朝廷来的公文说了些什么。童贯随口说没有什么大事，只是催促早日出兵，随即传令，放炮出兵。

王厚和高永年率兵西进，居然一路顺风顺水，大破羌酋多罗巴，斩杀了他两个儿子。最小的儿子阿蒙带箭而逃，幸亏多罗巴前来救援，才保得一条性命。父子二人带领羌众逃到青海湖中岛上去了。

王厚攻占了湟州，飞骑向朝廷报捷。

赵佶得到捷报后，不但将此前传诏停止出兵的事忘得一干二净，还诏令王厚继续西进。

蔡京时刻不忘打击他的对手，乘机奏请要追究以前放弃湟州的人的责任，赵佶于是下诏，贬韩忠彦为磁州团练副使，安焘为祁州团练副使，曾布为贺州别驾，范纯礼为静江军节度副使，夺蒋之奇三秩，凡是当年曾经参与商议的人，都被贬官。

王厚受命后，兵分三路，高永年率领左路军，别将张诚率领右路军，王厚自率中军，三路军同时出发，约定在噶尔川会合。

羌人首领奚赊罗彻，得知宋兵来攻，召集羌兵，背水列阵，拒战宋军。奚赊罗彻登上一座小山头，以一面大旗为令，指挥羌兵向宋军发起冲锋。

王厚见羌兵来势凶猛，命令众将士坚守营盘，只用弓箭拒敌，并不出战。羌兵连续三次发动进攻，均突不破宋军的箭阵，无功而返。

兵法上说，一鼓作气，再而衰，三而竭。眼下的羌兵就是这种情况，他们经过三次冲锋之后，已经是气喘如牛，不能再战。王厚瞅准机会，暗率轻骑绕到山北，从奚赊罗彻的背后突然发起攻击。

高永年、张诚又率兵从左右杀出，奚赊罗彻措手不及，抛下部众，落荒而逃。羌兵没了主将，成了一群没头的苍蝇，乱纷纷四散逃窜。

王厚驱兵追杀，斩敌四千五百余人，俘虏三千人。

奚赊罗彻单骑逃回鄯州，知道不可守，连夜率亲随遁去。

次日，王厚进兵鄯州。

奚赊罗彻的母亲龟兹公主，自知没有能力抵御宋兵，率领各位酋长开城迎降。王厚乘胜追击，进攻廓州。守廓州羌酋喇什军令结，见奚赊罗彻尚且一败涂地，自知不敌，率众投诚。

湟、鄯、廓三州，一并收复。

捷报传到汴京，蔡京带领百官向赵佶道贺。赵佶下诏，论功行赏，任命蔡京为司空，晋封嘉国公；童贯为景福殿使，兼襄州观察使，王厚为武胜军节度

"文青"皇帝 宋徽宗

观察留后；高永年、张诚等也都得到了封赏，加官晋爵。送陇拶至京师，封安化郡王。

蔡京捡一个软柿子下手，收复湟、鄯、廓三州，如愿以偿地建立了军功，升任司空，晋封嘉国公。他自恃有功，更加趾高气扬，下令撤销讲议司，各地公文直接送达尚书省。

讲议司是一个议事机构，各地送呈朝廷的公文，先送讲议司，由这里的官员商议提出意见后，再送呈尚书省。撤销讲议司，蔡京便大权独揽。

文人的劫难

被列入元祐党的众多官员中，有很多人都是才高八斗、著作等身的文人，他们的作品早已风靡天下，妇孺皆知。蔡京知道，只要这些人的著作还在民间流传，就不可能消除他们的影响，当务之急就是让这些人的著作在民间消失。于是，在蔡京的指使下，一伙奸佞挖空心思找这些文人的麻烦。

最先遭殃的是诗人黄庭坚，因他被列入了元祐党籍，被责降管勾玉隆观。百无聊赖之际，写了一篇《荆南承天院碑》，碑文大意是说，有人说建一座佛寺要耗费掉中等民户万家之财，实在是百姓沉重的负担。依鄙人之见，即使国家无战祸，天灾疾疫也是百姓无力抗拒的。天下善人少而不善者多，如果国家的刑罚施于外，佛家的思想施于内，两者相辅相成，无疑对国家是有益而无害。其实，黄庭坚撰写的碑文，只是直抒胸臆，表示对修造佛寺的看法而已。

湖北转运判官陈举上表弹劾，说黄庭坚语涉谤讪。而真正的原因是陈举想在碑文后面添上自己的名字，以抬高自己的身价，作为炫耀的资本，遭到黄庭坚婉拒。陈举恼羞成怒，便从碑文中摘录数句，交给执政赵挺之，而赵挺之与黄庭坚有矛盾，便乘机落井下石，马上将奏本上交徽宗，致使黄庭坚贬窜宜

州，客死异乡。一抔黄土葬孤魂，黄庭坚再也没有回归故乡洪州分宁。

崇宁二年（1103年）四月，蔡京又奏请赵佶下诏销毁吕公著、司马光、范纯仁等人在景灵西宫的画像。更可怕的是，在蔡京的怂恿下，赵佶下令禁行苏洵、苏轼、苏辙、黄庭坚、张耒、晁补之、秦观、马涓等人的《文集》；焚毁范祖禹的《唐鉴》，范镇的《东斋记事》，刘攽的《诗话》，僧文莹的《湘山野录》等书的印版。

最有意思的是《资治通鉴》一书的命运。司马光既然被列入了元祐党人，他主持撰写的《资治通鉴》也在焚毁之列，当时负责销毁《资治通鉴》印版的是蔡京的弟弟蔡卞及其党羽林自等人。

博士陈莹中得知这个消息，特意在太学考试出题时援引了神宗为《资治通鉴》写的序文，以示皇帝关注过此书。

林自不学无术，不曾读过《资治通鉴》，不知道神宗确实写过这篇序文，质问陈莹中说："这篇序文怎么能是神宗写的呢？"

陈莹中反问道："谁敢说这是假的吗？"

林自又自找借口说："即使是真的，也是神宗幼年时写的文章而已。"

"天子之学出于圣人，得自天性。"陈莹中反问道，"难道皇上少年和成年时写的文章有区别吗？"

林自自知理亏，回去将这件事报告给了蔡卞。蔡卞秘密下令学宫中把印版放在高阁安全之处，不再议论毁版的事了。《资治通鉴》躲过一劫，得以幸存下来，流传于世。

蔡京销毁了司马光等人的画像，又命人在显谟阁画熙宁、元丰功臣的像；在都城南面修建学宫，建房千八百七十二间，赐名辟雍，广储学士，召集人研究王安石的《经义》《字说》，在辟雍中供奉孔子、孟子等人的图像，以王安石配享孔子，地位仅次于孟子。

赵佶、蔡京一伙不懂得有生命力的著作，必定是会流传千古的道理，比暂时的权势、浮云般的富贵要永恒得多，对中华文化带来了一场浩劫。时人作了一首小诗讥讽说：

"文青"皇帝 宋徽宗

苏黄不作文章客,童蔡翻为社稷臣。
三十年来无定论,不知奸党是何人。

不该点燃的导火索

门下侍郎许将反对重列元祐、元符党人、刻立党人碑,得罪了蔡京,被罢相逐出京城,出知河南府;赵挺之、吴居厚则因追随蔡京,分别提拔为门下中书侍郎,张康国、邓洵武为尚书左右丞,胡师文为户部侍郎,陶节夫经制陕西、河东五路。

陶节夫是蔡京的一个得力私党,原为鄜延总管,在任总管期间,他在无关紧要的地方修筑堡寨,虚报费用,所得全部贿赂了蔡京。蔡京收了陶节夫的重贿,提拔他为枢密直学士,接着又出任五路经略。

陶节夫升任五路经略之后,饮水思源,竭尽全力报效蔡京,他动用国家财物,诱贿吐蕃的邦、叠、潘三州,让他们纳土归降,然后向朝廷奏报,说吐蕃感恩怀德,愿意奉土归诚,并在奏报中大功归之于蔡京。

赵佶信以为真,更加信任蔡京。

蔡京想用童贯去为熙河、兰湟、秦凤路制置使,让他想办法进攻西夏,满朝文武百官,都是蔡京的同党,没有人敢提出异议。

唯独蔡京的亲弟蔡卞提出了异议,他说:"用宦官守疆,难道朝中无人吗?派一个宦官为守疆大员,简直是视军国大事如儿戏。"

蔡京见弟弟同自己唱反调,很不高兴,一怒之下,奏请赵佶,将蔡卞逐出京城,贬到河南府去做了知府。

蔡京与蔡卞兄弟之间的矛盾,其实由来已久,童贯之事,只是他们兄弟两矛盾爆发的一根导火索而已。

蔡卞是王安石的女婿，他的妻子称为七夫人，这位七夫人知书达礼，能诗会画，而且颇有见识，蔡卞每次入朝议政，要先向夫人请教，因此，僚属们经常开蔡卞的玩笑，嘲谑道："今日奉行各事，想就是床笫余谈呢！"

蔡卞升任知枢密院事，家里设宴庆贺，请了一个戏班子来家唱堂戏。伶人也知道蔡卞对夫人俯首听命，唯命是从，竟然在戏台上临时改戏词，唱道："右丞今日大拜，都是夫人裙带。"

满堂宾客哄堂大笑，蔡卞也听到了这句戏词，竟然一笑置之。

蔡卞平常到蔡京家去回来之后，都要说兄长的功德，七夫人冷笑道："你兄比你晚出道。现在却位在你之上，你反而去巴结他，羞也不羞？"

正是为了这一句话，蔡卞便与蔡京有了嫌隙，所以，朝廷议事的时候，蔡卞常同蔡京唱反调，这在当时是很少见的。因为满朝文武百官，绝大多数都是蔡京的同党，即使对蔡京有所不满，也只是埋在心里，没有人敢公开反对蔡京。蔡卞同蔡京过不去，也算是自找霉头。

蔡京为童贯这件事，将不听话的弟弟逐出京城。兄弟尚且如此，其他人就可想而知了。也许，蔡京是故意杀鸡给猴看，告诉人们一个信息：你们看，我连亲兄弟都要下手，谁还敢来试我的刀锋？

蔡京保荐童贯出任熙河、兰湟、秦凤路经略安抚制置使，童贯刚上任，就准备向西夏开战。

蔡京又命令王厚诱招西夏将领仁多保忠，劝他归附宋朝。

王厚依照蔡京的指令，重贿仁多保忠，无奈他的部下都不肯顺从，仁多保忠独力难支。王厚只好如实向蔡京作了汇报。

蔡京责备王厚办事不力，命令他继续劝降。王厚无奈，只得再次派自己的弟弟带上书信去见仁多保忠，不想弟弟在途中被夏人抓去了，劝降的计划泄露。为防止万一，西夏主将仁多保忠换了防地。

王厚将这个情况据实上报，说劝降仁多保忠已经没有任何意义，即使他来降，也是单人独马，不过一匹夫而已。请求停止这次反间行动。

"文青"皇帝 宋徽宗

蔡京贪功心切，给王厚下了死命令，一定要让仁多保忠归附宋朝，否则，就要处罚他。他还下令边关官吏，只要能让西夏将领来投降，都给重赏。

宋朝的举动激怒了西夏人，他们号召兵民侵扰宋朝边境。意思是，你不让我有好日子过，我也让你日子过不好。

宋、夏的边境又不安宁了，今天有夏军来杀人，明天有夏军来放火，后天又将某村庄洗劫一空。

辽国将成安公主嫁给西夏王李乾顺，李乾顺仗着辽国的势力，上书宋朝辩论曲直。童贯将西夏的国书藏而不报。陶节夫为了讨好蔡京，继续花重金招降西夏人。西夏再次上表，并写信责问陶节夫。陶节夫拒不接待来使，还杀了几名西夏士兵。

西夏人无比愤怒，挑选一万骑兵，攻打泾原、围平夏城，杀入镇戎军，掠去兵民数万，一面又与羌酋奚赊罗彻合兵，攻打宣威城。

鄯州知州高永年发兵驰援，疾行三十多里，没有发现敌骑，天色将昏，择地扎营，埋锅造饭，旅途劳顿的士兵，除了哨兵外，全都安然就寝。夜半时分，突闻胡哨齐鸣，羌兵大队人马杀来，高永年从睡梦中惊醒，翻身下床，来不及拿兵器，数名羌兵已经冲进帐篷，高永年成了羌兵的俘虏，所率宋军，全部被击溃。

敌将多罗巴坐在大帐里，喝令带进高永年，他指着跪在地上的高永年，咬牙切齿地说："这个人就是杀我儿子，夺我国土，让我们宗族失散、居无定所的人，老天有眼，让我活捉了他，我要吃了他的心肝，方泄心头之恨。"

多罗巴说罢，起身离座，拔出佩刀，上前扯开高永年的衣服，举刀剖开他的胸膛，伸手掏取心肝，竟然生吃了。

多罗巴带领人马毁坏大通河桥，湟州、鄯州人心慌乱。

赵佶闻报，龙颜大怒，派御史侯蒙到秦州拘捕五路将帅刘仲武等十八人。侯蒙到达秦州后，刘仲武等人自穿囚服，负荆请罪。侯蒙看到这些镇守边关的将领，一夜之间成了罪人，于心不忍，便叫他们据实汇报，看是否有挽回的余地。

刘仲武等人见侯蒙有意为他们开脱，便将实情禀告。侯蒙知道他们冤枉，上表奏请赦免这些人的罪责，奏章中有几句话，足以打动人心：

　　汉武帝杀王恢，不如秦穆公赦孟明，子玉缢而晋侯喜，孔明亡而蜀国轻，今羌杀吾一都护，而使十八将由之以死，是自戕其肢体也，欲身不病得乎？

赵佶看了侯蒙的奏疏，果然有所感悟，没有追究这些人的责任，惟追究王厚一人之罪，贬为郢州防御使。

时过不久，西夏再次兴兵来犯，为鄜延路守将刘延庆击败。蔡京亲手点燃了导火索，使宋、夏边境从此战火不断。

第六章

花石纲之祸

诱君奢侈

西北边境战败，蔡京不但没有受到牵连，反而还进位尚书左仆射，兼门下侍郎。赵挺之也晋升为尚书右仆射，兼中书侍郎。

赵挺之晋升右仆射之后，和蔡京的地位相当，两人的关系也发生了微妙的变化，进而出现了权力之争，赵挺之不但不像从前那样在蔡京面前惟命是从了，而且还多次上书，告蔡京的刁状。

赵佶非常信任蔡京，并没有把赵挺之的奏疏当回事。赵挺之知道自己以后的日子不好过，萌生去意，上表请辞。赵佶没有犹豫，更没有挽留。

赵挺之辞职之后，蔡京一人独居相位。一朝权在手，便把令来行，他见轻启边衅，竹篮打水一场空，于是改变策略，再图他法求媚赵佶。于是下令设置礼制局，命给事中刘昺为总领，编五礼新仪，订新乐章，任命方士魏汉津为总司，定黄钟律，作大晟乐。

赵佶爱好艺术，书法、诗词歌赋，文化品位很高，虚荣心也极强，见了这些东西，当然很高兴。

蔡京投石问路，知道选对了路子，决定投其所好，诱导徽宗大兴土木。每当在朝堂议事涉及营造之事，必说其简陋，不足效法，如果再造，一定比前代更为华丽。

崇宁元年（1102年）蔡京入相，次年便修大内、建景灵宫、元符殿。他向赵佶进言，说国库充裕，积蓄达五千万缗，有能力营造宫殿及其他工程，不必过分节俭。

赵佶受蔡京的蛊惑，于崇宁三年采纳方士魏汉津之说铸造九鼎。

九鼎象征九州，是古代象征国家政权的传国之宝，相传大禹曾铸九鼎，代表天下九州，其后，成汤迁九鼎于商邑，周武王又迁九鼎于洛邑。战国时，秦、楚两国都曾到周朝求九鼎，唐代武则天也曾铸九鼎。

宋朝北边有契丹建立的辽，西北有党项建立的西夏，再往西有回纥诸部，西藏还有吐蕃诸部等，并没有完成中国的统一，其疆域在汉民族建立的中央王朝中是最小的。蔡京唆使赵佶铸九鼎，以象征九州统一，完全是求媚赵佶。

赵佶也是一个好大喜功的人，不但铸造九鼎，而且还在太一宫之南建造九座宫殿，专门用来供奉九鼎，取名九成宫。九殿按东、南、西、北四面，东南、东北、西南、西北八方设置，中设一殿坐镇中央。

中央一鼎为黄色，取名为帝鼎；

东、南、西、北各鼎颜色分别为：碧、紫、赤、黑，鼎名分别为：牡鼎，彤鼎，晶鼎，宝鼎；

东北、东南、西北、西南各鼎颜色分别为：青、绿、白、黑，鼎名分别为：苍鼎、冈鼎、魁鼎、阜鼎。

九成宫建成、九鼎落位之时，蔡京亲自为定鼎礼仪使，引导赵佶给九鼎献辞献酒。当祭到北方宝鼎时，一件意外的事情发生了，宝鼎突然爆裂，里面装的酒也喷了出来，所有的人都惊呆了，按中国人的说法，不吉利。

赵佶铁青着脸愣在当场，蔡京脑子转得快，翻身跪下说，北方的鼎爆裂，表示北方的辽国要出现内乱，我们可以乘机灭掉辽国。

本来是一件很不愉快的事情，竟然被蔡京说成与大宋无关，而且还预示着宋朝可以乘机灭掉辽国。蔡京拍马屁的功夫，已经到了登峰造极的地步。

"文青"皇帝 宋徽宗

赵佶一听也乐了，亲御大庆殿，接受百官的朝贺。赐魏汉津号"虚和冲显宝应先生"。不久，魏汉津病死，追封嘉成侯。

蔡京当宰相之后，搜刮钱财也到了疯狂地步，问他的财产有多少，恐怕连他自己也说不清楚。搜刮到的钱财，用于挥霍。据说，蔡京爱吃两样东西，一样是鹌鹑羹，另一样就是蟹黄包子。他吃一顿鹌鹑羹要杀掉三百只鹌鹑，用蟹黄包子待客，一顿饭仅包子就要花掉一千三百贯钱，相当于当时五十户中产家庭一年的生活费总和。宋朝有一本《鹤林玉露》记载说，东京汴梁有一个读书人买了一个小妾，这个小妾原来就是在蔡京家做包子的。有一天，这个读书人心血来潮，也想尝一尝宰相府蟹黄包子的滋味，便叫小妾露一手，小妾却说她不会。读书人惊奇地问："你原来不是在蔡府做包子的吗？怎么说不会？"

小妾却说："蔡府做包子的人很多，分工也很细，我只负责切葱丝。"

厨房做包子，有一个人专门切葱丝，可想而知，蔡京生活之奢侈，到了何等地步。

北宋的皇帝从宋太祖时起就崇尚节俭，按蔡京的说法，这就是"陋"，赵佶虽然身为皇帝，但他的消费却不及蔡京。皇帝崇尚节俭，宰相向往奢侈，两人的消费观念不同，形成了日常消费上的差异。人们在背地里偶尔也有所议论，蔡京当然有所耳闻。他觉得有必要改变一下现状，他要引导赵佶，让他懂得消费，懂得生活。为此，他经常向赵佶灌输这样一种思想："陛下当享天下之奉""人主当以四海为家，太平为娱，岁月能有几何，何必自寻烦恼？"

蔡京还依据《易经》提出"丰享豫大"之说，意思是国富民强的太平盛世，帝王要敢于大肆挥霍钱财，不必拘泥于世俗之礼，实际上是怂恿赵佶要尽情享受荣华富贵。

赵佶后来完全接受了蔡京的享受思想，沉浸于骄奢淫逸、寻欢作乐之中。其实，赵佶消费观念的转变，有一个因循渐进的过程。

有一次，赵佶在皇宫宴请辅臣，让内侍拿出玉杯玉碗，有些不好意思地对几

位大臣说:"朕想用这些物品,又怕御史们知道了,说朕太奢侈。"

此时的赵佶,对御史们的谏言,似乎还有所忌惮。

蔡京起身说:"臣以前曾出使辽国,辽国的皇帝端着玉杯玉碗,在臣的面前夸耀,说是后晋时的物品,南朝恐怕未必有。臣想,辽国皇帝尚且拿这个居奇,难道我堂堂中国,反不如小小的辽国吗?谁敢说陛下不能用这些玉器?"

蔡京这是在怂恿赵佶大胆享受,不要有什么顾虑。

赵佶仍然有些顾忌地说:"先帝做一小台,言官接二连三地上本谏阻,朕早就制好了这些玉器,就是怕他们说朕太奢侈,所以不敢拿出来使用。"

蔡京说:"只要事情做得对,管别人说什么呢?陛下富有四海,正当玉食万方,使用几个玉器,只是小事而已,何畏人言呢?"

赵佶闻言,不禁喜笑颜开。群臣散去之后,还特地把蔡京留下来,商谈了很久,才让他离去。

搜集奇花异石

赵佶是一位天才的艺术家,当藩王的时候,便喜欢读书绘画、古器山石,登基做了皇帝后,仍然乐此不疲,摩挲周鼎商彝、秦砖汉瓦,以显示自己是一位儒雅天子。同为艺术家的蔡京,当然知道投其所好。

赵佶的生日快到了,蔡京为了讨好赵佶,下令府、州、县、道,普建寺观,天下凡有寺观,都改名万寿宫,以向赵佶祝寿。

赵佶口里虽然说太奢侈了,心里却是甜滋滋的。蔡京摸透了赵佶的心思,奏请赵佶在苏州专设应奉局,专门负责采办花石,称为"花石纲",并推荐心腹朱勔具体负责这件事。如此一来,引发了一场震动全国、祸国殃民的大规模采办、运送花石纲的运动。

"文青"皇帝 宋徽宗

蔡京为何要推荐朱勔呢？这中间还有一段故事。

蔡京曾到过苏州，准备在苏州修建一座寺院，要求建得宏伟壮观。他不缺钱，就担心没有人督造。寺院的僧人向蔡京保荐一个人，此人姓朱、名冲，是当地人。蔡京吩咐僧人把朱冲找来，当面商谈建造寺院的事。

朱冲拍着胸膛说，一定能独立完成这项任务。

数日后，朱冲便说建造寺院的材料已经备齐，并请蔡京去工地参观。蔡京到现场一看，建造寺院所需要的砖石和数千根巨木堆积如山。蔡京看后非常满意，命朱冲督造这个工程。朱冲算准了蔡京必能东山再起，建寺如此卖力，实际是必要的政治投资。

朱冲有个儿子叫朱勔，干练不亚于乃父，父子二人一同督造蔡京交办的工程，只用了一个月的时间便告完成。

蔡京前往新寺院游览，果然规模宏丽，金碧辉煌。蔡京觉得朱冲父子是人才，将他们带回京城，设法将他们父子的名字列入童贯军的军籍，然后谎报说积有军功。经过一番运作，朱冲父子居然紫袍金带，在京城做了官，父子二人自然就成了蔡京的心腹。

短暂的贬谪生涯，使蔡京悟出了为官之道，要想承欢固宠，就必须博得皇上的欢心。

善于揣摩天子心意的蔡京，时刻留意赵佶的癖好。他知道赵佶喜好珍玩，尤为喜欢奇花异石，便暗中嘱咐朱冲父子，采集苏州珍玩，随时进献。朱冲也不辱使命，第一次就寻觅到三株高达八九尺的黄杨树。

黄杨树生长缓慢，据说每年只长一寸，闰年不长。宋代的木雕又常常用到黄杨树，使这种珍贵的木材更加稀少。

赵佶看到造型奇异的三株黄杨树，非常高兴，随后，朱冲又选送了几件奇珍异宝，赵佶更觉欢心。

在苏州设置应奉局采办花石，蔡京便推荐了朱勔。

朱勔也是一个善于揣测承迎的小人，见皇上欢喜奇花异石，知道这件事可为，而且，自己的功名富贵，也都寄托在这件事上。于是，他每年都要从户部领取数百万贯钱币，在江南采求花石。他手下养了一大批人，专门在民间寻找奇珍异石，凡是民间的一棵奇树、一块怪石，只要是值得一玩的，他就让人贴上封条，指为贡品，让那家人小心保护，等着搬运，稍有不慎，便以大不敬之罪论处。到了搬运的时候，必定拆屋毁墙，开出一条大路，恭敬地搬出去。百姓只要有一句怨言，就要遭鞭笞之罚，苏州、杭州的百姓苦不堪言。

宋朝将大宗运输的货物称为"纲"，朱勔向京师运送奇石异木时，将十艘船编为一组，运送的是大宗货物，货物又是花纲，故将这些货物称之为"花石纲"。

刚开始时，运送花石纲的动作并不大，只是从东南地区采运。赵佶非常欣赏这些珍奇石木，只要看中了哪块石头，就会赏赐给运送石头的人高官厚禄。赵佶的这一举动，化成了一道无形的命令。于是，一场祸国殃民的大规模运送花石纲运动，在全国大范围兴起。

朱勔在太湖发现了一块巨石，长、宽、高均两丈有余，需百余人方可环抱。为了运送这块巨石，朱勔专门打造了一艘巨船，一路上，凿去城墙、毁掉桥梁、堤岸不计其数。历经几个月，才从太湖流域将石头运抵东京汴梁。

朱勔却说运这块石头，既不劳民，也不伤财。宫中称这块石头为"神运石"。

巨石抵京后，由于城门高度不够，巨石进不了城，竟拆掉城门，才将石头运进城中，引来数千人围观。

赵佶见到这块巨石，欣喜若狂，特赐役夫每人金碗一个，朱勔的四个仆人被封官，朱勔本人被封为节度使衔。更为可笑的是，赵佶竟将这块石头封为盘固侯。

古代官阶次序为：王之下是公、侯、伯、子、男。当初周武王分封子弟功臣，功劳最大的姜子牙的后代才被封为齐国侯爵，而赵佶一高兴，竟把一块石头封为侯爵，在他的眼里，在战场上浴血奋战、保家卫国的将士，竟然不如一块石头。

"文青"皇帝 宋徽宗

苏州一带的奇花异木，被朱勔一伙搜罗殆尽，但他们仍不罢休，派人到墟墓间、深山老林中去寻找，只要发现中意的树木，即使是合抱的参天大树，也要移往京师。由于路途遥远，有的树木尚未运到京师，中途便枯萎而死，有的即使运到了京师，因沿途风吹日晒，移栽不久，也枯槁而死。时人有诗讥讽说：

森森月里栽丹桂，
历历天边种白榆。
虽未乘槎上霄汉，
会须沈网取珊瑚。

意思是说，如果有可能，赵佶、朱勔等人就要栽桂月宫，种榆天边了。可谓是入木三分。

一个名叫焦德的优伶因出言诙谐，颇受赵佶宠遇。焦德对花石纲也很不满，常常以比喻予以讽谏。

一天，宫廷设宴如娱乐，赵佶指着梅花、松树、桧树等询问，这些是什么花竹草木，焦德回答说，都是芭蕉。

赵佶责怪地说："分明是梅花、松树、桧树，为何说都是芭蕉？"

焦德分辩说："禁苑花竹，皆取之于天下四方，路途遥远，陛下眼巴巴地盼到了上林苑，都已变得枯焦了，岂不是'芭蕉'吗？"

赵佶明白焦德意在讽谏，纵情大笑，并没有责怪他的意思。

花石纲的征发，前后持续了二十多年，一大批贪官假手其间，中饱私囊，使东南地区和运河两岸的许多民户家破人亡，百姓怨声载道。花石纲之祸，给北宋的人民，带来了无穷的灾难。

朱勔既得蔡京扶植，又获得赵佶的宠眷，在寻找、运送花石纲的过程中，国库成了他的私人钱庄，民间的财宝也任由他取。他在所住的地方创建一个花园，搜集珍奇花石，堆砌在里面，做成假山假水，有林泉之胜，在江南一带，没有哪

座园林能出其右。后来，又请旨在里面建造一座神霄殿，在殿中供奉青华帝君神像，各地官员初到苏州，必须先去神霄殿拜谒青华帝君神像。

蔡京、朱勔之流不但借花石纲大发横财，而且还乘机陷害无辜。越州有一殷实人家，家中藏有数块奇石，朱勔得知后，派人上门索要，遭拒绝后恼羞成怒，派兵捣毁了这户人家的房屋，强行搬走了奇石。

惠山山上有数株高大挺拔的柏树，栽种在一家大姓祖坟旁边。朱勔连招呼也不打，派人前去挖树，因树大根深，盘根错节，延展到坟地去了。士兵们肆意刨土，竟然连人家的祖坟也刨了，棺椁丢了一地。

此类事件举不胜举，东南百姓只要一提起朱勔，莫不咬牙切齿，恨之入骨。

夜砸党人碑

由于赵佶、蔡京一伙迫害元祐党人的做法太离谱，在全国范围内掀起了轩然大波，致使人神共愤，万民嗟怨，蔡京等人不得不有所收敛。

崇宁四年（1105年）五月，赵佶下诏"除党人父兄子弟之禁"。坚冰乍融，柳暗花明，事情总算有了转机。八月间又规定，凡因上书而受到编管的人士由亲戚担保，放归田里，与家人团聚。

"门外天涯迁客路，桥边风雪蹇驴情。"当年元祐党人落泊离京，风餐宿雨，无限凄凉，如今可与家人共享天伦之乐了。但又规定，如果犯流罪以上，或擅出州界，或不思悔改，谤讪朝政者，不在此列。如再违犯，保任者同罪。这等于就是说，只要蔡京一伙看谁不顺眼，随时都可以找一个理由重新进行迫害。这虽然是有限的放宽禁网，但毕竟是寒冬中有了一丝春天的气息！

这一年九月，因九鼎铸成，赵佶在大庆殿接受群臣祝贺，诏用新乐，并大赦天下，元祐党人的处境稍稍有了改善。

赵佶心情大好，忽生恻隐之心，亲自起草一份诏书，表示自己不念旧恶，

"文青"皇帝 宋徽宗

体恤臣民。诏书中说元祐奸党诋毁先帝，罪在不赦，理应窜逐远方，饱受颠沛流离之苦。但如今五谷丰登，祥瑞迭至，一夫失所，朕心不安，为表示朝廷宽厚之意，贬谪之人可以内徙，但不得至四辅（东辅襄邑、西辅郑州、北辅澶州、南辅昌府）及京畿之地。尽管有种种限制，但从交通不便、气候恶劣的边陲移往内地，生活上毕竟方便了很多。

赵挺之自从辞去右相之后，心里痛恨蔡京，每当与过去的同事、朋友闲聊，必谈蔡京的种种恶行。户部尚书刘逵与他是莫逆之交，也常对蔡京口出怨言，声言有朝一日如果得志，一定要上本弹劾蔡京。

崇宁五年（1106年）正月，天上出现彗星。赵佶以为又是上天向他示警，心里非常恐惧。赵挺之和吴居厚乘机请求赵佶下诏求言。赵佶采纳了他们的建议，并提拔吴居厚为门下侍郎，刘逵为中书侍郎。

古代向皇帝上书，有严格规定，不够级别，不能向皇帝上书。如果是皇帝下诏求言，则就不受等级的限制，只要你有话想对皇帝说，就可以越级上奏。这种求言，还有一个特别规定，就是言者无罪，说错了也不要紧，皇帝绝对不会降罪。因此，很多人会在这个时候向皇帝上言，说平常不敢说之话。

刚提拔为中书侍郎刘逵首先上疏，请求毁掉元祐党人碑，放宽禁令。当时对元祐党人的迫害虽然有所松动，但如此直率大胆的倡议，是冒了很大风险的。刘逵甚至做好了被杀头的准备。

谁知峰回路转，柳暗花明，赵佶一反常态，竟然采纳了刘逵的建议，连夜派人到端礼门砸毁了元祐党人碑，恢复他们的仕籍，外地的"奸党"石刻也一律拆毁，不许言官再弹劾此事，表现出了少有的大度。

赵佶又表示，元祐党人中凡是应该起用之人，依照大赦条例起用；已经贬谪的官员，还没有由远移近者尽快落实移近；凡服劳役者减刑。同时命三省共同商议，起用元祐党籍中曾任宰臣、执政官的刘挚等十一人，待制以上官苏轼等十九人，文臣及其他官员任伯雨等五十五人，选人刘谅卿等六十七人，这些人健在的都安排了工作。

虽然这些人安排的都是闲职，没有实权，甚至有的人在旧职上降两级使用，还有一些人仍然不得进京师，明显带有歧视的味道，但是比起贬窜边陲来说，境遇还是改善了不少，从某种意义上说，也算是皇恩浩荡了。

其实，在给元祐党人平反这个问题上，蔡京是持反对意见的。在元祐党人碑被砸的第二天，蔡京就曾质问赵佶："这碑怎么毁了？"

赵佶回答说："朕因上天示警，想要宽大政令，所以派人把碑毁了。"

蔡京厉声说道："碑石可毁，奸党的姓名不可灭！"

大臣们都耳闻蔡京对皇上吼叫声。

赵佶似乎对蔡京有所忌惮，听到蔡京的吼叫，虽然面露怒容，但也只是看了蔡京一眼，并没有出声，似乎到了敢怒不敢言的地步。

退朝之后，刘逵立即上疏弹劾蔡京，说蔡京专横，目无君上，党同伐异，陷害忠良，大兴土木，浪费国家钱财，败国扰民，罪不可赦。请求免去蔡京的宰相之职。

赵佶有些犹豫不决。

司天监奏称，彗星白天出现，这是不祥的预兆，陛下在行动上如果没有任何表示，恐怕会触天怒。

赵佶听后，有些害怕了，于是下诏，赦免一切党人，尽还所徙；暂停崇宁年间颁行的各种法律及诸州岁贡的物资；免蔡京为太乙宫使，留居京师；重新任命赵挺之为尚书右仆射、兼中书侍郎。

赵挺之奉旨，入朝谢恩，赵佶对他说："你经常说蔡京当政，有悖常理，扰民虐民，朕仔细地审视过，果然如你所言，你今后可要尽心辅佐朕啊！"

赵挺之当然是俯首听命。

赵挺之和刘逵同心辅政，对蔡京推行的悖理虐民的事情，稍稍改正，并劝赵佶罢兵息战，与民休息，天下稍微得到安定。

一日临朝，赵佶对大臣们说，朝廷不应该与邻国发生摩擦，要知道，衅端一开，兵祸连年，天下生灵涂炭，这不是人主的爱民之意，也不是人主想要看到的事情，你们对这件事有什么见解，不妨直说。

"文青"皇帝 宋徽宗

赵挺之乘机说，宋朝与西夏的战争已经打了数年，至今仍然还在打，国家财政已不堪重负，边境的百姓也深受其害，不如同意西夏求和的建议，停止战争。

赵佶点头同意，并叫赵挺之去拟定具体方案，然后报批实行。

赵挺之退回班中的时候，身后竟然传来一阵窃笑，原来，蔡京虽罢，其党羽仍有很多位列朝班，他们当然不会附会赵挺之的意见。

次日，赵佶接受赵挺之和刘逵的建议，罢五路经制司，黜退陶节夫，改任知洪州，并派使臣劝谕夏王。

夏王答应罢兵，于是，两国重修和好，边境百姓才得安宁。

暗流涌动

蔡京罢相之后，对刘逵恨之入骨，一直在暗中活动，欲扳倒赵挺之、刘逵两人，谋求恢复相位。

这一天，他秘密召集私党开会，商量谋求复位。御史余深、石公弼两人说，皇上刚刚重用赵、刘两贼，要想扳倒他们两人，恐怕不是一件容易的事情。

蔡京似乎很有信心，说道："事在人为，只要大家肯尽力，办法自然比困难多。"

"为相公做事，我等敢不尽力吗？相公有什么办法呢？"余深问道。

"在后宫，皇上最宠爱谁？"

"郑贵妃！"有人回答。

"郑贵妃最倚重谁？"

"郑居中呀！这还用问？"

蔡京的阴谋很明显，他又要故伎重演，走后宫路线以谋求恢复相位。

果然，蔡京说出了他的计划，就是让宦官给郑贵妃进言，拉拢郑居中，向皇上进言。他见大家看着他，解释说："皇上虽然一时听信奸言，罢了老夫的相

位，但对老夫的信任并没有完全消除，只要有人说几句好话，仍然会恢复对老夫的信任。赵挺之、刘逵这两个人做事中规中矩，时间长了，皇上一定会不乐意，到时就会想念老夫，你们疏通好郑贵妃、郑居中两方面的关系，乘机弹劾赵挺之、刘逵，老夫恢复相位也就水到渠成。"

大家统一了意见，按蔡京的安排，分头行动。

要了解蔡京的这次阴谋，还得先了解郑贵妃、郑居中其人。

郑贵妃是开封人，父亲郑绅曾做外官。她生得美丽、聪慧，自小选进宫中侍奉向太后。向太后喜欢她秀外慧中，命她做了内侍的领班。赵佶在端王邸的时候，每天都要进宫给向太后请安，总是她代为传报，并由她和另外一名领班王姓宫女陪侍，二人小心谨慎，又善于奉承，赵佶见她们言语伶俐，容貌娇艳，心中十分爱悦。虽碍着宫禁森严，不能搂在怀中销魂，但难免有眉来眼去，言语调情的时候。久而久之，两人的感情日益加深，有时在向太后面前也有所流露。时间长了，向太后也有所觉察，但见他们并没有淫乱的行为，也没有禁止。

赵佶即位之后，向太后便把郑、王二女赐给了赵佶，让他们得偿夙愿。

赵佶先封郑女为贵人，很快又晋封为贵妃。王皇后见郑女能书能文，书体娟秀，文辞藻丽，对她也是另眼相看。

据记载，郑氏"自入宫，好观书，章奏能自制，帝爱其才"。显而易见，郑氏不仅姿色出众，而且还能帮助赵佶处理奏章。因此，赵佶更偏爱郑贵妃，加之王皇后秉性谦和，对于赵佶的爱好，从不干预，所以，郑贵妃便得擅宠专房。

蔡京这次确定走后宫郑贵妃这条线，实在是煞费苦心。

郑居中，现为中书舍人兼直学士院，他是郑贵妃的远族，自称是郑贵妃的从兄弟。郑贵妃因为母族人丁不旺，想倚重郑居中，故在赵佶前美言，使得郑居中得到赵佶的信任。

蔡京的私党们领了蔡京的妙计，立即行动起来，一面买通内侍疏通郑贵妃，让郑贵妃在皇上面前进言赞誉蔡京，一面重金贿赂郑居中，请他奏请皇上，让蔡京官复原职。

"文青"皇帝 宋徽宗

老谋深算的郑居中觉得，如果让他先向赵佶奏请，万一不答应，那就弄成了夹生饭，再要重来就难了，因此，他叫余深先上奏疏，奏请皇上起用蔡京，然后，他来敲边鼓，这样的把握性更大。

余深果然上疏替蔡京申辩，说蔡京为政，秉承的是圣上的意旨，从来没有私自擅改什么法令。刘逵妄加指斥，罢免蔡京及一切绍述的政策，有失绍述的本意。

赵佶看了余深的奏疏，不住地点头，大有赞许之意。郑贵妃将这些看在眼里，乘机问道："陛下以为余深的奏疏怎么样？"

"颇有道理！"

郑贵妃乘机替蔡京求情说："蔡相公执政的时候，就臣妾看来，实在未尝私用己见，都是秉承圣旨行事。他对绍述之政，有功无过。"

"你说得也有道理。"

郑贵妃见赵佶心意已动，不再多言，密使人将这个情况转告给郑居中。

次日早朝，郑居中奏道："陛下即位以来，一切建树，都是学校礼乐，居养安济之法，上足以利国，下足以裕民，怎么能说是逆天背人呢？"

赵佶点点头，表示赞同。

郑居中见赵佶点头赞许，更直接地说："臣恳求陛下要顾全绍述的初志，不要中途而废，以致前功尽弃而累了陛下的圣明。"这是在明确指责赵挺之。

赵佶听郑居中说得情真意切，也有感触，便怀疑赵挺之、刘逵两人极意攻讦蔡京，可能夹杂了个人恩怨，于是有了起用蔡京之意。

郑居中窥出赵佶的心思，于是去见蔡京。

蔡京觉得时机成熟，立即吩咐余深等人上疏弹劾赵挺之、刘逵两人。

余深等人哪肯怠慢，连夜写成奏疏，联名弹劾刘逵破坏绍述，导致国家大政反复无常，且还凌蔑同僚，引用邪党，为朝廷之大恶。这一道弹劾状，就是赵挺之、刘逵的催命符。

又过了几天，童贯的举荐书送达朝廷，他其实还没有接到赵佶咨询，只接到了蔡京的长信，便立即上书赵佶，极荐蔡京，说目前要国富民强，安定大局，宰相之职非元长莫属。这样，各种舆论几乎是一面倒。

蔡京终于在罢相一年之后，又被重新任命为尚书左仆射兼门下侍郎。

赵挺之则被贬为观文殿大学士，祐神观使，成了毫无实权的管天文的官。刘逵更惨，被贬到亳州任职。

蔡京重新上任后，奏请改元，于是，崇宁六年改为大观元年（1107年），继续推行崇宁新法。

吴居厚也因赵、刘二人受到牵连被免职。蔡京的同党何执中则为中书侍郎，邓洵武、梁子美任尚书左右丞。

郑居中于蔡京复相出了不少力，满指望得到回报，蔡京也有这个打算，保荐他任同知枢密院事。

有个叫黄经臣的内侍，平时与郑居中有矛盾，知道郑居中在蔡京复位的过程中得到不少好处，故意使坏，跑去密奏郑贵妃，说本朝外戚，从未预政，贵妃应以亲嫌谏阻外戚与政，借彰美德。

郑贵妃此时身份显贵，不一定要倚赖郑居中，她也想树立自己的美好形象，听了黄经臣之言，果然劝阻郑居中升职一事。赵佶对郑贵妃是百般宠爱，她的话当然要听，而且这还是一件替贵妃彰显美德之事，他就更应该如她所请了。于是，收回成命，改任郑居中为太乙宫使。

郑居中再托蔡京从中斡旋。

蔡京再次找赵佶，说枢密是掌管军事的，并不是三省执政，不必要避亲。

依蔡京的说法，政权不能交给外戚，兵权交给外戚并无不可。

蔡京的说辞，并没有打动赵佶。郑居中见蔡京没有给一个满意的答复，怀疑蔡京没有尽力，暗暗地就恨上了蔡京，背地里有了怨言。蔡京虽然有所耳闻，但也无可奈何，毕竟是自己失信于人，只好任由他说，装作没有听见。

第七章

谁是凶手

捏造祥瑞

赵佶再次任命蔡京为相,似乎还担心蔡京不高兴,连他的儿子蔡攸一起提拔,升任为龙图阁学士,兼官侍读。父子二人同时得宠。

蔡攸和他父亲一样,对溜须拍马、阿谀奉承这一套有特别研究。元符年间,蔡攸在掌管做官员服饰的裁造院,赵佶那时还是一名藩王,蔡攸在路上遇到赵佶,都要下马退避路旁,拱手肃立,给赵佶让路。

赵佶询问左右,才知他是蔡京的儿。

蔡攸每次经过端王府,要自报家门,说自己是蔡京的儿子。时间久了,蔡攸便在赵佶的脑海里留下了一个好印象,认为他很有礼貌,即位之后,提拔他为鸿胪丞,赐进士出身,授秘书郎,官至集贤殿修撰。

蔡攸不学无术,几次参加乡试,都是名落孙山。不过,除了学识之外,其他的本事似乎还是不输于乃父,他是靠采献花石禽鸟取悦于皇上而得宠的。

蔡京复相后,仍然故伎重演,密令边关的将帅贿赂蛮夷的州官,各地方官捏造祥瑞,以哄赵佶开心。于是,边关接二连三地传来喜信,某处蛮族投城,某处夷民归附,彰显出远人怀德、四夷归附的祥和景象。全国各地也纷纷传来奏报,

什么甘露天降，什么卿云涌现，什么双头莲、连理木，什么牛生麒麟，禽产凤凰等，只要是历史上出现过的祥瑞之兆，都在这段时期内冒了出来。举国上下都在造假。

每报一次祥瑞，蔡京便要率领百官上表祝贺，把赵佶哄得整天乐呵呵的。

这一天，都水使者赵霆在黄河捕捉到一只双头乌龟，赶忙派人送进宫。

蔡京得到这个消息，立即进宫祝贺道："这就是春秋时齐小白所见之象罔，管仲所说'见之可以称霸'的神物。陛下得到这个神物，定能威服四夷，万国来朝。"

赵佶闻言大喜，命将神龟留在宫里，用一个大金盆养起来。

郑居中自进入枢密院的事情泡汤之后，对蔡京一直怀恨在心，得知蔡京就双头龟一事进宫祝贺，火速赶到勤政殿，奏称蔡京所言，纯属胡诌。赵佶似乎有些不相信。

郑居中解释说："《庄子·天地》中说，黄帝游于赤水之北，昆南之山，向南而返，失一玄珠，派智伯求之不得，派离朱求之不得，派契诰求之又不得，于是派象罔寻找。象罔找到了玄珠。象罔是庄子虚拟的人物，凡形于外者为象，如气象、星象、皆为相。罔，就是无的意思，象罔，就是似乎有象而实无，含有'无心'的意思。庄子的这段话，是个寓言，其寓意是有心求索而不得，无心之间得玄珠。根本就无祥瑞可言。齐桓公小白所见的是委蛇，是《庄子·达生》里提到的怪物，朱冠紫皮。大概是齐小白遇到一条大蛇，惊恐万状，以为不祥，管仲为了安慰他，便说人主'见委蛇而霸'。后来，齐桓公果然称霸。但助齐桓公成就霸业者，是齐国的贤相管仲，与委蛇有什么关系？"

赵佶听后，不住地点头。

郑居中继续说："乌龟本来就只有一个头，这只龟有两个头，明明是一个怪物，怎么能说是祥瑞呢？蔡京说见者主霸，并以此向陛下称贺，居心叵测啊！"

"何以见得？"赵佶吃惊问。

"齐小白虽然是春秋首霸，但他并没有统一中国。"郑居中看了一眼赵佶，继续说道："陛下是中国的皇帝，德布四海，赫赫王业，区区齐小白怎么能与陛

"文青"皇帝 宋徽宗

下相提并论呢？将陛下由中国皇帝而降为一方之霸主，这不是轻侮陛下又是什么？蔡京居心何在？"

"如此说来，双头龟竟是不祥之物？"

郑居中道："何止不祥之物？简直就是一个怪物嘛！"

学富五车的蔡京，此次比喻果然有些不妥，而他的这一疏忽，又被伺机报复的郑居中抓个正着。

赵佶听后，果然不高兴了，命人把双头龟拿走，丢到金明池去了，并因此对蔡京起了猜疑之心。降旨任命郑居中为同知枢密院事。

蔡京看了这道圣旨，以为是自己在皇上面前说的话起了作用，算是还了郑居中的人情。谁知后来一打听，才知道郑居中的提拔并不是因为他的举荐，而是昨天郑居中与赵佶一番奏对的结果，当他得知郑居中与赵佶奏对的内容后，心里有所忐忑，见赵佶并没有责怪他的意思，这才慢慢地放下心来。

数月之后，又有人献上一枚长约六寸的玉印，玉印上刻有"承天福延万亿永无极"九字篆文。

这是元符年间秦玺的故伎重演，赵佶见了这枚玉印，并无疑心，赐名镇国宝，并在全国范围内挑选能工巧匠，再雕琢六枚方印，仿照秦制天子六玺的数量，与元符年间所得的一枚秦玺，共称八宝。

大观二年（1108年）正月，赵佶驾御大庆殿，举行隆重的受八宝仪式，大赦天下，文武百官各晋一级俸禄。蔡京晋封太师，童贯加授节度使。

五月间，童贯上奏收复洮州。

赵佶下诏，授童贯为检校司空。提拔蔡京的同党林摅为中书侍郎，余深为尚书左丞。

北宋时期，宦官得授宰相之职，从童贯开始。

童贯自此恃有功勋，更加得到赵佶的信任。便有了不可一世的感觉，小人得志便猖狂。从此以后，童贯专擅军政，选拔将吏，都是直接向赵佶汇报，不问朝廷。

十月间，王皇后病逝。

王氏虽然身为皇后，由于赵佶宠幸郑、王二妃，留宿皇后寝宫的时间实在是少得可怜。作为女人，王氏虽身为皇后，过着锦衣玉食的生活，但在夫妻生活上，连民妇都不如，表面上她虽然不去争，内心的苦却是无可诉，她实际上是积郁成疾而死。

王皇后病逝，也没有留下一男半女，赵佶觉得这个女人很可怜，有些对不起她，此后两年，他不谈立后之事。

投毒杀人

张康国在蔡京推荐下做了枢密使，心理上发生了变化，便与蔡京分庭抗礼，争权夺势，每当朝议之时，常常各执政见，而且还经常在赵佶面前诋毁蔡京。

赵佶本来就是一个没有主见的人，经张康国这么一鼓吹，也觉得蔡京有些专横跋扈，密令张康国监督蔡京的一举一动，并允诺张康国，一旦蔡京下台，宰相之位就是他的。以掌握军权的枢密使张康国监督掌握政权的宰相蔡京，并许诺宰相之位，赵佶这个皇帝的脑子，实在是有毛病。

张康国领了密旨，每天监视蔡京的一举一动，一有风吹草动，便向赵佶密报。

世上没有不透风的墙，张康国暗地监督蔡京、向皇上打小报告的事，还是被蔡京知道了。蔡京也不是一盏省油的灯，知道张康国在监督自己，立即采取行动，密令同党中丞吴执中上表弹劾张康国。

张康国在朝中广布耳目，监视着蔡京一伙的一举一动，吴执中还没有发动，张康国就得到信息，于是来了个先发制人。

"文青"皇帝 宋徽宗

次日早朝，两府大臣先入内奏事，退出之时，张康国独自留了下来，跪告赵佶说："今天朝堂上，吴执中一定会替蔡京弹劾臣，说什么臣都知道。臣情愿让位，免得蔡京怨恨，受吴执中的指责。"

"有这种事吗？"赵佶安慰道，"你不要担心，朕自有主张。"

张康国得到赵佶的承诺，胆也大了，气也壮了，退到候朝堂，像没事人一般。

赵佶登上金銮殿，坐定之后，吴执中果然出班劾奏张康国，痛陈张康国的过失。赵佶打断他的话头，呵斥道："你敢受人唆使来进谗言吗？朕看你倒不配做中丞。"

吴执中见赵佶发怒，吓得面如土色，跪在地上不住地磕头，本想分辩几句，无奈心里发慌，想说却又说不出来。赵佶见他这般狼狈，更是气恼。怒斥道："好个中丞！不效忠朕，替朕分忧图治，却徇私给人家做走狗，滚出朝去吧！"

吴执中叩头谢罪后，如丧家之犬退出朝堂。

当晚，赵佶即传出圣旨，将吴执中逐出京城，贬往滁州任知县。

蔡京受此挫折，自觉脸面无光，但他并没有检讨自己，而是将一切仇恨记在张康国的账上，千方百计地想谋害张康国。无奈张康国处处小心防备，无从下手。

明枪易躲，暗箭难防，百密也总有一疏的时候。

大观三年（1109年）三月的一天，张康国上朝，退朝后在当值者所居的偏殿喝了一杯茶。不一会，只听他大叫一声，倒在地上，口吐白沫，滚来滚去，显得痛苦万分。当班的差役连忙将他抬到待漏院，也就是朝臣等待上朝晨集之所。此时的待漏院有余深、侯蒙等人，等到大家围上去，喊来御医的时候，张康国已经断气了。

从张康国死前的惨状分析，就是不懂医术的人也能看出来，是中毒而亡。在场的人也都心知肚明，问题就出在那杯茶里，有人在茶水里做了手脚。但是，大家都知道，敢在这种场合做手脚的人，绝非常人，在没有证据的前提下，谁也不敢说，如果说出来，说不定下一个中毒而亡的就是自己。

终宋朝一代，执政大臣中毒猝死朝堂，仅此一例。

赵佶听到张康国暴死的消息，暗暗心惊，叹了几声后，命有关部门优恤他的家属，追赠开府仪同三司，且给他一个美谥，叫作文简。

张康国的死因，赵佶并没有追究，谁谋杀了张康国？谁是凶手？成为历史的一个未解之谜。

如意算盘落空

张康国死了以后，蔡京欲保举他的私党顶上留下的空缺，不料赵佶在没有征询蔡京意见的情况下，直接下诏，任命郑居中为枢密使。

郑居中出任枢密使，出乎蔡京的意料之外，他的如意算盘落空了。这让蔡京懊丧了好长一段时间。按他的话说，是才死了一个劲敌，又来了一个对头。此后的日子，恐怕有些烦扰了。

果然，此后事情的发展，正是蔡京不愿看到的局面。

大观三年殿试，中书侍郎林摅任传胪，在集英殿传唱所中进士名字，新科进士中，有一个人叫甄盎，林摅不认识这两个字，将甄盎读成了"烟央"。赵佶的手上也有一份花名册，听林摅读错了声，不禁笑着说："你没有看清，读错音了！"

臣子做错了事，皇上当众说你错了，做臣子的除了跪下谢罪之外，没有其他的选择。林摅却不是这样，他自以为是，听了赵佶之言，只是看了赵佶一眼，并没有谢罪。

殿下的进士，都是时之俊杰，听唱胪官将进士的姓名都读错了，你看看我，我看看你，心里想笑，口上却又不敢笑。

"文青"皇帝 宋徽宗

朝廷的官员，没有新科进士们那么多顾虑，虽然不敢大声喧哗，可窃窃私笑却是难免的。

林摅见下面的人窃笑，大声呵斥道："你们笑什么？在金銮殿上如此轻浮，这不是失了礼仪，对皇上大不敬吗？"

"自己不认得'甄盎'二字，怎么倒怪起别人来了？"赵佶接着亲自唱名，"传甄盎上殿对策。"

这一个笑话刚结束，接下来又出了一个笑话。新科进士中有一个叫蔡巘，林摅竟又读成了"蔡疑"。

殿下的大臣遭到林摅的呵斥，心里本来就不舒服，这次听他又读错了字，竟有人笑出声来，虽然声音不大，但在那种非常严肃安静的场所，大家还是听得清清楚楚。

蔡京见自己的死党在这种场合丢人现眼，气得脸色发青。

"怎么？"林摅听到大家的笑声问道，"又读错了吗？"

赵佶也乐了，笑着说："这回错得不远。"

赵佶的话音刚落，大臣们哄堂大笑。

御史们终于忍不住了，他们说林摅身为中书侍郎，连字都认错了，还在皇上面前倨傲不恭，大失人臣之礼！

赵佶见御史们认起真来，朝林摅一挥手道："下去再读几年书吧！"

次日，赵佶下诏，罢了林摅中书侍郎之职，降为提举洞霄宫。用余深为中书侍郎，薛昂为尚书左丞。

薛昂也是蔡京的同党，他对蔡京的恭顺，到了无可复加的地步，为了避讳，全家人都不敢说"京"字，倘若有人说漏了嘴，薛昂就要用鞭子抽打，如果自己不慎说了京字，则自打耳光以示惩罚。

蔡京喜欢薛昂对自己恭顺有加，故推荐他担任尚书左丞。

郑居中本来就对蔡京怀有私怨，掌管枢密院后，便有意排挤蔡京，暗中指使中丞石公弼、殿中侍御史张克公等人，接二连三地上表弹劾蔡京的罪恶。奏章递上去数十份，赵佶竟然一点反应都没有。

这时，有个叫郭天信的道士，正得到赵佶的信任，郑居中便花重金买通郭天信，嘱托他在赵佶面前密奏，说天上的太阳隐现黑子，这是宰辅欺君的预兆，不可不察。

前有御史们的奏疏，后有郭天信所说的天象。赵佶本来对蔡京就起了疑心，看了御史们的奏折，更加不信任蔡京了，于是下诏，降蔡京为太乙宫使，改封楚国公，只准他每月朔望日（即初一、十五）入朝。

殿中御史洪彦升、毛注，太学生陈朝老等人，又上奏蔡京十四条罪状，请求立即将蔡京遣送出京城。

六月间，赵佶命令蔡京辞职，允许他留在京师居住。改授何执中为尚书左仆射兼门下侍郎。

大观四年（1110年）五月，天上出现彗星，赵佶又是老一套，避殿减膳，让文武百官直言朝廷过失。于是乎，石公弼、毛注等人又将蔡京拿出来说事，说蔡京不轨不忠，是一个专会阿谀奉承的奸诈小人，建议将蔡京逐出京城。

赵佶看了御史们的奏疏，犹豫不决。恰在此时，张商英调任杭州路过京师，照例进宫向皇上问安，奏对，汇报工作。

赵佶便把石公弼等人奏论蔡京之罪的事情说给张商英听，问他对御史们说蔡京搅乱纪纲这件事，有什么看法。

张商英是蔡京私党，但也是一个小人，善于察言观色，从赵佶的话声中，他察觉到赵佶有贬蔡京之意，便把蔡京过去对他的情谊抛到九霄云外，见风使舵，对蔡京来了个落井下石，奏道："蔡京从来就是专横跋扈，任意行事，他不知道批阅各地公文要依律而行，也不知道他的头上还有陛下，这样的人主政，焉有不乱之理？"

"蔡京真的是不轨不忠吗？"赵佶似乎有些不相信。

"蔡京正是这种人啊！"张商英回答得很果断。

赵佶不再犹豫了，下诏降蔡京为太子少保，逐出京城，到杭州去居住。

"文青"皇帝 宋徽宗

蔡京奉诏，无可奈何，只得出京赴杭州去了。余深见蔡京去了，失去了靠山，自知在朝中站不住脚了，上疏求罢。赵佶准奏，命他去青州任知县。

赵佶留下张商英，任他为中书侍郎。

张商英上任之后，更改了蔡京所行的几项政策法规，颇合赵佶的心意。天下百姓久经苛政之苦，骤然得到一个较为宽松的环境，就像多日不曾进食的饿夫，忽然获得一碗粟米饭一样，尽管这碗饭质量并不好，甚至里面还有很多沙粒，仍然认为是精美食品。饥不择食，说的就是这种情况。

天下皆大欢喜，极口称颂是善政。

赵佶听得这些呼声，高兴地对张商英说："你佐朕广布德政，天下百姓欢呼雀跃啊！"

"这是陛下德惠天下，微臣并没有做什么事。"谦虚也好，恭维也罢，这样的话，张商英开口就可说出一串。

赵佶见张商英言语谦恭，丝毫没有贪功之意，更是认为所选得人，便提拔张商英为尚书右仆射。

恰巧彗星隐没，久旱逢雨，朝中一班专好逢迎的臣子，都称是天人相应，归功君相。

赵佶也是欣慰异常，亲书"商霖"二字，赐给张商英。

臣子得到皇上的御书，已经是一件很荣幸的事情，而御书又将张商英比喻为及时雨，这就是幸中之大幸了。

张商英更是感谢皇恩，倡行改革，废除了蔡京推行的法令。并劝谏赵佶节华侈，息土木，抑侥幸。可惜的是，这些建议虽然是正确的，但却不对赵佶的胃口，听得多了，甚至产生了厌恶的感觉。

左仆射何执中，本是蔡京同党，他的所有主张，概从蔡京的旧制，张商英上任后，处处与他作对，心里很恼火，便与郑居中互为勾结，欲撵走张商英，并许诺张商英倒台之后，由他接任右仆射之职。

郑居中先前推翻蔡京，本就存有夺相位之心。忽然半路上杀出个张商英，夺去相位，心里本来就很恼火，偏偏何执中又请他帮忙排挤张商英，当然是乐而为之。便与何执中沆瀣一气，处处与张商英作对，无事找事，专找张商英的短处说事。

大观四年（1110年）十月，郑贵妃受册为皇后。

郑居中更是高兴，以为贵妃做了皇后，他做宰相就是十拿九稳之事。不料事情的发展，大大地出乎郑居中的意料之外。

原来，郑皇后受册以后，又把旧事重提，奏请赵佶，说外戚不得干政，如果一定要用郑居中，可以调任其他的职任。

赵佶不好再拂郑后的意思，即下诏罢郑居中为观文殿大学士，改授吴居厚知枢密院事。

郑居中谋相位不成，连原有的官职也被削夺了，气得发疯似的。明知是郑皇后抑制外戚所致，却又奈何不得，只得拿张商英来出气。授意张克公劾奏张商英交通郭天信，往来甚密，恐有不测的举动。

赵佶为端王的时候，便与郭天信有来往，当时，郭天信说他当居大位，后来果然登基做了皇帝。现在听说张商英与郭天信往来甚密，果然起了疑心，怀疑他们有不测的举动。他哪里知道，这都是他的臣子们互相倾轧的杰作。于是下诏，罢张商英右仆射之职，调出京城，出任河南知府，不久又贬为崇信军节度使，郭天信也安置到单州去了。

朝廷的辅臣为了争宠，都是变着法子算计竞争对手，哪有心思管理国家大事呢？年底，赵佶又下诏改元做政和，以明年为政和元年（1111年）。

张商英罢免之后，何执中独专宰相之权。

蔡京得到这个消息后，立即给何执中写信，请他在皇上面前美言，让自己重新出山。

何执中虽然有意，但又担心召回蔡京，自己难免要受到掣肘，有些犹豫不决。恰在此时，检校司空童贯出使辽国返京。

"文青"皇帝 宋徽宗

童贯的出现,对朝廷此后国策的转变,起了至关重要的作用,导致赵佶作出了联金灭辽的重大决策。最终导致引金亡宋的结局。北宋亡国的丧钟也就敲响了。

为了能全面地了解这件事情,有必要将宋、辽之间的事情在下一章稍作补述。

第八章

赵佶迷上道教

女真族的崛起

北宋自神宗听信王安石之言,割地七百里给辽国之后,宋、辽两国数十年相安无事。

建中靖国元年(1101年),辽主耶律洪基病死,他的孙子耶律延禧继位,自称天祚皇帝,宋、辽两国仍然是兄弟之邦。耶律延禧此时已年过二十,继位之后,贪图安逸,不问国事,过上了骄奢淫逸的生活,雄霸北方的辽国,国力逐渐衰弱。

在辽国国力逐渐衰弱的时候,东北的女真部却乘机崛起,势力越来越大,大有与辽国一较高低的架势。

女真是一个古老的民族,世居在黑龙江下游、松花江、乌苏里江流域和长白山地区,隋唐时称黑水靺鞨,唐末五代,黑水靺鞨才被称为女真。辽国灭渤海国,在北方兴起的时候,女真分裂成南北两部,辽将女真一部分强宗大族迁至辽河流域,编入辽籍,称为熟女真,直接受辽的统治。北部称生女真。

生女真各部,小的千余户,大的数千户,如克展部、阿典部、完颜部等,他们自己推选酋长,各自为政,互不相属,过着渔猎、畜牧、采集的原始生活,没有纳入辽国的统治范围。

"文青"皇帝 宋徽宗

完颜部是其中一个较大的部落，酋长名叫乌古乃，此人英武过人，辽主欲笼络他，封他为生女真节度使。从此以后，他自己设置衙门，任命官吏，打造武器，训练军队，生女真逐渐强盛起来。到了辽天祚皇帝时期，完颜盈歌做了女真首领，在侄子完颜阿骨打的辅佐下，女真部的声势更加强大。

崇宁元年（1102年），辽将萧海里背叛辽国，逃亡到女真阿典部，派族人斡达剌拜见完颜盈哥，约请他起兵反辽，完颜盈哥认为他的势力还不足以与辽抗衡，不但拒绝了萧海里的请求，而且还将斡达剌囚禁起来，并派人将情况转报辽主。

辽主耶律延禧已经在派兵追捕萧海里，得到这个消息，立即命完颜盈哥出兵夹攻萧里海，不要让他逃逸。完颜盈哥召集兵丁千余人，同完颜阿骨打一起率兵攻打萧里海，兵马行到阿典部，正逢萧海里率叛军与辽兵大战，从战场局势来看，叛军明显占据优势，辽兵已经有些招架不住，败迹已现。完颜盈哥对完颜阿骨打说："辽国向来自称为大国，怎么打起仗来这般无用？"

"在我眼里，萧海里如同小儿一般。"完颜阿骨打狂傲地说，"叫辽兵退，让我们收拾萧海里。"

完颜盈哥说他也有此意，于是命令兵士登高疾呼："辽兵退后！辽兵退后！"

辽兵正在苦苦支撑，眼看就要败退，暮闻有人呼退，正是求之不得，立即后军转前军，前军变后队，向后退去。

完颜阿骨打一马当先扑向叛军，其部下也像一群饿狼一样，紧随其后。叛军突然遭到女真人的猛烈攻击，猝不及防，立即溃不成军。萧海里眼见部众已经溃退，自己独力难支，只得勒转马头，策马而逃。完颜阿骨打早就瞅准了萧海里，见他转身欲逃，立即挂刀取出弓箭，左手弯弓，右手搭箭，转展猿臂，"嗖"地一声，射向萧海里，萧海里听到呼啸的箭声，要躲闪已是不及，箭中后颈，坠落马下。完颜阿骨打拍马上前，一跃下马，顺手取出腰刀，割下萧海里的首级，然后纵身上马，飞驰而去。

赵佶迷上道教 第八章

叛军见首领已经做了刀下鬼，能逃的都逃了，来不及逃走的，纷纷缴械投降。

完颜盈哥将萧海里的首级献给辽主。辽主大喜，赏给他们三百匹马、五百只羊。

阿典部一战，女真人看到了一个秘密：辽兵号称强国，实际上是外强中干，战斗力并没有想象的那么强，假以时日，击败辽国不是一件难事。

时过不久，完颜盈哥死了，兄子乌雅束继立，乌雅束东和高丽，北收各部，势力越来越强大，渐渐有了与辽抗衡的实力与野心。

童贯镇守西北边关，随着西北战事的平息，他在那里就无事可做了，刚开始的时候，悠哉闲哉的，心情还很舒畅，时间长了，慢慢地就觉得很无聊。童贯是个想干大事业的人，这种清静的日子他不想过，静极思动，他想变着法子闹一闹，思来想去，他就打起了辽国的主意，他向朝廷上表，请求出使辽国。名义是使臣，实际上是去打探辽国的虚实。

政和元年（1111年）九月，赵佶派童贯出使辽国。其实是想炫耀一下战胜西夏、吐蕃的意思，给国庆来一点刺激，因为那次战役，是童贯指挥的。

辽国见宋朝派一个没有胡子的宦官来使，接待并不怎么热情，甚至还有轻蔑的意思。童贯去了一趟辽国，不但没能炫耀自己在西北的战功，而且连最起码的人格尊严也没有保住，更不用说得到任何有价值的情报。只不过是公费到北方去旅游一次。

童贯空手而归，懊丧不已，在回国的路上，沿途的所见所闻，还是让他看出了一些问题。辽国的天祚皇帝耶律延禧是个庸君，贪图享受，不修朝政，成天不是到山中打猎，就是到湖边钓鱼，大臣们要上奏章，却找不到皇上，君王不理朝政，官僚们也搞腐败，结果就是朝政腐败，阶级矛盾和民族矛盾异常激化。

"南朝"和"北朝"，真正是一对难兄难弟。

童贯在归国途中，遇见了一个不该出现的人，正是这个人的出现，直接导致

"文青"皇帝 宋徽宗

北宋和辽国两国的灭亡，金人则乘势崛起。

原来，童贯走到卢沟的时候，有一个名叫马植的辽国汉人来拜访他，声称有灭辽良策。

马植一家是燕云大族，世代在辽国做官，到马植这一代，已经做到了光禄卿。此人品行恶劣，是个大淫棍。少年时，在家读书时与婶母通奸，一次欲奸宿其嫂，被他的哥哥打了个半死。跑到京城去应试，竟然中了进士，做了官，在京城也成了家，回家乡已是朝中大臣，其时婶母寡居，风韵犹存，干柴遇上烈火，两人又行那苟且之事，这一次兄嫂不敢反抗，家中的丫鬟、仆妇也都成为他的猎物。后来，马植出使生女真，仍然淫性不改，强奸了生女真一个酋长的女儿，酋长找他评理，他竟然连酋长也杀了，引起了外交上的纠纷，马植被贬为庶人。

童贯经过卢沟的时候，马植已经穷困潦倒，当他得知童贯出使辽国返程经过卢沟时，便来找童贯毛遂自荐，向童贯献消灭辽国、收复燕云十六州之计。

燕云十六州，大概就是现在的北京、天津、河北、山西北部一带，在后晋时期，由儿皇帝石敬瑭将燕云十六州割让给了辽国。北京位于华北平原的最北方，北边的延庆、怀柔都是山区，有天然的屏障作用，辽国得到这片土地后，中原王朝天险尽失，长城的拒敌功能也没有了。这片地区农耕发达，少数民族武力强盛，接触了中原的先进文化后，经济、文化很快就提升了几个档次。辽国的统治者自己都说"吾修文物，彬彬不异于中华"，意思是他们也能知书达理，文治于下。

宋朝的历代皇帝，一直对燕云十六州落入辽国之手耿耿于怀。

宋太祖赵匡胤的志向是先南后北，最后统一中国，可惜老天不给他时间，统一了南方之后，阎罗王便将他召走了。

第二代是太宗皇帝，消灭了五代十国的最后一个政权北汉之后，便想完成太祖赵匡胤的遗愿，亲率十万大军攻打辽国，可惜高梁河一战，十万大军被辽国的南院大王耶律休哥率领的九千铁骑杀得全军覆没，他自己也身中三箭，连人带马陷入泥河之中，幸亏押运粮草的杨业父子从泥河边经过，救了他一命，若干年后，他还是箭伤复发而死。后来的皇帝虽然也曾有过几次努力，但最终都以失败而告终。

燕云十六州，成了宋朝的一块心病。

童贯接待了马植，当他得知马植的意图后，便问他有何计策。马植献计说："辽国天祚皇帝荒淫无道，女真人不堪辽国的欺压，假如宋朝派人取道莱、登渡海，同女真结成联盟，共同对付辽国，形成前后夹攻之势，辽国必败无疑。到时，燕云十六州就可全部收回。"

童贯听罢大喜，把马植带回京城，给他改名为李良嗣。并将他推荐给赵佶。

李良嗣向赵佶全面介绍了辽国的危机和金人的崛起，极力建议宋、金联合灭辽。在李良嗣看来，辽国肯定要灭亡，宋朝应该抓住这个千载难逢的机会，王师一出，辽人必箪食壶浆，以迎王师，既可拯救苦难中的辽国百姓，还可收复中原王朝丧失已久的燕云十六州。如果错过了这个机会，让女真得势，先消灭了辽国，宋朝若再想收复失地，恐怕就遥遥无期了。

赵佶虽然过着醉生梦死的生活，但却好大喜功，有极强的虚荣心，他心里想，如果侥幸灭辽，那列祖列宗梦寐以求的燕云十六州就唾手而得，如此一来，自己就可成为彪炳千秋的一代明君。想到这里，他有些飘飘然了，当即面授李良嗣秘书丞，赐姓赵，京城的人因此称呼李良嗣为赵良嗣，不久，又提升为右文殿修撰。

从此，宋朝开始了联金灭辽、光复燕云十六州之路。朝廷内外许多大臣和有识之士对赵佶的想法不以为然，但这并不能动摇赵佶联金灭辽的决策。

从此，赵佶将北宋王朝，带上了一条不归之路。

蔡京惑君

童贯与蔡京的关系，本来就非同一般，蔡京做宰相，一半的功劳要归之于童贯，他出使辽国回来后，又在赵佶面前替蔡京说好话，何执中见童贯帮蔡京说

"文青"皇帝 宋徽宗

话，知道蔡京复出已成必然之势，于是改变态度，跟着奏请赵佶召回蔡京。

赵佶好久没有见到蔡京，心里也闷得慌，正想着他的好处，有童贯、何执中说情，也就顺水推舟，下诏将蔡京从杭州召回。

蔡京回京后，赵佶在内苑太清楼赐宴，辅臣陪宴。宴会的场面盛况空前，给足了蔡京的面子。赵佶在宴会上当众宣布，恢复他从前的官爵，并赐了他一所大宅子。

事后，蔡京特作记一篇，记录了这次宴会的盛况，里面对赵佶的献媚吹捧之词，已经到了不可复加的地步，这些都是赵佶喜欢听的，蔡京正是投其所好。

赵佶看了，龙颜大悦，又对蔡京夸赞、赏赐一番。

蔡京复相以后，更是献媚贡谀地把在杭州搜求到的名花怪石，一起献入大内，赵佶龙心大悦，蔡京的圣眷更隆。

蔡京除了讨好赵佶之外，还将从杭州带回来的丝绸和工艺品送进宫里，从皇后到嫔妃，都得到一份蔡京的礼物，弄得宫里喜气洋洋，人人都说蔡京的好话。

蔡京恐怕谏官再来攻击他，想出了个压制一切的主意，所有机密事件，概请赵佶亲写诏令，称作御笔手诏。一经写定，立即特诏颁行。

以前，皇帝的诏敕，都是由中书门下议定，学士起草，审核后再盖上玉玺颁发。熙宁时期，有的诏敕不由中书门下共同议定，而是由王安石专权，亲自起草。

当时有一种封驳制度，这种制度在唐朝就在实行，朝廷有中书、门下、尚书三省，具体分工：中书省负责起草诏书，门下省负责签署，尚书省负责实施。门下省在签署诏书时，如果认为诏书不合理，可以拒绝签发，驳回诏书，称为封驳。这就是封驳制度。

蔡京请赵佶御笔手诏，如果朝臣想要封驳，蔡京便以违制的名义治罪。因此，廷臣再也不敢出来说事了，就是有些不像御书的诏令，也只好奉行无违。这个先端一开，贵戚近幸争相效尤，有事都向赵佶请求御笔手诏。赵佶忙不过来，便命宦官杨球代书，当时号称杨书。事情的发展出乎蔡京的预料，让他懊悔不已，但他已是作法自毙，无可奈何了。

政和二年（1112年）蔡京改划官制：太师、太傅、太保三师，改做三公；司徒、司空、太尉三公，改做三少，称少师、少傅、少保；左右仆射，改做太宰、少宰，仍兼两省侍郎；罢尚书令及文武勋官，而以太尉掌管军权；改侍中为左辅，中书令为右弼，开封守臣为尹牧；府分士、户、仪、兵、刑、工六曹；县分六案；内侍省职，仿廷官号称作某大夫。修尚食、尚药、尚酝、尚衣、尚舍、尚辇六局；建亲卫、勋卫、翊卫三郎。

蔡京任太师，总治三省事宜。进童贯为太尉，掌握军权。一个奸臣，一个宦官，高踞机要，位极人臣，权倾朝野，朝廷的一切政令，都在他们两人的掌控之中。

在蔡京的操控下，全面推行熙宁新法，并追封王安石为舒王，王安石的儿子王雱为临川伯，从祀孔庙。

蔡京为了迷惑赵佶，又引诱赵佶信奉道教。

道教是中国土生土长的宗教，它形成于东汉时期，是中国传统道家思想和神仙方术结合而成的一种宗教。中国古代自汉唐以来，佛、儒、道三教逐渐合一。严格意义上讲，儒家算不上是宗教，而是一种思想。

佛、儒、道三家的区别在于，儒家修性，就是修身养性，讲求舍生取义，杀身成仁。孔夫子说"不知生焉知死"，意思是，你别问我人死之后的事，别跟我谈那些鬼鬼神神的事，我不相信那些东西，我只讲人活着的时候品性如何。

道家修命，就是要延年益寿，修炼成仙。道家说，人死不了，人可以修炼成仙，人到底能不能够成仙，自古以来的道家都说能，但却没有一个能真正成仙。

佛教进入中国之后，提倡一种终极的人文关怀。佛家思想说，人死之后，灵魂就会转世投胎，追问人的来世怎么样。

圣人以神道说教，中国古代的皇帝对各路宗教，一般都是要支持的。事实上，道家的思想跟皇帝的想法很合拍，原因在于，皇帝最关心的是两件事，一是金銮殿上的那把龙椅能否坐稳，二是自己的寿命能否更长，最好是长生不老。道

"文青"皇帝 宋徽宗

家认为，人可以修炼成仙，成仙了当然就能长生不老，这样一来，做皇帝的自然就非常喜欢道教了。

北宋建立之初，就曾有过宰相赵普半部《论语》治天下之说，这说明，宋初统治者仍然视儒家思想为本源。从太宗朝起，宋代便开始崇尚道教，至真宗时，崇道之风更盛。太宗之所以崇尚道教，源于"烛影斧声"的千古传说。

开宝九年（976年）十月二十日夜，宋朝的缔造者，太祖赵匡胤拖着病体来到太清阁观看天象，起初，星光灿烂，天空晴朗，心里很高兴。可是，没过多久，突然阴云四起，雪雹骤降，赵匡胤见势不妙，赶忙退回寝宫。

由于当时正是大雪天，赵光义进宫比往日稍微迟了一点，突然，内侍慌慌张张地赶来传诏，说是皇上病情突然恶化，请晋王赶快进宫。

赵光义走出门，习惯地抬头看看天，天空阴云密布，雪还在纷纷地下，丝毫没有放晴的迹象，他暗暗地点点头，脸上露出一丝不易觉察的笑容。

寝宫内，赵匡胤躺在逍遥椅上，喘气急促，见赵光义进来，嘴巴动了动，却没有出声，赵光义等了半天，仍然没有听到皇上的口谕，只好靠近前，安慰他好好养病。

赵匡胤瞪着双眼看着门外，赵光义看看赵匡胤，又看看门外，点点头，叫内侍全部退出去，关好门后，重新回到赵匡胤的身边，静静地看着赵匡胤，等着听他说话。

内侍们退出寝宫，远远地站在门外，探头探脑地向内张望。大家听到赵匡胤似乎是在嘱咐赵光义什么。由于声音很低，断断续续，听不清楚说的是什么。过了一会儿，大家见到寝宫内烛影摇动，或明或暗，好像是赵光义急步后退躲避之状。猛然，听到有斧子戳地之声。突然听到赵匡胤大声叫道："就让你好好地去干吧！"声音激动，颇为惨烈。

内侍们不知里面到底发生了什么事，由于事先有吩咐，又不敢进去。过了一段时间，里面的声音停止了。

夜深了，赵光义神色紧张地走出寝宫，吩咐近侍，说皇上睡着了，让他好好地休息一会儿，不要打扰他。说罢，匆匆而去。

次日，赵匡胤突然驾崩。

这就是赵匡胤之死、被称为"烛影斧声"的故事，正史不见此事，野史的记载却是有声有色。

历史的真相到底如何，留给后人的只是一个谜。之所以称之为谜，是因为典籍没有记载，历史没有标准答案，这也是谜的魅力。此后关于赵匡胤之死的种种说法，都是后世文人的推理、想象，并不是历史的真实。

赵匡胤死时没有立遗嘱，这也是一个谜：是因为死得太仓促，来不及立？还是因为已经有金匮之命，根本就不需要立？谁也说不清楚。

"烛影斧声"成为千古之谜，留给后世无限的猜想。

有一种解释对赵光义很不利。这种解释认为：所谓"烛影"，根本就是烛光之下，赵光义亲手杀死了自己患病的哥哥；"斧声"则是赵匡胤平时片刻不离手边的水晶玉柱斧，在激烈的打斗中发出的声音。

太宗赵光义继兄长之位，因"烛影斧声"之说，倍感舆论的压力。为了平息社会舆论，他便编造出了一个莫须有的道教神灵"翊圣"降临显圣的神话，证明自己入继大统是皇权神授，并非从兄长手中篡夺而来。尽管没有多少人相信，他自己却宣扬得沸沸扬扬。他封此神为"翊圣将军"，在终南山修建上清太平宫，命道士张守真主持其事，凡遇到军国大事，都要派人前往祭祷。其实，这只是掩人耳目，连他自己也未必相信。

第三代皇帝真宗之后，道教与皇室的关系拉得更近，这位亲手签订了"澶渊之盟"的皇帝，显得有些怪异，时不时能看到天神圣祖降临人间，而且是降临在宫廷里面。神道降临时辉煌灿烂的景观，只有皇帝一人有此仙缘瞻仰，其他任何人都看不到，只能听皇帝绘声绘色地予以描述。

真宗想利用道教神灵来"镇服四海，夸示夷狄"，于是便有了天书、封禅之事。其实真宗未必就相信道教真有如此大的魅力，只是出于政治的需要，有意让辽国君臣知道，大宋朝有神灵庇护，不要再牧马南寇，侵扰宋室江山。

真宗还煞有介事地导演了一场政治秀。一次，他对辅臣们说："去年十月的一天，朕刚刚就寝，忽然室中出现一道亮光，一个神人头戴星冠，身穿绛衣，

"文青"皇帝 宋徽宗

站在床前告诉朕说,来月三日,应在正殿建黄箓道场,届时将降《大中祥符》三篇。"

真宗于是命大臣们做好准备,到了那一天,果然见左承天门屋南角有两丈长的黄帛悬挂在鸱尾上,帛中有书卷之类的东西,外面缠了三道青丝绳线,封口处有字迹隐约可见,这就是神人所降之书。

真宗让人取下来,打开一看,只见帛书上有文字:"赵受命,兴于宋,付于恒(真宗名赵恒)。居其器,守于正,世七百,九九定。"

上帝把天下交付给宋朝皇帝赵恒,要传七百年,九则是表示多数,意味着宋朝国祚长,绵延不绝。从此,真宗修建道观,优待道士。

经过真宗的提倡,道教在宋朝获得了特殊的地位。传到赵佶时代,道教已非常盛行。赵佶自然也要受到一定的影响,尊奉道教也是一件很自然的事情,即位之后,出于政治形势的需要,崇奉道教。

赵佶迷上了道教

赵佶即位之初,对于道教并无特殊的好恶,他信奉道教,源于求子。赵佶继位之后,膝下无子,有个叫刘混康的茅山道士告诉他,说这都是皇宫西北方地势太低惹的祸,如果能把皇宫西北方的地势垫高,皇室一定会子孙繁荣。赵佶果然命人运土将京城西北的地面填高。不久,王皇后便生下了太子赵桓,其他嫔妃也像鸡生蛋一样,接二连三地生儿育女,大家一齐努力,一共生了三十多个皇子,三十多个公主。在中国古代帝王中,赵佶大概是儿女比较多的了。

其实,赵佶身边美女如云,只要他没得不孕症,生儿育女只是迟早的事,可是,他不相信自己的能力,却相信这是道士刘混康给他带来的,于是赐刘混康为大中大夫。从此以后,更宠信道士。

赵佶宠幸的道士先是郭天信,后是魏汉津。后来,郭天信因张商英的案子受到牵连，被贬出京城，魏汉津也老死了。

太仆卿王亶向赵佶推荐了又一位道士王老志。

王老志是濮州人，侍奉双亲颇为孝顺，当初做了一个小官，后来遇到一个自称锺离先生的异人，传授他炼丹之术，他便弃妻抛子，结庐田间，替人看风水、决疑难，颇为灵验，人称活神仙。

王老志奉诏进京后，蔡京将他请到自己的家里，盛宴款待，至于两人说了些什么，无人知道。

次日，王老志进宫面圣，交给赵佶一个锦囊。赵佶打开锦囊一看，里面竟是他早年写给乔、刘二妃的情诗，赵佶吃惊不小，因为这是他与妃子之间的事，外人是不知道的，于是他认为，这个道士确实神通广大，赐号洞徽先生。

王老志谢退之后回到蔡京的家里，朝中文武百官纷至沓来，询问吉凶祸福。王老志并不多言，只给求问之人几句谶语，众人不解谶语，也就似信非信，后来，很多谶语竟然都应验了。大家认为王老志有些道行，求问的人更多，于是，蔡京的府上便门庭若市。蔡京担心自己会步张商英的后尘，便与王老志商量，叫他不要与朝中人士来往，专心巴结皇上。

王老志似乎不受蔡京的约束，制一面乾坤鉴送给赵佶，请他坐在镜子前，静观内省，消灾避祸。同时，又劝告蔡京不要贪恋权位，急流勇退。

蔡京当然是听不进去这样的话。

王老志见蔡京媚君，朝政越来越混乱，萌生去意，在京城待了一年之后，便以恩师驰书来责怪，说他不该贪恋红尘富贵为由，上书求去。

赵佶身边不能没有术士，他当然不会放王老志走。王老志见求去不得，便装病，再三上书求去。赵佶见他去意已决，知道强扭的瓜不甜，也就批准了。王老志获得批准，当天就离开京城，回到家乡濮州，不久便病死家中。赵佶赐金赙葬，追赠他为正议大夫。

蔡京的本意是想借王老志来蒙蔽赵佶，王老志不但没有照他的意思办，反而

"文青"皇帝 宋徽宗

还向赵佶灌输清心寡欲的理念，且还劝他急流勇退，蔡京对王老志有所不满，王老志的离去，他并不遗憾，更没有挽留。

王老志离去后，蔡京又推荐了一个名叫王仔昔的道士。为了与王老志相区别，时人称王老志为大王，称王仔昔为小王。

王仔昔是洪州人，自称曾遇见东晋道士、净明道派的祖师许逊，许真人传授他无穷的法术，能知过去未来之事。

蔡京打听到这个人之后，便极力向赵佶举荐。赵佶召见王仔昔，面试过后，赐号冲隐处士。恰逢天旱，宫中设坛祷雨，派小黄门向王仔昔索要神符。

王仔昔悄悄对小黄门说："皇上在宫中设坛祈祷，并不是祷雨，而是替爱妃祈祷。"

小黄门好奇地问："祈祷什么？"

"皇上的爱妃是不是得了目疾？"

"对呀！"小黄门惊奇地问，"你怎么知道？"

王仔昔取过朱砂，画了一道符，当场焚符成灰，放入一个小砂罐里，兑上水交给小黄门，吩咐道："你将这罐水带回去，请皇上的爱妃用此水洗眼睛，眼疾立刻就好。"

小黄门没有奉旨，不敢轻易将这些东西带进宫。王仔昔笑道："放心吧！如果皇上怪罪下来，一切罪过都由我来顶，治好了皇上爱妃的眼疾，说不定你还有赏呢！"

小黄门果然将符水带进宫，呈给赵佶。

赵佶听罢小黄门的介绍，也是暗暗心惊，因为他早晨赴坛，确实曾为爱妃的眼疾默默祈祷，这件事只有宫里的近侍知道，宫外的王仔昔是不可能知道的。他觉得王仔昔真的很有神通，便命爱妃用王仔昔的符水洗眼睛，几天过后，爱妃的眼疾竟然奇迹般地好了。赵佶大喜，进封王仔昔为通妙先生。

此后，赵佶更加信奉道教，命在福宁殿东侧创造玉清和阳宫，将安道像供奉在里面，日夜顶礼膜拜。

政和三年（1113年）十一月长至节，赵佶到圜丘祭天，蔡攸为执绥官。祭天之日，百余名道士执杖在前开道，车驾出南薰门，走到玉津门的时候，赵佶向东眺望，好像看见了什么，脸露惊异之色。蔡攸善于察言观色，连忙问赵佶看到了什么。赵佶说道："朕好像看到天上有亭台楼阁，这是怎么回事？"

蔡攸装模作样地看了又看，很神秘地说："那是一团云气，云间显现着楼殿台阁，隐隐数重，离地有数十丈高。"

"呵！"赵佶又睁眼细看一会，问道："你看见有什么人物吗？"

"像有一些道童打扮的人，手里拿着幡幢节盖，在云间时隐时现，衣服眉目，都看得清清楚楚。想必这就是神仙之府吧？"

"一定是的了。"过了一会，赵佶又有些疑惑地问，"往年怎么没有看见呢？"

蔡攸奉承地说："现在天下太平，陛下敬重益谨，所以神仙便现身了。"

皇帝赵佶出现幻觉，臣子蔡攸在一旁说鬼话，君臣二人将一件完全不存在的事情，说得似乎像真的一样。

赵佶祭天还朝之后，将他在祭天时看到的一切用书面形式告诉百官。蔡京率领百官入朝称贺，说是帝德感天，所以天真降临。赵佶下令，在云气团聚处修筑一座迎真宫，御笔亲书《天真降灵示现记》，刻碑立石，竖立在宫中，并下旨在天下求道教仙经。

政和四年（1114年）正月，赵佶创立道教官阶，共二十六品，接着又添设道宫二十六等，各地道士蜂拥而来，京城的大街小巷，到处都是道士的身影。道士的势力仿佛要超过朝中大臣。王仔昔尤其受宠，赵佶下令在宫中修建一座圆象徽调阁，让他居住。许多官僚依附于王仔昔，让他为自己打通关节。

中丞王安中实在有些看不下去了，上疏谏诤，说朝廷聘请术士，要问清来历，不能让他们与大臣交往。并且还在奏疏中说蔡京引用匪人，欺君害民。

赵佶虽然颇为赞同他的说法，但并没有对蔡京怎么样。

蔡京知道这件事后，吩咐他的儿子蔡攸在赵佶面前哭诉，说王安中诬陷自己

"文青"皇帝 宋徽宗

的父亲。

赵佶对蔡家父子的话,似乎总是相信的,于是下诏改任王安中为翰林学士。不久,又改任为承旨郎。并因此对王仔昔有所猜疑,渐渐疏远了王仔昔。

赵佶信奉道教,他身边不能没有宠幸的道士,前面的道士离去或失宠,后面就有人补上来。王仔昔失宠后,补上他的位子的是一个叫林灵素的道士。

林灵素是一个妖道,他蒙骗君主,祸国殃民,北宋的灭亡,同他有很大的关系。

林灵素是温州人,年轻的时候,苏东坡曾给他看过相,说他将来必大富大贵。可是,林灵素一直没有富贵的机会,于是便去赌博,结果输得一塌糊涂,还不起赌债,便自行毁容,所以,林灵素是一个阴阳脸,一半脸像骷髅,一半脸红润。

左阶道徐知常向赵佶举荐了林灵素,说起这段经过,近乎于荒唐。

一天夜里,赵佶做了一个梦,梦见东华帝君派仙童召他去游神霄宫,景致十分幽眇。醒来后,一切恍惚又记不清楚,于是命徐知常访求神霄宫事迹。

神霄宫只是一个传说的仙景,现实中根本就不存在。徐知常奉敕后,急得如同热锅上的蚂蚁。有一道生见他这样忧愁,便问他为何闷闷不乐。

徐知常便把皇上教他访求神霄宫事迹的难题告诉他,那道生听了,安慰地说:"先生不急,有个人知道神霄宫。"

"哪一个?"徐知常迫不及待地问。

道生说:"寓居在太乙东宫的温州道士林灵素,经常对我说神霄宫的事迹。"

徐知常喜道:"是真的吗?他对你说了些什么?"

道生道:"他说得很多,我记不大清楚,只记下一首《神霄》诗。"

"说来听听。"

道生随口念道:

神霄宫殿五云间，羽服黄冠缀晓班。

诏诰群臣亲受箓，步虚声里认龙颜。

徐知常大喜过望，将这首诗呈献给赵佶。赵佶立即召林灵素进宫，询问他懂何法术。林灵素吹嘘道："臣上知天宫，中知人间，下知地府。凡天上、人间、地府的事情，臣全都知晓。"

"神霄宫是个什么所在？"

"神霄宫是东华帝君的治阙。天上的长生大帝君、青华大帝君，都是玉皇大帝的儿子。"林灵素看了一眼赵佶，继续说道："臣当年在天上侍奉玉皇大帝的时候，见过陛下。"

"真的吗？"赵佶惊喜地问。

林灵素绘声绘色地说："陛下是玉皇大帝的长子玉清王降生人间。臣是仙府散卿，姓褚名慧，因陛下临凡御世，所以也跟着下凡，来辅佐陛下。"

"是啊！"赵佶也跟着装神弄鬼地说道："朕今日见了你也很面熟，朕记得你当年骑着一头青牛，那头牛到哪里去了？"

道家的祖师爷是老子，传说老子骑青牛过涵谷，所以人们把道士称之为牛鼻子道人。

林灵素大言不惭地说："青牛寄放在一个很远的地方，不久就会回来的。"

赵佶听罢，毫不生疑，认为林灵素真是仙人，赐林灵素名灵素，号通真达灵先生。

第九章

最牛的嫖客

修建延福宫

蔡京唆使童贯、杨戬等几名太监，鼓动赵佶大兴土木。政和四年（1114年），赵佶下令改建延福宫。

新延福宫建在皇城北景龙门外与内城城墙之间，分延福殿建筑群、左七殿、右两阁及动物园与湖沼，东十五阁、西十五阁五大部分，其间还建有球场、跑马场等。五部分称"延福五位"，分别由童贯、杨戬、贾详、何䜣、蓝从熙五大宦员负责修建。

五个人各自设计，争奇斗艳，只求建得富丽堂皇，新颖别致，不计造价，因此，建造出来的亭台楼阁，风格无一雷同，池沼假山，形式绝不相似。建成之后，又把历年从苏杭等地采办回来的花石纲珍品巧妙地分布其中。

富丽堂皇的宫殿、巧夺天工的假山，再配以佳花名木、奇葩异卉、文禽、奇兽、山石珠宝，新建的延福宫，胜似仙境。赵佶亲自写了《延福宫记》，刻碑留迹。

新延福宫落成之后，赵佶携郑皇后及众嫔妃前去游览，赵佶手指一处景点，

笑着说:"这里再修一座凉亭,旁边住上三两户村农,开家小客店,两家酒肆,那就更有意思了。"

"妙啊!"蔡京赞道,"鸡声茅店月,人迹板桥霜,真是人在画中了!"

蔡攸在一旁插嘴说:"依我看,不如再开几家歌楼妓馆,瓦子勾栏,岂不是更有趣?"

"胡说八道。"蔡京呵斥道,"禁宫之地,岂能如此?"

"有趣!有趣!"赵佶哈哈大笑。

"白日里杏帘招客饮,红烛下拥妓乐春宵。"蔡攸见赵佶高兴,邪笑着说,"那真是妙趣无穷啊!"

"好你个蔡鸟儿,三句话不离本行,不过,说得文绉绉的,还是大有长进。"赵佶话锋一转说,"只是,妓馆设在这里,恐怕不大协调吧!"

蔡攸偷偷地看了蔡京一眼,脸露得意之色。

一行人登上貌春阁,新延福宫尽收眼底。

"你们看。"赵佶指着前方对大家说,"东起景龙门,西至天波门那条主干道两旁,如果再修建一批整齐漂亮的小店铺,以后,每年从长至节起,由开封府主持,迁入一批商家,当然有酒家、歌楼、妓馆,夹道而居,所有各色人等,都可以到这里来饮酒作乐。这就叫预赏元宵。等上元节过了,又一律迁回原处,这是不是与民同乐呀?"

蔡京父子一齐叫好,后宫嫔妃也表示赞同。

时隔不久,宫内果然出现了一批村居野店,酒肆歌楼,此后,每年长至节后,百姓都可以自由进宫参观,自东华游门以北,白天挂彩,夜晚悬灯,不禁夜,市民可以日夜在里面花天酒地,寻欢作乐,不受任何限制,直到上元节后才结束。赵佶称这一举动为先赏元宵。

随后,又修旧城,在城外壕沟上修两座桥,东边一桥名景龙门桥,西边一桥名天波门桥。两桥下面,叠石加固,舟船相通,桥上行走的人,看不见桥下的人,取名叫景龙江。江边殿宇对峙,金碧辉煌,奇花异木,点缀其间,还建有动

"文青"皇帝 宋徽宗

物园，里面有白鹤、长颈鹿、孔雀、老虎、狼等珍稀飞禽走兽。

赵佶闲暇之余，常往宫中游玩，有飘飘若仙的感觉。他对左右说，此宫是蔡太师提议兴建的，功劳最大，童太尉等精心设计，功劳也不小。秦始皇和隋炀帝，未必享有此等仙景。

左右奉承地说："秦、隋都是亡国之君，平时爱好的，都是声色犬马，而陛下鉴赏的，都是山林间弃物，无伤盛德，有益圣躬，秦、隋怎么能与陛下相比呢？"

"朕问过蔡太师，他说国库里还有五六千万的盈余，所以朕命筑此宫，与民同乐。"

蔡京说的都是假话，其实，朝廷已经是寅吃卯粮了。

赵佶的烦恼

赵佶除了大兴土木，贪图享乐之外，还在一个更大的奢好，就是好色，宫中得宠的除郑皇后外，还有王贵妃、乔贵妃、刘贵妃，此外还有韦妃等人。

在这些正式夫人中，刘贵妃最受宠，赵佶一刻也离不开她，可惜刘贵妃好命不长，在政和三年（1113年）七月间得了一种怪病，赵佶虽贵为天子，却觅不到返魂草，续命丹，眼睁睁地看着自己心爱的女人撒手西去。伤感之余，他仿照温成皇后的故事，追册大刘贵妃为明达皇后，并给她举行隆重的葬礼。

刘贵妃死后，赵佶非常悲伤，整天闷闷不乐，抑郁寡欢，为了使赵佶能尽快从悲痛中解脱出来，杨戬又向赵佶推荐了另外一个姓刘的女人。

这个姓刘的女人本是个酒家女，生得桃花脸，桂叶眉，杨柳腰，樱桃口，娇艳动人。尤其是两只玉葱似的纤手，一双秋水似的媚眼，更使人喜爱。由于她天生丽质，便不愿嫁与俗人为妻，发誓要嫁到公子王孙家，她的父母也想借女儿改换门楣。因此，巨商大贾前来求亲，一概被他们拒绝，后来觅得一个机会，将女儿送进崇恩宫，给元符刘太后当侍女。元符皇太后于政和三年二月因在宫中传出暧昧之情。赵佶欲废除她皇太后的身份，诏命还没有下达，元符皇太后在宫里悬梁自尽了。刘太后自尽后，崇恩宫的宫女都被遣放回家，这个姓刘的侍女不愿离去，杨戬见她长得特别出众，便让她寄居在宦官何欣的家里。

杨戬见赵佶郁郁寡欢，说道："陛下想念刘娘娘，但人死不能复生，如今有一位姓刘的女子，聪明、美丽、机巧、伶俐，臣敢说是刘娘娘第二，陛下可愿一见？"

"有这等事吗？"赵佶不相信天底下还有比他的刘爱妃更漂亮的女人。

第二天，杨戬将刘氏领进宫。赵佶的眼色都直了，眨也不眨地盯着眼前的小美人，真是"酒不醉人人自醉，色不迷人人自迷"。

杨戬一看赵佶的神态，知道有戏，手一挥，带着宫女和太监退到殿外。

次日，刘氏便被封为才人，一年之后，被封为贵妃，为了与病逝的刘贵妃相区别，历史上称死去了的刘贵妃为大刘贵妃，后来的这位刘贵妃为小刘贵妃。

小刘贵妃是个天生尤物，聪明伶俐，善解人意，把赵佶侍候得舒舒服服，从此以后，六宫嫔妃尽少宠，三千粉黛无颜色，惟小刘妃一人承欢侍宴，朝暮风流缱绻，夜夜倒凤颠鸾，说不尽的男欢女爱，道不尽的儿女情长。

光阴似箭，日月如梭，小刘贵妃一连生了三个儿子，绿叶成荫子满枝，免不得丰韵不及当年，加之在宫里玩腻了，赵佶的忧郁之色溢于言表。

蔡京见了，劝他说："人主既然以四海为家，便当以太平为娱。岁月苦短，陛下又何必自寻烦扰呢？能乐，就乐去吧！"

赵佶听了蔡京之言，有了出游之念，并向高俅、蔡攸表达了这个想法。叫他们想办法出宫游玩。

"这个不难，只是……"高俅欲言又止，故意卖了个关子。

赵佶迫不及待地问："只是什么？"

"陛下想快乐，要暂时放下尊贵的架子。"高俅说。

"为什么？"

"臣以为，尊贵是一回事，快乐又是一回事，尊贵的人，未必是快乐的

"文青"皇帝 宋徽宗

人。"高俅看了赵佶一眼说,"陛下是天下最尊贵之人,但并不一定是最快乐的人。"

赵佶问道:"外面的世界更快乐吗?"

"当然。"高俅说,"京城有个最令人销魂的地方。"

"什么地方?"赵佶好奇地问。

"金环巷。"

"金环巷?"赵佶睁大眼睛问,"有什么特别之处吗?"

"那里有个名妓叫李师师,不仅貌赛西施,而且还能歌善舞,琴棋书画样样精通。"高俅吞了口唾沫说,"一句话,色艺双绝,妙不可言。"

赵佶的眼睛瞪大了。

"不过……"高俅故意卖了个关子。

"不过什么?"赵佶紧张地问。

高俅欲擒故纵地说:"陛下不但不能一亲芳泽,恐怕连一睹芳容都很难。"

"为什么?"赵佶的兴趣果然来了。

"陛下平时出宫,要摆銮舆,要清道,行走时要鸣锣开道,这是极尊贵的了,可是一举一动,不得自由,处处受着尊贵的拘束,处处总得不到快乐。"

"嗯!"赵佶有些无奈地叹了口气。

"是呀!"蔡攸插嘴道,"总不能在众目睽睽之下去见那绝世佳人吧?"

"朕也很无奈呀!"赵佶说,"你们就替朕想个办法嘛!"

"办法不是没有。"高俅看了赵佶一眼说,"只怕陛下不敢。"

"说呀!朕有什么不敢的?"

"微服出宫!"蔡攸脱口而出。

"微服出宫?"赵佶惊问。

"对,微服出宫呗。"高俅附和地说,"陛下装扮成秀才儒生,臣等扮做仆从,悄悄地出宫,这样就自由了,陛下想怎么快乐,就怎么快乐,只是不那么尊贵了。"

"只要能找到快乐,暂时抛下尊贵的架子又有何妨?"赵佶不以为然地说。

神秘的嫖客

　　金环巷有座四合院，建筑虽无特别之处，由于住着一个特别的人，名声却是响遍京城，这个人就是色艺双绝的名妓李师师。

　　李师师的父亲李寅是个开染房的，三岁的时候，父亲把她寄养的佛寺里，因为当时称佛门弟子为师，所以得名师师。李师师还在童年的时候，她的父亲获罪入狱，死在狱中，她成了孤儿，流落街头，有个以经营妓院为业的女人叫李蕴，她见李师师是个美人坯子，觉得是一个投资的好对象，收养了她，并聘人教她诗词歌赋、琴棋书画。李师师聪明伶俐，无论什么东西，一教就会，几年下来，李师师出落得如花似玉，更兼诗词歌赋、琴棋书画，样样精通。破瓜接客之后，很快便艳名远播，成为京城头牌名妓，京城的文人雅士、公子王孙，都以一睹芳容为荣，更不用说一亲芳泽了。

　　赵佶在高俅、蔡攸的怂恿下，换了一身便装，在日薄西山的时候，三个人悄悄地从新延福宫的侧门溜出宫，蔡京在前面带路，高俅在后面跟随，一路穿过几条街，看到的是一些商店、茶楼、酒家、食馆，转悠了半天，赵佶似乎觉得有些乏味，蔡攸早将这些看在眼里，向高俅看了一眼，高俅点点头，蔡攸换了一副笑脸说："陛下，我们这就到金环巷去？"

　　"称呼得改一下吧！"高俅说，"从现在起，陛下就叫赵乙，行吗？"

　　"有什么不行的？"赵佶似乎有些迫不及待，一挥手道，"走吧！"

　　赵佶正欲起步的时候，突听蔡攸惊叫道："你们看，那是谁？"

　　赵佶与高俅抬头一望，只见对街一个儒雅秀士，摇摇摆摆地走过来，赵佶笑道："王黼倒会作乐，打扮得如此潇洒！"

　　蔡攸正欲打招呼，被赵佶制止了，他想看看，王黼到底要干什么。

　　王黼是开封人氏，崇宁年间的进士，他外结宰辅何执中、蔡京，内交权阉童贯、梁师成，官至翰林学士承旨，与蔡攸同在宫中当差。此人能言善辩，极善阿

"文青"皇帝 宋徽宗

谀奉承，溜须拍马的功夫很到家，深得赵佶欢心，圣宠不亚于蔡攸。因他生得眉清目秀，一表人才，人送外号小潘安。王黼除极善钻营之外，还有一大嗜好，就是好色，闲暇之余，是烟花柳巷的常客，东京的妓女，很少有不知道小潘安的。

王黼并不知有人盯上了他，吹着口哨，一摇三摆地向不远的一座四合院走去。

赵佶一挥手，悄悄地尾随其后，高俅向蔡攸做了个鬼脸，迈步跟了上去。

王黼要去的地方就是金环巷，赵佶一见金环巷的金字招牌，紧赶几步，上前一拍王黼的肩膀说："你干的好事！"

王黼顺手拨开赵佶的手，正要发作，回头一看，见是赵佶，脸色大变，正欲跪下磕头，赵佶将手指头放在嘴边吁了一声。

蔡攸抢上一步说："这是我家主人赵乙。"

"啊！"王黼先是一愣，立即心领神会，双手一揖道，"赵先生，小生这厢有礼了。"

蔡攸也不多说，朝王黼一点头，拥着赵佶，向金环巷走去。

赵佶走近金环巷，停住脚步，有些犹豫。蔡攸怂恿地说："既来之，则安之，主人又何必犹豫呢！"

正在这时，几个少女笑逐颜开地迎上前，叽叽喳喳地说："几位爷，既然来了，怎么站在门口不进去呀！"

"小潘安，姐姐正盼着你呢！快进来呀！"

王黼偷偷地看了赵佶一眼。赵佶装做没听见，蔡攸乘机一抬手，谦恭地说："主人，请吧！"

赵佶终于抬起脚，跨进了金环巷的门槛。皇帝进妓院，这巩怕算是最牛的嫖客了，在中国历史上，称得上奇闻。

两个丫头在前面引路，越过院内的长廊，来到一座绣阁旁，丫头掀起翡翠门帘，让四人进去。赵佶进了绣阁，举目望去，但见四壁粉饰成桃红色，鲜艳夺目。壁上挂着顾景秀的《怀香图》，周昉的《扑蝶图》，董源的《采菱图》，张萱的《整妆图》四轴名画：室内陈设的器用如紫金床、翠羽帐、七彩枕、九华衾等，件件都是极品；再看湘妃榻上倦倚着一个美娇娘，粗看去，见她淡如秋水，艳比春霞，恍然醉后西子，又如出浴杨妃。

"啊！"赵佶惊叹一声道，"好优雅的所在！好漂亮的美人哟！"

湘妃榻美人闻声站起，轻笑道："多谢这位爷的夸奖。"

王黼先向李师师介绍赵佶，说他是做珠宝生意的。然后又向赵佶介绍了李师师。

赵佶近看李师师，但见她鬓鸦凝翠，鬟凤涵青，秋水为神玉为骨，芙蓉如面柳如眉。一抹纤腰，苗条可爱，三寸弓步，瘦窄宜人，真是秀色可餐的绝世佳人，宫中的三千佳丽，无人能及。刚一照面，便喜欢上了眼前这个女人。

李师师是知道王黼身份的，见他对赵佶如此恭顺，料知眼前这个人的身份非同一般，不是王公，也是显贵，这都是得罪不起的爷们，忙堆下笑脸让座，命丫环奉茶，叫厨房准备酒宴。

不一会，天逐渐黑下来，酒宴也摆上了，蔡攸推赵佶坐了首席，然后是蔡攸、高俅、王黼依次坐下，李师师末席相陪。

王黼向李师师递了个眼色，李师师会意，打起精神伺候赵佶。酒至数巡，更放开娇喉，唱了几支小曲。

赵佶目不转睛地盯着李师师，李师师也是浅挑微逗，眉目含情。蔡攸、王黼、高俅更在一旁诙谐打趣，渐渐地便言语谑浪，无所避忌了，待到了夜静更阑，方才散席。

赵佶尚无归意，王黼已经看出一点意思，分别对李师师、赵佶耳语一番，两人不住点头。然后，蔡攸、高俅、王黼三人起身离去。

赵佶见三人离去，猴急地扑上前抱住李师师，两人同入罗帏。一个是猎奇尝鲜，一个是刻意奉承，郎有情，女有意，一夜的枕席欢娱，两人如糖似蜜，恨良夜太短。

次日天未亮，蔡攸就在外面敲门，赵佶只得起床。因为皇帝每天早上要做的第一件事就是上早朝，这是耽搁不得的。临别时，他恋恋不舍告诉李师师，他会

"文青"皇帝 宋徽宗

再来。

李师师看着这个神秘的嫖客,心里也涌起了一股暖意。

赵佶回宫之后,勉强御殿议事,散朝之后,心里只惦念着李师师,甚至连他最心爱的小刘妃,也觉得乏味。在王黼、蔡攸的安排下,隔三差五地溜出宫,到金环巷同李师师幽会。时间长了,李师师也料到了赵佶的身份,后来也从赵佶的口里得到了证实。

皇帝逛妓院,毕竟不是一件光彩的事情,赵佶尽管迷上了李师师,但也不能天天溜出宫去嫖娼宿妓。于是,王黼便给他出了个主意,从宫里挖一条地道,直通金环巷。赵佶竟然认为这是个金点子,赶紧命人秘密地挖了一条地道,从皇宫大内直通金环巷。从此以后,赵佶经常趁着夜色,青衣小帽,带着几个小太监,便到金环巷夜宿去了。

李师师从前有很多相好,傍上赵佶后,她就不敢再接客了。京城里的王公贵族们心里虽然不舍,但谁也不敢同皇上争风吃醋,只能退避三舍。但有一个人,李师师却割舍不下,这个人就是著名的词人,时任大税监的周邦彦。

有一次,赵佶病了,周邦彦趁机来与李师师幽会,两人正在耳鬓厮磨之际,忽报圣驾到了,周邦彦一时无处藏身,只好匆忙躲到床铺底下。

赵佶是专程前来给李师师送鲜橙子,这是从江南用快马刚刚送到的,两人边吃边调情,让躲在床底下的周邦彦忌妒不已。

天色将晚,李师师心里虽然有事,口头上还是劝赵佶留下来。她说,夜已三更,马滑霜浓,陛下龙体要紧,就别走了吧!

赵佶可能确实是有事,再加上身体欠佳,重新将李师师搂在怀里亲热一阵之后,还是走了。

赵佶走后,周邦彦从床底下爬出来,擦拭着头上的冷汗,直叫好险。周邦彦也是文人性情,性格也有几分轻佻,加之看到李师师与赵佶的亲热劲,心里多少还是有些醋意,便把刚才的所见所闻,填了一首《少年游》的词:

并刀如水，

吴盐胜雪，

纤指破新橙。

锦帏初温，

兽香不断，

相对坐调笙。

低声问：

向谁行宿？

城上已三更，

马滑霜浓，

不如休去，

直是少人行。

这首词将赵佶狎妓的细节传神地表现出来。

赵佶病好之后，再来金环巷同李师师幽会，饮宴间，赵佶问李师师近来有没有什么好曲子，唱来听听。

李师师一时忘情，竟把周邦彦的《少年游》唱了出来。

赵佶听罢，脸色大变，问这是谁填的词。因为他知道，词中描写的，正是他与李师师缠绵的情景。李师师虽然很后悔，但却不敢隐瞒，只得说是周邦彦的词。

赵佶立刻明白，那天，周邦彦一定在屋内，当时，他并没有把李师师怎么样，次日上朝，他让蔡京找了个理由，将周邦彦罢官免职、逐出了京城。

周邦彦出京的时候，李师师冒着风雪为他送行，并将他谱的一首《兰陵王》唱给赵佶听。

柳荫直，烟里丝丝弄碧。

"文青"皇帝 宋徽宗

隋堤上，曾见几番拂水，飘绵送行色。

登临望故国，谁识京华倦客？

长亭路，年去岁来，应折桑条过千尺。

闲寻旧踪迹，又酒趁哀弦，灯映离席。

梨花榆火催寒食。

愁一剪风快，半篙波暖，回头迢递便数驿，望人在天北。

凄侧，恨堆积。

渐别浦萦回，津堠岑寂。

斜阳冉冉春无极。记月榭携手，露桥闻笛，沈思前事似梦里，泪暗滴。

李师师一边唱，一边流泪，特别是唱到"酒趁哀弦，灯映离席"时，几乎是泣不成声。

赵佶也觉得自己对周邦彦太过严厉，便又下诏，把周邦彦召回京师，任命他为管音乐的大晟府乐正。

还有一个为李师师吃醋的人，就没有周邦彦那样幸运了，他就是武功员外郎贾奕。贾奕以前也与李师师交情深厚，一日偶遇李师师，便去她家中留宿，酒后不免醋意大发，写了一首讽赵佶的词：

闲步小楼前，见个佳人貌似仙；暗想圣情浑似梦，追欢执手，兰房恣意，一夜说盟言。满掬沉檀喷瑞烟，报道早朝归去晚回銮，留下鲛绡当宿钱。

赵佶听说后大怒，气得差点要杀了贾奕，后来又觉得有些不妥，下令将他贬到琼州做了个参军。

赵佶自从结识了名妓李师师，整天沉浸于享乐，不理朝政。借用《长恨歌》里的一句，"春宵苦短日高起，从此君王不早朝"。可想而知，做皇帝的一到晚

上就去逛妓院，天亮才回来，他还有精力处理军国大事吗？

纸是包不住火的，世上也没有不透风的墙，皇帝逛妓院的事，在京城悄悄地传开了。

赵佶身边的一些佞臣如蔡京等，他们巴不得赵佶成天沉浸于酒色之中，这样，他们就可以把持朝政，为所欲为。而身边的蔡攸、王黼等，就是赵佶嫖娼的始作俑者。

朝中一些正直之士，看在眼里，急在心头，迫于蔡京等人的淫威，不得不抱着明哲保身的念头，佯作不知。

有一个叫曹辅的人，时任秘书正字，只是一个小得不能再说的八品小官。看到奸臣擅权，国事颓废，原本已是忧心如焚。又见皇上如此荒唐，于是冒死上奏。他在奏折中说："臣闻陛下厌居宫禁，尝乘小辇至尘陌郊坰极尽游乐。臣万不曾想到，陛下以万乘之身，肩承天下宗社重任，竟会玩安忽以至如此！人云君民之间，以和为本，合则为腹心，离则为秦、越。民众叛服，在须臾之间，万一在乘辇不戒备之时，有一人包藏祸心，铤而走险，即使神灵垂佑，也难免伤威损重。何况尚有臣子不忍明言之事体，以陛下之圣明睿智，焉能不戒。"

赵佶虽然很恼火，但又不好发作，便将这件事交给王黼和蔡攸去处理。

王黼便将曹辅抓起来，质问道："你一个芝麻大的小官，这样的事是你管的吗？"

曹辅不卑不亢地说："不管小官大官，爱君之心是一样的，大官不说，只有我们小官来说了。"

王黼被噎得半天不能出声，转身问一同审案的蔡攸："你们听说过这种传闻吗？"

蔡攸摇头说，从来没有听说有这件事。

王黼又对曹辅说："我们做宰相的都没有听说这件事，你却在这里胡说八道，你是故意侮辱皇上。"

曹辅大概是豁出去了，抗声说道："此事已经闹得满城风雨，路人皆知，你

"文青"皇帝 宋徽宗

们却在装聋作哑,你们这样的人,根本就不配当宰相,国家眼看就要亡在你们这些人的手上了。"

王黼恼羞成怒,把曹辅打入了天牢,然后以诬蔑天子之罪论处,将他发配到郴州,最后迫害致死。

这样一来,满朝文武,再也没有人敢提这件事了。

后来,李师师被召进宫,册封为李明妃。

第十章

皇帝成了道教掌门人

道教新掌门

林灵素获得赵佶的信任之后，可以自由出入禁宫，宫中眷属，也不必回避。

这一天，赵佶正在偏殿围炉烤火，林灵素自外而入，赵佶赐他在身边就坐，两人聊了起来，正聊得起劲的时候，林灵素突然离座，毕恭毕敬地站立一旁，赵佶问他这是何意。

林灵素谦恭地说："九华玉真安妃大驾将至，臣礼当恭迎！"

"九华玉真安妃？"赵佶惊问道，"九华玉真安妃在哪里？"

"陛下稍候，马上就要到了。"林灵素说罢，拱手站立一旁。

赵佶正在迟疑之际，只见三五个宫女，簇拥着一个丽姝进来，赵佶一见是自己宠爱的小刘贵妃，大笑不止。林灵素却恭恭敬敬地拜伏殿下，口中说道："恭迎神霄侍案夫人！"

话音刚落，崔贵嫔轻移莲步，带着几名宫婢又冉冉而至，林灵素从地上爬起来，口中说道，这位贵人，在仙班中与我同列，不必行大礼，说罢只是一揖，便回座位坐下。

赵佶看了看两位贵人，再看看林灵素，似信非信。

"文青"皇帝 宋徽宗

次日早朝,赵佶问林灵素,朝廷大臣当中有没有仙人。林灵素见赵佶真的信了自己的鬼话,胆子更大了,信口开河地说,蔡太师是天上的左元仙伯,王黼是神霄文华吏,蔡攸是园苑宝华吏,当年都侍候过玉皇大帝,其他如郑居中、刘正夫、盛章、童贯等人,也都位列仙班,被玉帝派下凡,辅佐神霄宫玉清王。

昏君佞臣们一听,人人都喜笑颜开,怪不得君臣之间相处得如此融洽,原来这都是上天安排的。

赵佶认为林灵素是仙人,有通天彻地之能。高兴地说,朕建造了玉清和阳宫,供奉了神像,请先生为朕设醮祭祀。

林灵素却说玉清和阳宫太窄小,做法事很不方便,必须另建一座宫殿才行。

赵佶一高兴,当即批准了林灵素的建议,并命林灵素主持这项工程,内侍梁师成、杨戬任监理,协助林灵素。

梁师成领睿思殿文字外库,主管圣旨收发,所有圣旨号令,都要经他之手发出。时间长了,他看出些门道,找几个擅长书法的小吏模拟赵佶的笔迹,按照他的意愿拟圣旨下传,外人不知底细,也不辨真伪。

梁师成外表愚讷谦卑,看上去老实厚道,不像是能说会道之人,实际上却内藏奸诈,善于察言观色,阿谀奉承。梁师成懂书法,能把赵佶的字模仿得惟妙惟肖,博得赵佶的宠幸,对他言听计从,他讨好赵佶的招数很多,不仅有书法,还多次制造"祥瑞",把沉浸于道教的赵佶哄得开心至极。梁师成权能倾天,就连宰相蔡京父子,有时也要求这个权阉帮忙,故时人称他为"隐相"。

王黼也是赵佶身边的红人,他就是投靠梁师成和蔡京发迹的,特别是对梁师成,王黼称他为"恩府先生",即敬梁师成如父。可见,梁师成在朝中是红得发紫的人物。

林灵素将道宫的地址选在延福宫东侧,规划自延福宫东门至景龙门,绵延数里,紧连皇宫。宫殿修成之后,取名上清宝箓宫。根据赵佶的意思,林灵素在景龙门城上修了一条复道与皇宫相连,便于赵佶前往上清宝箓宫。赵佶还诏告天下,将天宁万寿观改为神霄玉清万寿宫,殿上设长生大帝君、青华帝君神像。

上清宝箓宫，是一座史无前例、无与伦比的超大型道教宫观，耗资千万贯。不久，林灵素主持了祭祀大典，因为林灵素说小刘贵妃是赵佶在天上的元配九华玉真安妃下凡，所以赵佶携小刘贵妃参加大典，文武百官一律穿羽服、戴黄冠参祭。

赵佶知道，许多大臣对此相当冷淡，后宫郑皇后也有所不满，因为小刘贵妃被指认为赵佶在神宫中的元配，几乎动摇了深得人心的郑皇后的中宫之位，幸亏小刘贵妃并无夺宫之意，才使矛盾没有进一步恶化。

一天，赵佶去上清宝缘宫祈祷，林灵素问他，是想求昊天上帝之诏，还是想求见青华帝君之面。赵佶回答说两样都想求，并请林灵素指点迷津，让他如愿以偿。

"日有所思，夜有所想。只要陛下日夜凝想，一定能够成功。"林灵素神秘地说，"但帝君只在夜间降临，且都是在梦中，他是不见凡夫俗子的。求见期间，陛下只能与玉真安妃同宿。只要陛下心诚，一定能见到帝君的。"

于是，赵佶天天宿在小刘贵妃宫里，以求做个好梦。

几天之后，林灵素问赵佶，是否见到了帝君，赵佶一脸茫然。林灵素提示说："陛下晚上做梦了吗？"

"好像做了个梦！"赵佶若有所思。

"这就对了。"林灵素高兴地说，"一定见到了青华帝君，是吧？"

"好像是的。"赵佶皱眉道，"好像还说了几句话，没听懂，也没记住。"

"陛下当然听不懂。"林灵素问道，"陛下没看见帝君身边还有一个人吗？"

"好像是有个人。"赵佶有些迷糊了，思维随着林灵素的问话转。

"是呀！那就是我。帝君是来宣旨的，帝君将旨意交给我带来了"林灵素随手从袖内抽出一卷天书说，"这天书云篆，陛下一定能看懂。"

赵佶接过一看，见天书云篆上的字，是李斯所创的小篆，落款盖有"昊天上帝"之印。赵佶看罢，喜形于色，立即命林灵素筹开千道会，并诏命天下，所有道观都要派员参加千道会，他要在这次千道会上宣布青华帝君降临、颁下天书

117

"文青"皇帝 宋徽宗

之事。

北宋在真宗皇帝时期曾有过天书的闹剧，百余年后的赵佶，又重演了他先祖的闹剧，所不同的是，真宗皇帝天书的闹剧，是由佞臣王钦若一手导演，而赵佶的天书闹剧，则是由妖道林灵素一手策划。事同人不同，北宋的皇帝和他的臣子们，疯狂得真是够可以的了。

政和七年（1117年）四月，千道会在上清宝缘宫召开。

在这次千道大会上，林灵素宣读了昊天上帝一道奇特的诏书：

> 朕察中华众生遭金狄之教（佛教）所愚弄，命长子长生帝君下界，兴中华之正教。怎奈众生愚昧，仍为金狄之教所迷。因此，朕命青华帝君传谕，敕封长生帝君为中华教主道君皇帝。钦此。

众道士听罢欢声雷动。

紧接着，道箓院主事又宣布了一个重大决定，上赵佶为"教主道君皇帝"的封号。

赵佶堂而皇之地登上法坛，一身二职，以皇帝的身份兼任道教教主，台下出现了一道史无前例的独特风景：他以道教教主的身份接见教众，教徒们欢声雷动，教徒们向他行教礼，他以皇帝的身份接见文武百官，文武百官则行君臣之礼，朝贺呼万岁。

皇帝当了道教掌门，这在中国历史上绝无仅有。

政和年间，道教得到空前的发展，宝缘宫经常设大斋，举行千道会，每次耗资数万贯。每次法会，林灵素头戴黄冠，身穿法衣，坐坛讲经。赵佶也在旁设座，听林灵素讲道。

其实，林灵素对道经，也只是略知皮毛，并不能讲出大的道理，但他却具有演讲大师的素质，讲法的时候，他能天上、人间、地府，信口开河，编得煞有介事；三教、九流、十家，牵强附会，说得天花乱坠；滑稽、野语、村言，夹杂

其中，贩夫走卒都听得懂。因此，每逢林灵素讲道，常常会引得哄堂大笑。不仅普通听众喜笑颜开，就连赵佶本人也是忘形大笑，完全没有了君臣之礼，师道之尊。

社会上风传，林灵素讲经，好比田夫野老、牧童村竖围坐于豆棚下，听滑稽先生信口开河，讲笑话逗乐。

然而，仅凭逗乐，恐怕也吸引不了听众，人们不可能总放着活不干，来听你侃大山。林灵素似乎也知道这一点，他便作出了一个特殊的规定，凡参加法会的人，除了施舍一顿斋饭之外，还可以领到三百文制钱。有饭吃，有钱领，这样的好事，当然就有人干了，于是乎，每逢召开千道会，一些无业游民、市井无赖，找一块布蒙着头，都来赶场，冒充道士的人，比正宗的道士、尼姑的人数还要多。因此，每次千道会，就显得盛况空前，声势特别大。

如此一来，林灵素的威望越来越高。据说，林灵素麾下有弟子二万，他出行与宰相、太子争路，人称"道家两府"。

在宋朝，两府指东府、西府，东府是宰相，西府是枢密院，宰相管政务，枢密院管军事。林灵素的地位能与宰相、枢密院分庭抗礼，可见他的气势之大。所以，很多奸邪小人都来贿赂林灵素，以求官职。

大臣们见皇帝崇奉道教，上行下效，纷纷投其所好，上朝不穿朝服而穿道袍，每当朝会之时，金銮殿内，但见黄冠羽扇，满廷乌烟瘴气，形成一道史无前例的奇观。

道教作为宗教的一个分支，提倡并无可非议，而作为一国之君，废国事而痴迷于道，耗巨资大修寺院，广开道场，对于江山社稷和黎民百姓，则就是一场灾难。

赵佶身边的几位大臣，多是一些奸佞，他们怂恿赵佶吃喝玩乐，隐瞒实情，报喜不报忧，让赵佶觉得，他的天下是太平盛世。那些造假之人，却能飞黄腾达，其中，最走红者，莫过于童贯。

"文青"皇帝 宋徽宗

奸佞惑主

天下的事，真的有那么凑巧，就在赵佶痴于求神拜佛，迷于道教的时候，道法似乎真的显灵了。

太尉童贯督造延福宫后，仍兼任陕西经略史之职。童贯待在京师的时候，从西陲传来军报，说环州、定远军首领李额叶与西夏勾结，率部投奔了西夏。对于李额叶来说，他原本是西夏降将，这是叫回归故土。而在宋朝，于西夏，这是在挑衅，于李额叶，则是叛逆。

赵佶待在东京，自以为是，哪里容得下这种行为，立即诏命童贯赶往西陲，调兵遣将征讨西夏。

童贯赶赴陕西前线后，命熙河经略使刘法率兵十五万，出湟州，秦凤经略使刘仲武，率兵五万，出会州，攻打西夏，他自己亲率中军驻兰州，为两路声援。

刘仲武率兵到达清水河，筑城据守。刘法进军途中，在一个叫古骨龙的地方与夏右厢军相遇，一场遭遇战，宋军击败夏人，杀敌三千。

捷报传到京师，赵佶大喜，诏令童贯兼领永兴、鄜延、环庆、秦凤、泾原、熙河六路军权。

童贯就任新职，再派王厚、刘仲武会合泾原、鄜延、环庆、秦凤四路兵马，分头进攻西夏臧底河城。然而，这一战却没有上一次遭遇战那么顺利，西夏军有备而战，宋军不但大败而归，而且损失惨重，参战的兵士伤亡近半。

童贯向来是报喜不报忧，他严密封锁兵败的消息，命令刘法、刘仲武再调熙河、秦凤两路共十万兵马，继续攻打西夏的仁多泉城。

仁多泉城守兵势单力薄，再加上等待援军不至，只得开城缴械投降。刘法率宋军进入仁多泉城后，竟然命令士兵大开杀戒，残暴地将城中的军民杀得一个不留。古往今来，战场上是不杀俘虏的，刘法似乎不受这个约束。

捷报再次传到京城，赵佶加封童贯为陕西、两河宣抚使。紧接着，渭州边将

种师道率兵攻克了臧底河城，捷报传到京城，功劳又归童贯，再次加官进爵，进封开府仪同三司，签书枢密院事。

童贯的圣宠如日中天，蔡京也不甘示弱。经过精心策划，他竟然攀龙附凤，和赵佶结成了儿女亲家。赵佶将他的第六女茂德公主下嫁给蔡京的第四子蔡鞗，同时，蔡攸又兼领上清宝箓宫、秘书省、道箓院、礼制局、道史局等各种美差。蔡攸的弟弟蔡鞗以驸马爷的身份，升任保和殿大学士，蔡攸的儿子蔡行，也被任命为殿中监。蔡家一门显贵，烜赫无伦。

赵桓于政和五年（1115年）二月被册立为皇太子，曾封为定王，时年十七岁。赵桓为人处事，同他的父皇恰好相反，赵佶骄奢淫逸，极尽享乐，赵桓则克勤克俭，性好节俭。

太子是储君，蔡京当然要对他格外地巴结，一次，他将大食国赠送给他的一套琉璃酒器献入东宫。谁知太子不领情，反而说蔡京将这些小玩意儿相赠，是在消磨他的心志。如果事情就此打住，也就没事了，偏偏太子詹事陈邦光在旁边火上加油，说春秋时的卫懿公就是玩物丧志，最后导致亡国，蔡京向太子赠送这些东西，可是别有用心。同时，他还说了蔡京的许多不是，惹得太子一时性起，命左右将蔡京送来的琉璃酒器砸得粉碎。

太子怒砸礼物的事很快就在朝中悄悄地传开了，这叫蔡京很没面子，本想拍马屁，谁知拍到了马蹄上，讨了一番没趣。他知道自己奈何不了太子，便将一口怨气出在太子詹事陈邦光的身上。暗地里指使言官弹劾陈邦光，他再从旁煽风点火，很快，内廷便传出御书手诏，将陈邦光逐出京城，贬至陈州。

蔡京自从与赵佶结为儿女亲家后，君臣关系可以说是到了亲密无间的地步。有时，赵佶居然略去君臣名分，以儿女亲家的身份来到蔡府，不但不避蔡氏父子，甚至连他的家仆也不回避，相处得如同家人一般。蔡京设家宴款待赵佶，餐桌上，山珍海味，飞禽走兽，应有尽有，各种菜肴，花样百出，一餐之费，竟至千金。赵佶开玩笑地说,亲家餐桌上的菜肴,比朕的御厨房还要丰盛。蔡京听后,惊出一身冷汗,他以为赵佶是说他太过奢侈,偷眼一看赵佶,并无责怪之意,一颗悬着的心,总算放下了。

赵佶吃得高兴,竟叫茂德公主及蔡家的老少妇孺,全都在旁边设席就座,蔡府一家老小,尽沐皇恩。

次日,蔡京上表谢恩,奏表中有"主妇上寿,请醻而肯从,稚子牵衣,挽留而不却。"说的就是赵佶在蔡府的真实情景。

一个妖道在朝中装神弄鬼,一个阉宦在西陲报喜不报忧,一个奸相在君侧阿谀奉承,堂堂的一国之君,被这些奸佞玩弄于股掌之中。

人造假山

赵佶完全沉浸于寻欢作乐之中,基本不理朝政。政和七年(1117年)十二月,在几个佞臣的怂恿下,又一项规模庞大的工程在京城东北动工了,按照八卦的方位,东北方是八卦的艮位,因此,这项工程被称之为"艮岳",又称万岁山。

当初,由于赵佶子嗣不旺,道士刘混康说增高艮位的地势,就会使皇家的子嗣兴旺,赵佶下令,在京城东北建造假山,抬高那里的地形,恰巧开工不久,包括王皇后在内的后宫女人,接二连三地生儿子。赵佶便以为这是块风水宝地,于是便开始大力营造这处园林。道士们还说,在这个方位修建成假山园林,国家必将繁荣昌盛。有了生儿子的先例,赵佶对道士的鬼话是深信不疑,于是下令营建万岁山。

万岁山是仿浙东余杭县的凤凰山形势修建,方圆十余里,其中规划有芙蓉城、灵璧城、慈溪、景龙江等景点。这样,整个皇城以北,由延福宫、上清宝缘

宫、万岁山，便形成了一片游览胜地。

朝廷作出修建万岁山的决定后，蔡京立即给苏杭应奉局使朱勔发出密令，让他千方百计搜求奇巧惊人之贡品，为营造艮岳建首功。

朱勔早在修建艮岳之前，就以进贡奇花异石而官运亨通，大发横财。他以收购花石为名，每年从国库中取数百万贯银子。但搜集的贡品，几乎都是强取豪夺而得，并不花一分一文。从国库支取的银两，全都流入朱勔的私库。几年下来，朱勔已是腰缠万贯，成为堪与蔡京、童贯比肩的巨富。朱勔极善玩弄权术，不但交结朝中权贵，甚至连宫中嫔妃，也都得到他不少孝敬。赵佶听到的全都是对朱勔的溢美之词，对他更加宠信，由应奉局总管提升为应奉局使相，成为朝廷的一品大员。除了主管对朝廷物资供应外，还有权节制江南各路的各州郡府县，有权直接向皇上密奏地方官员政绩的优劣得失，实际上掌握了对江南各级官员的升降予夺之权，因而被人们称为"东南小朝廷"。

朱勔接到密令，心领神会，立即行动起来，派兵四处搜求，凡是奇巧昂贵之物，不管是花石，还是古玩、字画、金银珠宝，只要搜到，全部抢走。朱勔将所统辖的部伍统称为"花石兵"，整天打着面"奉旨采办花石"的杏黄旗，到处横冲直撞。

苏州采办花石纲，陆续发运东京，所到之处，各路、州、县都要大力协助，花石纲的转运，给沿途百姓带来了无穷灾难。

尽管万岁山的修建已耗尽了民脂民膏，导致国库空虚，但宦官们犹认为禁苑中的珍禽异兽不能驯服以迎接圣驾是一大憾事。

有一个名叫薛翁的人，平时以驯养飞禽为业，自荐能担当此任。宦官们大喜，立即上奏赵佶。赵佶立即批准，命薛翁训练飞禽。

薛翁用大盆装满肉糜饭食，模仿飞禽的叫声招引飞禽，飞禽饱食而去。经过一个多月的招引，禽鸟不待呼叫，到吃饭的时间自动从四面八方飞来，久而久之，便不畏人，站在薛翁鞭扇之间，挥之不去，引来许多人参观，成为一道风景，薛翁便将此处取名为来仪所。

偶然有一天，赵佶来艮岳游玩，很远便听到清道声，走近看时，只见珍禽

"文青"皇帝 宋徽宗

聚集,有数万只,清一色的灰白羽毛,非常好看。薛翁早就跪在道边,手持牙奏道:"万岁山珍禽迎驾!"

赵佶龙颜大悦,当即便封薛翁官职,又赏赐金银无数。

有人献策,让有关部门多造油绢囊,用水洒湿,每天早晨挂在危峦绝巘之上,云气便尽入其中,黏附在绢囊上。每逢赵佶来时,便打开油囊,须臾之间,云雾便充塞于危峦绝巘之间,有司将这一景观命名为贡云。意思是说,这些云雾是专门向天子进贡的。

极具讽刺意味的是,万岁山从修建时开始,天下似乎就不那么太平,方腊、宋江领导的大起义相继爆发,金人的铁骑呼啸而至,踏碎了中原大地,北宋的大好河山,成了外族的口中之食。

国内阶级矛盾日益激化,外族对中原大地虎视眈眈,内忧、外患,接踵而来,北宋的丧钟,真正地敲响了。

第十一章

失败的外交

谎报窃功

政和八年（1118年），赵佶下诏改元重和，文武百官各有封赏，童贯晋升为太保。次年又改元宣和（1119年）。

童贯镇守西陲，屡次晋爵，仍然觉得自己的官还不够大，又想立功邀赏，于是命令刘法出兵攻打西夏。

刘法认为宋、夏两国本来就相安无事，不愿意出兵挑起事端，但经不住童贯一再催促，极不情愿地率兵二万，征讨西夏。

大军刚走到统安城，便同闻讯前来迎敌的夏军相遇，夏军主帅是夏主的弟弟察哥。

两军相遇，刘法命士兵列阵出战，察哥则分兵两路，一路轻骑兵，绕过宋军去包抄宋军的后路，他自己亲率大队人马正面迎战。

宋军与夏军交战正酣之时，西夏的轻骑兵突然从背后杀过来，宋军腹背受敌，首尾不能相顾，顿时大乱，士兵纷纷溃逃，刘法不能约止，只得丢下兵士，拍马落荒而逃。

天色渐晚，刘法摸黑逃命，迷失了方向，次日黎明，逃到离主战场七十余里

"文青"皇帝 宋徽宗

一个叫盖朱崾的地方，已经是人困马乏，四下一看，不见有人，于是下马卸甲，暂作休息，刚休息了一会，见对面山脚走来几个挑着担子的山民。刘法昨天激战一天，晚上还没有进食，马不停蹄地又跑了一夜，已是饥肠辘辘，他以为这是几个贩夫走卒，便向他们讨要食物。

几个挑夫居然拒绝了刘法的要求。

刘法一瞪眼，喝道："你们这些山野小民，可认得我刘经略吗？"

刘法以为自报家门，小百姓就怕他了。其实他错了，错得连后悔的机会都没有。因为这几个人不是普通的百姓，而是几名运给养的夏军。冤家路窄，刘法算是活到头了。

几名夏军听说眼前这个狼狈不堪之人就是刘经略，心中暗惊，其中一人堆下笑脸说："啊呀！原来是经略大人，小民不知，小民不知，千万不要见怪哟！"

刘法见对方害怕了，迫不及待地说："本经略饿了，有什么吃的，快快拿来。"

说着话，几个挑夫已经在刘法的身边放下了挑子，其中一位瞅了刘法一眼说："大人请稍等一会，小人这就给你拿。"

刘法眼巴巴地看着那人伸手去担子取物，满以为取出的是美食，谁知取出的却是一把明晃晃的钢刀。刘法惊叫一声："不好！"正欲转身逃走，尚未起步，钢刀已经插进他的胸膛。可怜一个带领千军万马上阵杀敌的将军，竟不明不白地死在几个小兵之手。

几名夏军割下刘法的首级，去向察哥请赏。

察哥见了刘法的首级，大笑道："这位刘将军，曾在古骨龙、仁多泉连败我军，我以为他是天生神将，不敢与他交锋，谁知今天被我的小兵所杀。"

察哥指挥夏军直捣震武城。

震武城筑在山谷之中，熙河、秦凤两路向这里转运粮饷十分艰难，筑城三年以来，这里的守将就被夏军杀了两个。

察哥率军连攻数日，眼看破城在即，却突然下令撤军。部下不解其意，察哥回答说："留下来，不要攻破此城，这是宋朝的一块心病。"

失败的外交　第十一章

童贯先得知刘法被杀、全军覆没的消息，后又闻震武城破城在即的惊报，急得像热锅上的蚂蚁，突又闻夏军退去，大喜过望。觉得这又是一次请功的机会。他向朝廷报称，震武城守军击退夏军，而对刘法战败而死的军情，只字不提。一面又派人出使辽国，请辽国出面调解宋、夏之间的纠纷。

此时，辽国正在与金国交战，怕宋朝趁火打劫，就转告西夏国王，让他们与宋修好。

西夏主李乾顺也不想再和宋朝交战，因战祸是宋军挑起来的，不得不战，见辽国出面调解，便顺水推舟，同宋朝复修和好，停止战争，各安疆土。

童贯又向朝廷上书，说夏王畏惧天朝的威严，情愿投降。

明明吃了败仗，却报称连连奏捷，自己挑起祸端，央求辽国调解，却说是西夏投降，童贯的军功，都是这样得到的。

赵佶闻报大喜，加升童贯为太傅，封泾国公。

童贯是一个阉宦，不男不女，故时人称他为媪相，同公相蔡京齐名。

童贯班师回朝，蔡京正决定图辽，派武义大夫马政从海路出使金国，相约与金国前后夹攻辽国。

金国是一个什么国度，怎么突然又冒出了一个金国？这件事还得回头细说。

崛起的女真人

政和二年（1112年）正月，辽国天祚皇帝耶律延禧赴春州，到混同江钓鱼，女真各部落酋长都要前去朝见。完颜阿骨打奉兄长之命，也去觐见辽国皇帝。垂钓结束，辽帝设头鱼宴招待各部落酋长，酒至半酣，辽帝命各部落酋长轮流跳舞助兴，轮到完颜阿骨打时，他推说自己身体不舒服，拒绝跳舞。辽帝当时的脸色虽然很难看，终究还是没有发作。

"文青"皇帝 宋徽宗

天祚皇帝虽然在宴会上没有发作，但对完颜阿骨打却动了杀心，事后，他对北院枢密使萧奉先说，完颜阿骨打这个人很凶悍，找机会除掉他，以绝后患。

萧奉劝说道："完颜阿骨打是个粗人，不懂礼仪，无故杀掉他，会造成不好的影响。"

天祚皇帝于是息了杀念，完颜阿骨打逃过一劫。

完颜阿骨打回去后，担心辽国出兵讨伐，便大量招兵买马，修建城堡，打造武器，吞并周围各部落以拓展控制区域，把守险要，准备同辽人一战。

政和三年（1113年），女真首领、完颜阿骨打的兄长完颜乌雅束病死，阿骨打继位，他不向辽国报丧，自称勃极烈。

辽天祚皇帝派人前来责问，阿骨打拒绝接见来使，正式同辽国扯破脸。

辽天祚皇帝耶律延禧喜欢打猎，打猎需要猎鹰，女真部落盛产一种名叫"海冬青"的猎鹰，这就成了辽国敲诈的对象。辽国每年都要派使者到女真部索要海冬青，猎鹰是天上飞的鸟，并不是说要就能抓到的，这些派往女真的使者，不管你抓到抓不到，不给他就不走，这些使臣在女真部停留之际，需要特别服务，就是要女真的女人陪着睡觉，不论是平民家的女人，还是部族首领的家人，只要是年轻漂亮的，都要尽这个义务。多少年来，女真人都是这样逆来顺受，不敢反抗。

阿骨打是一个天才的将领，也是一个铮铮铁汉，他不堪忍受族人受到辽国的欺凌，继位之后，率领族人，向辽国举起了复仇的钢刀。

政和四年（1114年）九月，阿骨打在松花江畔，召开誓师大会，与会者达二千五百余人，祷告天地之后，起兵攻辽。

阿骨打的军队势如破竹，射杀辽将耶律谢十，攻克宁江州。辽国都统萧嗣先率兵万人前来增援，被阿骨打杀得大败而归。阿骨打的弟弟吴乞买等人，乘机劝阿骨打称帝。

政和五年正月，阿骨打正式称帝，建国号大金，更名为旻。完颜阿骨打，亦即完颜旻，就是金太祖。

失败的外交 第十一章

阿骨打为何要取国名为金呢？据他对僚属说，辽以宾铁为号，取其坚硬之意，但铁虽坚，终归有烂掉的那一天，惟金子不变也不坏，金子的颜色是白色，而完颜部崇尚白色，故取国名为金。看来，完颜阿骨打说的金，实际指的是白银。

金国建立，直接威胁到辽国的统治，辽天祚皇帝派曾家奴传书给金主完颜阿骨打，要求金国作为辽国的附属国，遭到了完颜阿骨打的拒绝。

接下来，辽与金两国国主以书信来往，打了一场外交战，辽主在书信中直呼金主名字——完颜阿骨打，劝其投降，金主在书信中直呼辽主的名字——耶律延禧，声称要辽答应金国开出的条件。

几次书信往来，谁也不服谁。

完颜阿骨打是一个敢作敢当的人，文的不行，干脆就来武的，既然扯破了脸，索性就大干一场，他率领凶悍的女真人，向辽国发起了猛烈的攻击，进兵益州，直捣黄龙府，辽兵节节败退，黄龙府陷落金人之手。

辽天祚皇帝得报，起兵七十万，御驾亲征，欲夺回黄龙府。

别看完颜阿骨打是北方的少数民族，远离中华文明，对兵法并不陌生，当他得知辽主天祚皇帝率七十万大军御驾亲征，知道敌军来势汹汹，此战凶多吉少，为了激励士气，他来了一招激将法。将众将士召集在一起，当着大家的面，假装要自杀，当身边的人夺下他手中刀的时候，他哭着对大家说："我带你们起兵，是无法忍受辽邦对我女真族民的残暴欺凌，故此自立为国，让我们女真人自己管理自己的事，不受外人欺负。今天，辽主天祚皇帝耶律延禧率七十万大军御驾亲征，声势浩大，金国是挡不住辽兵这次进攻的，为了免除族人的灾难，看来只有杀了我，你们拿着我的人头，去迎接辽主吧！"

女真族是一个很有血性的群体，他们怎么会杀了自己的国主去投降敌人呢？于是，群情鼎沸，都愿在国主的带领下，同辽兵决一死战。

遣将不如激将，完颜阿骨打不愧为帅才，女真人的士气，一下子就被他鼓动起来了。

在女真人的支持下，完颜阿骨打调集倾国之兵，与辽国展开决战，大军到达

"文青"皇帝 宋徽宗

黄龙府东时，遥见辽兵漫山遍野、铺天盖地而来，完颜阿骨打对左右说："辽兵远道而来，利在速战，我军如坚守不出，借以消磨辽兵的锐气，待辽兵疲乏之时再出战，必能击败辽兵。"

于是，完颜阿骨打下令全军，各择险地扎下营寨，挖壕筑垒，按兵不动，静观敌变。

金兵据险而守，严阵以待。辽兵扎下营寨之后，竟然也按兵不动。完颜阿骨打觉得奇怪，忽听探子来报，说辽兵的后队已在撤退。完颜阿骨打登高远望，果然见辽军在退兵。

完颜阿骨打虽然不知道发生了什么事，但仍然亲率精兵猛将乘势追击，辽兵猝不及防，无心应战，被金兵杀得人仰马翻，金兵杀敌五万，夺得粮草辎重、兵械、战马，不计其数，大胜而归。

再说辽主天祚皇帝耶律延禧率兵到达黄龙府后，正欲与金兵展开决战，突然接到国内急报，有人要乘他不在的时候，图谋篡位。

原来，辽国副都统章奴，想立天祚皇帝的叔父耶律淳为帝，带领将士回了上京。其实，耶律淳并没有篡位之意，并拒绝了章奴的好意。章奴便纵兵抢掠，到辽太祖庙数说天祚皇帝的罪行，下令各州县，进军攻打行宫。

皇位不保，天祚皇帝当然无心恋战，故此下令连夜撤兵。

天祚皇帝率兵赶回上京后，恰逢章奴被熟女真部击败，所率叛军，尽皆溃散。几个巡逻的小兵捉住章奴，押回上京交给天祚皇帝。

天祚皇帝立即杀了章奴，带兵返回都城。

辽国有五个国都，分别为上京临潢府（内蒙古巴林左旗）、中京大定府（内蒙古宁城）、东京辽阳府（辽宁辽阳）、西京云中府（山西大同）、燕京析津府（今北京）。

谁知上京的内乱刚平，东京又发生了叛乱。

东京留守萧保先虐待渤海居民，为暴民所杀，辽将大公鼎、高清明率兵剿

捕,刚刚将乱民镇压下去。偏将高永昌收集残匪,进据辽阳,旬日间,竟纠集了八千余人,自行称帝,改元隆基。

辽天祚皇帝派韩家奴、张林讨伐叛逆,高永昌自知不敌,便向金国求救。

金主完颜阿骨打派胡沙补到辽阳告诉高永昌,说愿意协助高永昌攻辽,条件是高永昌必须削去国号,归顺金国,金国将封他一个王爵。

高永昌刚过了一把帝王之瘾,岂肯立刻放弃?没有答应完颜阿骨打开出的条件。

完颜阿骨打见高永昌不愿臣服于金国,便派大将斡鲁率军攻打高永昌,进军途中,恰巧与辽将张琳相遇,一场遭遇战,以辽将张琳败走而告终。斡鲁乘势取了沈州,直逼辽阳城下。

高永昌开城出战,不敌金军,向长松败退,辽阳人挞不野乘乱活捉了高永昌,献给金主完颜阿骨打。高永昌被处死。辽国的东京州县以及南路熟女真部,陆续投降金国。

完颜阿骨打任命斡鲁为南路统领,斡伦知东京事。

辽天祚皇帝得知东京失陷,大惊失色,任命耶律淳为都元帅,在辽东募集二万二千多人组成一支部队,称作怨军,即报怨女真之意。任命渤海铁州人郭药师等为统领。耶律淳派耶律奴苛出使金国,建议两国修好,完颜阿骨打提出辽国以兄礼事金的条件。

金本是从辽国分离出来的一个小国,现在反过来要辽国称他为兄,天祚皇帝当然不干,和谈宣告失败。

恰逢辽国出现大饥,盗贼四起,国内形势一片混乱。在无可奈何的情况下,宋宣和元年(1119年),辽国枢密使萧奉先劝辽帝暂时答应金人提出的条件,册封完颜阿骨打为东怀国皇帝。

完颜阿骨打是一代人杰,雄才伟略,绝不会屈于人下,他认为东怀国这个名称不可理解,自己是金国,直接称为大金国即可,为何要称东怀国呢?而且在册

"文青"皇帝 宋徽宗

书中,并没有提辽称金为兄的事情。他将册书弃之于地,不接受辽主的册封。

辽、金的和谈再一次破裂,北方的局势更加不稳定。

宋金"海上之盟"

早在政和元年(1111年),童贯出使辽国,在泸沟带回赵良嗣之后,就提出过联金抗辽的建议,只是当时的女真还没有形成气候,这件事暂时作罢。此次蔡京旧事重提,童贯当然是一百个赞成,怂恿北伐。

蔡京和童贯的做法,其实很不地道。按照"澶渊之盟"的约定,宋、辽是兄弟之邦,眼见得北朝的昏君哥哥被人打得鼻青脸肿,南朝的昏庸弟弟不但不伸出援手,反而还想乘人之危,从背后捅刀子,这是背信弃义之举。

赵佶不仅花天酒地,骄奢淫逸,而且还好大喜功,虚荣心极强,他认为,如果侥幸灭了辽国,列祖列宗梦寐以求的燕云十六州不就可以收复了吗?这样,他就是彪炳千秋的一代明君了。

几个佞臣的怂恿,赵佶的好大喜功,从此,宋朝开始走上了联金抗辽、光复燕云之路。

重和元年(1118年)春天,赵佶派遣武义大夫马政自登州渡过渤海湾出使金国,策划联合攻辽之事。宋、金展开了秘密外交。

金主完颜阿骨打派使者李善庆持奉国书,并带上渤海的珍珠、东北生金等贵重物品,随马政出使宋朝。

赵佶命蔡京接待金国使者,并具体商量联合攻辽之事。金国使者李善庆并没有当场表态,在汴京住了十余天后,便打道回府了。

李善庆此次出使宋朝,金主完颜阿骨打交给他的任务是探听虚实,只看、只听、不说。这才有了出使宋朝而没有什么表态的事情发生。

失败的外交 第十一章

赵佶见和谈没有结果，便命马政再次持诏书，并带上宋朝赐给金国的礼物，同李善庆一同再赴金国。走到登州的时候，马政奉诏停止前行，另派平海军校呼庆护送李善庆归国。

金主完颜阿骨打仍然没有表态，只是对宋使呼庆说，回去告诉你们的皇帝，如果想修好，就正式出示国书，不要使用什么诏书，大金是一个独立的国家，不是你宋朝的附属国，你们无权对金国指手画脚，诏书对我们不起作用，下次如果再使用诏书什么的，就别怪我将宋朝的使臣拒之门外。

原来，李善庆在汴京待了十多天，已经窥出了宋朝的虚实，堂堂的宋朝，不过尔尔，金国完全有能力与宋朝平起平坐，争一时之短长，没有必要对宋朝俯首帖耳。故完颜阿骨打对宋朝使者，说话的语气并没有像以前那样客气了。

本钱就是实力，没有本钱，就没有实力，这是生意场的规则。国与国之间打交道，也是这样，国力强，说话的声音就大，没有那个实力，就只能装孙子。

完颜阿骨打是一代雄主，他不是装孙子的人。

呼庆身为使者，只能唯唯而退了。

几个来回，协议还是有达成。蔡京、童贯建议，再派人出使金国。

对于赵佶这种投机取巧的愚蠢行为，朝中的有识之士都不以为然，由于奸臣当道，谁也不敢乱开口。中书舍人吴时忍无可忍，上书谏阻。

赵佶看了吴时的奏疏，有些犹豫不决。恰好布衣安尧臣又上疏，力谏赵佶放弃联金攻辽的倡议。

安尧臣在奏疏中说："宦官交结权臣，共同倡议北伐，自宰臣以下，没有人敢说一句话。"他认为，燕、云之役兴，则边衅大开，宦官之权重，则朝纲不振。当年先祖真宗皇帝澶渊一战，取得了绝对优势，但却与辽国签订了"澶渊之盟"，究其原因，不是打不过辽国，而是为固国本，息民力。今童贯深结蔡京，采纳赵良嗣之谋，重提平燕之议，引来的后果，恐怕是唇亡齿寒，边衅大开。他恳求赵佶鉴历代君臣之得失，遵守旧约，不要使外夷对中国有可乘之机。这样才能上安宗庙，下慰生灵。此则国家之幸，生民之幸。

"文青"皇帝 宋徽宗

赵佶连续接两疏,正在犹豫,有两个御医从高丽归来,转告了高丽国君的意思。

原来,高丽与中国通好,高丽国主生了一种怪病,本国的医生束手无策,只好向宋朝求医,赵佶派遣两名御医前往诊治。两名御医治好了高丽国君的病,高丽国主送两名御医归国的时候,对他们说:"听说天子将与女真联合,图谋契丹,恐非良策。因为契丹夹在宋朝与女真中间,契丹的存在,可以成为中国捍边的屏障。女真如狼似虎,不宜与其建交,可向天子传达我的建议,要提防女真。"

两名御医归来之后,将高丽国主的话原原本本地转告赵佶。赵佶本来以为吴时、安尧臣的奏言有道理,加之高丽国主的传话,拟将联金攻辽的计议暂时搁置,并拟提拔安尧臣为承务郎,借以开通言路。

蔡京、童贯仍然坚持要联金伐辽,说辽、金交战,这是天赐良机,如果错失良机,将会反受其害。

还有学士王黼,此时已升任少宰,他与蔡京、童贯沆瀣一气,斥责吴时腐儒,并说安尧臣只是一个布衣,根本就没有上书言国事的资格,这种目无王法之人,怎么能够再给他一个官阶呢?

赵佶经不住三人力请,于宣和二年(1120年)二月,再派右文殿修撰赵良嗣以买马为名,出使金国,再次同金国展开秘密外交。

赵良嗣到达金国的时候,适逢辽国使臣萧习泥烈到金国商议册礼。宋、辽两国的使者碰在一起。完颜阿骨打谁也没有答复,带上宋、辽两国的使臣,出兵攻打辽国的上京。

辽天祚皇帝耶律延禧正在胡土白山围猎,得知金主领兵来犯,命大将耶律白斯率精兵三千驰援上京。

金主领兵至上京城下,指着上京城对宋、辽两国使臣说,你们看我用兵,此一战若胜,辽使就滚蛋,若败,宋使就走人。说罢,指挥金兵向上京城发起了猛烈攻击,仅半天时间,金兵便搭云梯攀上城墙,拿下上京。

失败的外交 第十一章

耶律白斯率援军还没有到达上京,上京就已经失守,只得中途撤回。

完颜阿骨打进入上京之后,摆宴庆祝,酒宴间,只有宋使赵良嗣,不见辽使萧习泥烈。

赵良嗣举杯向完颜阿骨打祝贺,口中大呼万岁。完颜阿骨打大悦。

赵良嗣乘机说道:"燕云本是汉家土地,被辽国侵占多年,而今该由敝国取还了。现在敝国愿与贵国协力攻辽,贵国取中京、大定府,敝国取燕京、析津府,南北夹攻,两国都有利益,不是很好吗?"

"好是好。"完颜阿骨打话锋一转,"但是,宋朝每年给辽国的岁币,破辽之后,必须照数给金国,这样才能如约。不然,大金兵强马壮,宁可独力自取中京与燕京两处土地,也不与宋朝联合。"

赵良嗣答应将他的意见转告朝廷。

完颜阿骨打修书一封交给赵良嗣,并命近臣勃堇随赵良嗣出使宋朝,向宋朝皇帝当面约定:宋、金夹攻辽国,长城以北的辽中京大定府由金军攻取,长城以南的燕京地区由宋军攻取。灭辽之后,宋收回燕云十六州的土地,宋将原每年给辽的岁币如数转交给金国;宋、金不能单独与辽讲和。

赵良嗣回京后,向赵佶呈上完颜阿骨打的亲笔信,信中写道:

> 大金皇帝谨致书于大宋皇帝阙下:盖缘素昧,未致礼容;酌以权宜,交驰使传。赵良嗣言:"燕京本是汉地,若许复旧,将自来与辽国银绢转交。"虽无国信,谅不妄言。若将来贵国不为夹攻,即不依得,已许为定,具修寸幅,冀谅鄙悰!

赵佶看过之后,顺手递给蔡京,问蔡京是否可行,会不会有后患。蔡京看过之后,连声赞叹:万全之策!万全之策!

赵佶也修书一封,再派马政出使金国。他在书信中说:

"文青"皇帝 宋徽宗

大宋皇帝谨致书于大金皇帝：远承信介，特示函书。致罚辽国，逖闻为慰。确示同心之好，共图得罪之师，诚意不渝，义当如约。已差童贯勒兵相应，彼此兵不得过关。岁币依辽旧数，仍约毋听辽讲和。

完颜阿骨打得书，称照约行事，宋、辽联合攻辽的协议就算确定下来。

这就是历史上有名的宋、金"海上之盟"。

历史证明，宋、金的结盟，对于宋朝来说，是一场噩梦、一次糟糕透顶、彻底失败的外交，正是这次外交，让金兵的铁蹄踏碎了中原腹地，北宋王朝的大好河山不得保全。这是后话。

正当蔡京与童贯商议出兵北伐之时，有一个叫方腊的人在青溪源帮峒举兵造反，连夺杭州、睦州等六州五十二县，气焰嚣张，大有举兵北上之势。

方腊造反，打乱了赵佶出兵北伐、联金攻辽的计划。

第十二章

方腊造反

方腊结梁子

睦州有个青溪县，南宋诗人方逢辰的《田父吟》对青溪作了形象地描述：

青溪渺如斗大邑，万山壁立土硗瘠。
百分地无一分田，九十九分如剑脊。
一亩之地高复低，节节级级如横地。
畈心一哇可一亩，旁边一亩分数哇。
小民有田不满十，镰方放兮有菜色。
曹胥乡首科夏临，催科差役星火急。
年年上熟犹皱眉，一年不熟家家饥。
……

这首诗，说的是青溪山多田少，地瘠民贫。其实，青溪虽然不是什么富饶之乡，由于其山深林密，盛产楮漆竹木，当地的百姓多以卖柴、烧炭、蒸茶、割漆为生，生活还是过得去。

"文青"皇帝 宋徽宗

漆是青溪最主要的特产，也是两浙路的主要贡品。从北宋初年到中叶，每年贡漆不过几十万斤，最高也不过百万斤。到了崇宁年间，上贡数量逐渐增加，自从朱勔主持苏州应奉局后，数量剧增，到了宣和年间，每年贡漆达到千万斤。帮源漆是漆中上品，更是被搜刮得点滴不剩。

宣和二年（1120年）夏，青溪知县陈光来到帮源峒，住在里正方有常的家里，催收帮源漆。

帮源峒是一个方圆几十里的大山谷，遍谷都是漆树，家家都有漆园，漆民以割漆谋生。在帮源峒，有两家的漆园最大，产漆最多，其中，一个叫方有常，一个叫方腊。

方有常是帮源峒的里正，方腊则是一个有数十亩漆林的园主。

方腊是歙州(今安徽歙县)人，后移居睦州青溪（浙江淳安）县帮源峒。相传方腊性情豪爽，有很强的组织能力，是摩尼教中人。

方有常是帮源峒的里正，一方土皇帝，往年，别家的漆都如数上缴，方有常家的漆却缴得很少，等到县里上交漆的任务完成之后，方有常家的漆就是奇货，年年都能卖出好价钱。漆民明知道方有常捣鬼，却也无可奈何。

知县陈光之所以要住进帮源峒，是因为今年官府收的漆比历年都多，上面催得急，任务完不成，他只好到帮源峒现场办公了。

历年来，漆民交足了官府的任务后，多余部分可以卖给进山来收购的外地商贾，即使官府进山强行收购，并且将价钱压得很低，但漆民多少也还有些进项，今年却不同，漆民产出的漆，必须全额上缴，这样就断了漆民的生计。

据知县陈光说，今年交漆的数量之所以如此之多，是因为朱勔奉旨在苏州建造宅第，东南各路，有钱出钱，有物出物，漆民的物当然就是漆了，没有漆的，也要孝敬竹木花石。

官府催得急，百姓就遭殃，方腊愤怒了，帮源峒的百姓也愤怒了，两浙一带，成了一座随时都能爆发的火山。

方腊派他的兄弟方肥出山去打探消息，看外在的世界到底怎么样。

方有常是里正，对帮源峒的情况熟悉，在他的帮助下，帮源峒漆民产出的生漆，都被搜刮得一干二净，最后，仍然还有近万斤的差额不能凑足。

知县陈光急了，将帮源峒的漆民召集在一起，限三日之内凑足万斤之数。其实，除了一个人之外，所有漆民家里都没有存漆。这个唯一有漆的人，就是里正方有常。

在知县的催逼下，帮源峒的漆民忍无可忍了，方腊第一个站出来，向知县陈光指证，帮源峒除了里正方有常，谁家也没有漆。方有常一口否认。方腊将知县带到方有常藏漆的山洞旁，撬开封洞的石头，里面果然藏有两万斤生漆。

方有常傻眼了，知县再也不能包庇了。

从此，方腊和方有常算是结上了梁子。

神秘的摩尼教

方肥出山打探消息回来了，他告诉山民们看似奇闻却又是实实在在发生的一些事情。

在睦州，他看到江中尽是发运花石纲和转运漆的船只，苏、杭一带的民船，都被官府征用。

据说睦州城中有一个姓文的儒生，家里有枚祖传的秦代玉佩，被应奉局的人知道了，他们到文家用一块黄封帕蒙住玉佩，儒生求他们带走，来人只是登记造册，临走时，命文家好好保护，若有闪失，将罪责难逃。可怜文家一家老小，整天战战兢兢守着这块玉佩，生怕出了什么差错。在官府通知送玉佩的那天，儒生颤抖着双手去取玉佩，终因心情过度紧张，失手摔断了玉佩。官府知道后，将他抓去打个半死，最后还要文家拿钱去赎人。

很多人都因为花石纲，搞得家破人亡。

"文青"皇帝 宋徽宗

在余杭县,他看到的情况更惨。余杭县有座凤凰山,如果放在青溪,简直就算不上山。凤凰山虽不高,可是风景却实在是美。听说皇上即位之时,曾说过,可惜不能遍游江南美景。当时,皇上身边有个佞臣,奉承地说了一句:"那就把江南美景搬到京城来。"

皇上当时将这句话当成玩笑话,并没有在意。不料,奸相蔡京倡"丰亨豫大"之说,说现在国家富强,皇上道德隆盛,该享太平之福,极乐之娱,建议皇上仿照余杭县凤凰山,修筑万岁山,将凤凰山上所有的古树竹木、奇花异卉,尽行移去京师,按原方位栽植、摆放。并从江南搜集大量的奇花异草、珍禽异兽,充实其中。据说,万岁山和四周还修建了园林池沼,开掘小溪清流,使江南奇景毕集于万岁山中。

在苏州,他发现很多摩尼教中人相互串联,蠢蠢欲动,商量着要杀了朱勔这个奸贼。

同时,方肥还向大家介绍了朱勔的一些情况。

朱勔的家在苏州市中心的孙老桥,是搜集发运花石纲的指挥中心和转运中心。他可以从皇上的内库里几十万、上百万地支取银钱,就像从自己口袋里取钱那么容易。名义上是采办花石纲,很多却进了他个人的腰包。

听说皇上还将孙老桥桥东、桥西四周的宅第庐舍都赏给了朱勔,命令这一带的居民在限期内全部搬迁,过期不搬者,苏州府将会派人去强行拆房子。原来居住在这一带的数百家居民,因之而流离失所,无家可归。

朱勔在那片土地上,修筑园林池沼,造假山、栽花木。去年冬天,主持者赵霖为了讨好朱勔,修建三十座水闸,以便引水入园,因天气寒冷,冻死民夫数百人。朱勔在这所跨河而建的大宅中,还建了一座神霄殿,供奉着长生帝君、青华帝君的神像,监司、郡吏,每逢初一、十五,都要去朝拜,然后上名帖拜见朱勔,京师及外地的官员来到苏州,也都要祭拜神霄殿。朱勔的家,成了东南小朝廷。

苏州城的百姓,恨不得要吃朱勔之肉,寝朱勔之皮而后快。

方腊造反 第十二章

　　方腊见民心已动，埋藏在心底的怒火也迅速地燃烧起来。他认为，要过上好日子，惟造反一条路可走。于是，他利用摩尼教的身份，在百姓中间广泛地进行串联，准备发动一次起义。

　　摩尼教是波斯人摩尼创立的一个教派，由于其教旨是崇拜光明，所以又称明教。

　　摩尼教的主张是"二宗三际"。

　　二宗，就是指光明和黑暗；三际，则是指过去、现在和未来。

　　教义认为，过去，是黑暗侵蚀了光明，现在，光明正在与黑暗进行搏斗，将来，光明必将战胜黑暗，到达"明界"，即未来世界，求得光明与幸福。用教义上的话说，未来的世界是"明即归于大明，暗即归于积暗"。这种教义是含蓄的，也是模棱两可的，各阶级都可以作出符合本阶级利益的解释。

　　摩尼教在唐代就已传入中国，宋代也只是在民间流传，由福建传入两浙，但教徒不再信奉摩尼，而是尊奉张角为教祖。

　　明教的信奉者，互相亲切地称呼"一家"，不喝酒，不吃肉，所以，官方称他们叫"吃菜事魔教"。首领称魔王，主要助手称魔翁、魔母。他们提倡俭朴的生活，平等互助，因而，得到了广大农民的支持和拥护。

　　方腊是一个具有反抗精神的草莽英雄，他欲利用摩尼教的教义，作为自己举起义旗、发动群众的思想武器。为了稳定民心，方腊假托唐朝袁天罡、李淳风的推背图，编成四句谶语：

　　　　十千加一点，
　　　　冬尽始称尊。
　　　　纵横过浙水，
　　　　显迹在吴兴。

　　十千是隐喻"万"字，加一点便是一个"方"字，冬尽之后为腊月，称尊二

"文青"皇帝 宋徽宗

字，无非是说方腊南面为君的意思。

自从秦末陈胜发明了"篝火狐鸣"之后，这类招式就屡试不爽，凡是要起事的人，都要变作法子弄出一点神神怪怪的东西来获取人心。汉末的"苍天已死，黄天当立"，宋初太祖赵匡胤的"点检作天子"等一类的谶句，都是人为捏造出来、蛊惑人心、骗人的把戏。方腊的四句谶语，玩的也是这种把戏。

帮源峒是唐高宗永徽年间女杰陈硕真举义的地方，她自称文佳皇帝，起兵造反，不幸战败而亡，至今留下天子基、万年楼遗迹。

方腊便使人在外面放出风声，说当年的陈硕真称帝没有成功，这道王气还在，要应验在方腊的身上。

又是谶语，又是谣传，百姓更加相信方腊，起义的筹备工作，也在按部就班地进行。

一个意外的事件，加快了方腊起义的步伐。

漆园誓师

方有常的嗅觉很灵敏，他已经发现方腊的活动有些反常，准备派儿子方庚去向官府告密。

方腊在方有常家也有眼线，得到方有常要向官府告密的线报之后，立即带领一帮人包围了方有常的家，将方有常一家四十余口全都杀了，唯独方有常的儿子方庚乘乱逃脱。

方庚的逃走，迫使方腊加速了起义的行动步伐。

宣和二年（1120年）秋，方腊提前举事，他在漆园召开誓师大会，慷慨陈词："天下赋役繁重，官吏鱼肉百姓，睦州百姓赖以为生的漆、楮、竹、木，都被官府抢夺一空。终岁劳作，到头来，仍然是妻儿挨冻受饿，求一日饱食而不可得。"

方腊造反 第十二章

方腊振臂一呼,号召大家拿起刀枪棍棒,一起造反,杀出一片新天地。至于新天地到底是个什么样子,谁也说不清楚,在大家的心目中,新天地一定会比现在好。

方腊据帮源峒神母谷,自称"圣公",建元年号"永乐",自设官吏,居然做起了土皇帝。

方腊的队伍,以巾布裹头,以头巾的颜色区别官吏的等级,共分六等。队伍以棍棒为武器。他还给每个人发一道符篆,说带上符篆,可以得到神的帮助。不到半月的时间,方腊的队伍就发展到几万人。

方腊得知北方有个叫宋江的人在梁山泊聚义,打出"替天行道"的旗号,喊出"贪官污吏都杀尽,忠厚老实心报答赵官家"的口号,他认为,花石纲的罪魁祸首,就是皇帝,这样的皇帝保不得,只有推翻了昏君,百姓才有好日子过。于是,他打出了"申天讨,杀朱勔"的口号。

"申天讨",就是不但要杀贪官污吏,还要申讨皇帝,不过,重点还是"杀朱勔",杀朱勔这个口号很有号召力,因为花石纲给江南人民带来了无穷的灾难,而朱勔就是花石纲的罪魁祸首。

誓师大会之后,方腊整编队伍,准备攻打青溪。

官府得到方庚的报告,两浙都监蔡遵、颜坦率兵五千前往帮源峒,按他们的话说,就是讨伐乱贼。

方腊得知官兵大队人马来侵,立即同方肥等人商量应对之策。

蔡遵、颜坦率兵到达息坑,刚靠近一道谷口,突然从山谷内冲出一队农民军。官兵看到眼前的队伍,脸上露出惊讶之色。

原来,方腊的队伍,都是一些老弱妇孺,更可笑的是,这些女人涂脂抹粉,身穿道袍,手执拂尘,仿佛是戏台上的师姑;儿童的脸上涂着红黄蓝白各种颜色,有的将头发梳成两个丫髻,有的将头发剪成沙弥圈,真是无奇不有。更令人可笑的是,这些人嘻嘻哈哈,像赶集一样,对迎面而来的官军,没有丝毫畏惧之色。

"文青"皇帝 宋徽宗

官军们面面相觑，不知道这些人搞什么名堂。

蔡遵生性多疑，看到眼前这支乱七八糟的队伍，有些犹豫不决，颜坦是个粗人，看了一眼对面的队伍，不屑地说："这是迷惑人的鬼把戏，看我去杀了他们。"说罢，一马当先，杀向敌阵。

那些妇孺见官兵冲杀过来，顿时作鸟兽散，一窝蜂地转身就跑。颜坦更以为这些人是乌合之众，指挥官兵尾随其后，杀入谷中。

前面的妇女、儿童穿林越涧，四散逃窜。

后面的官兵也像赶鸭子一样，一窝蜂地往前赶，赶了几里路，前面的妇孺纷纷钻进树林，忽然不见了，唯剩空山寂寂，古木森森。

颜坦正在犹豫，那些妇女、儿童又从数百步外的树林里钻出来，站在山坡上、树林边，指手画脚，嘻笑不止，似乎不是面对官兵，而是在看一台大戏。颜坦见状大怒，立即驱兵追赶。

突听一声炮响，震得树枝乱晃，官兵们四顾张望，什么也没有看见，大家毛骨悚然，顿时紧张起来。而那些妇孺们，又在树林里忽隐忽现，似乎是在捉迷藏，官兵冲着树林里的人影追了过去，只顾追赶，却不防脚下，只听传出一连串"扑通、扑通"之声，很多人都掉进了陷阱，接着传来阵阵惨叫声，因为陷阱内插满了尖尖的竹片，官兵掉进去后，竹片深深地插进身体。颜坦也没有逃脱厄运，落进了陷阱。

两边山谷里，突然跳出许多手握竹竿和大棒的大汉，拿竹竿的，直往陷阱里乱捣，拿大棒的，追打那些没有落阱的官兵。顷刻间，颜坦和他带领的千余名官兵，全部葬身山谷。

蔡遵先听说前军获胜，率军赶了上来，进入谷口后，猛听到一阵大喊，知道不好，急忙下令撤退，回到谷口，谷口已被树木、石块堵死。只听山崖上喊杀连天，两边山崖上巨大的石头轰隆隆地直往下滚，官兵死的死，伤的伤，叫苦连天。蔡遵正欲指挥士兵搬开树木石头，无数手执长竿大棒的大汉，从四周树林里冲出来，可怜那些士兵，一个个都被乱棒打死，蔡遵也死于乱军中。

方腊大获全胜，还得到很多武器装备。起义军乘胜直扑青溪县城。陈光得知颜坦、蔡遵全军覆没，带着细软，连夜逃走了。

方腊占领青溪之后，发布文告，说起义军有天兵相助，叫官兵缴械投降，否则，蔡遵、颜坦就是他们的榜样。

江浙一带很久没有战争，防备松弛，那些官吏听到方腊到来，个个吓得胆战心惊。

十二月，方腊攻打睦州，知州张徽言弃城而逃，通判叶居被义军砍成了肉泥，千余名官兵，也都做了刀下之鬼；攻打歙州，歙州守将郭师中负隅顽抗，死于乱军之中。

起义军继续东进，扫荡桐庐、富阳等县，直抵杭州城下。

杭州知州赵霆登城瞭望，看到城下到处都是手拿棍棒的起义军，还有几个头戴神盔、身披氅衣，左手持矛，右手执旗，面目狰狞可怕的长人，吓得魂不附体。

其实，这几个长人都是木雕，里面设有机关，由人操纵，远远望去，犹如真人一般。方腊用几个假人，吓倒了赵霆。

赵霆胆小如鼠，当即下城赶回知州衙门，收拾细软，乔装改扮之后，带上一妻一妾，一溜烟逃出城外。

杭州置制使陈建，廉访使赵约，赶往知州衙门却不见知州的人影，慌忙退出知州衙门，不想城门已被起义军攻破，农民军一拥而入，两人逃避不及，一同做了俘虏。

陈建在两浙作恶多端，方腊先杀了赵纳，再将陈建和逃到杭州来的陈光一同带出来，零刀细剐了。接着，下令屠城六日，除了有姿色的女人幸免于难外，无论是大小官吏还是百姓，都做了起义军的棒下冤魂。

方腊攻占杭州以后，命大将方七佛为东路都元帅，率兵攻打秀州，沿运河杀向苏州，要与苏州起兵响应的明教会合。又命八大王为西路都元帅，由歙州向江南重镇江宁进军。

八大王部将俞道安攻破休宁县，知县事麴嗣复被俘，大骂"反贼"，俞道

"文青"皇帝 宋徽宗

安劝他投降，麴嗣复说："麴某食朝廷俸禄，落入反贼之手，有死而已。老夫倒要劝你们一句：自古谋反岂能长久？你等当去逆从顺，归附朝廷，怎么反逼我从贼呢？"

俞道安笑着说："官府逼得我们活不下去了，自古以来，官逼民反。你难道不知这句话吗？"

"废话少说，要杀要剐，随便吧！"麴嗣复说罢，闭上了眼睛。

俞道安说："我也是休宁人，素知你为官廉洁，不阿附朱勔，有善政，前后县令，无人能与你相比。方圣公早就有令，贪官污吏皆可杀，唯独不准杀麴公。麴公忠于朝廷，不肯投降，我等也不怪你，你请自便吧！"

此时，兰溪县的朱言、吴邦，郯县仇道人，仙居吕师囊，苏州石生等纷纷举着"申天讨，诛朱勔"的大旗，起兵呼应，归附方腊，向宋王朝发起猛烈攻击。起义队伍发展到数十万人，数月之间，攻破六州五十二县。

方腊造反，东南大震，告急文书如雪片般飞向东京汴梁。

方腊起事之初，地方官吏也曾上报过，太宰王黼正在筹备出师北伐，同时他认为，东南百姓闹事，不过疥癣之疾，不足为患，责令地方官府自行弹压。竟没有将两浙发生的暴乱向赵佶报告。

赵佶还认为是天下太平，躺在温柔乡里，过着花天酒地的生活。直到淮南发运使陈遘直接奏陈赵佶，他才知道东南"贼势猖獗"。

东南是朝廷的财源之地，"国家财赋，东南十居其九"，当赵佶得知他的财富之源出了问题，惊出一身冷汗，立即召集辅臣开会，商量应对之策。

童贯认为，联金攻辽是国策，两国都在协议书上签字画押，如果违约，今后收复燕云十六州恐怕就有麻烦。

蔡攸认为方腊等不过是乱民，成不了大气候，还是联金攻辽要紧。

蔡京虽然已经是老态龙钟，两眼昏花，心里却很明白，接着蔡攸的话说："乱民造反成不了大气候？秦朝覆灭，不就是始于陈胜、吴广谋反吗？汉末天下大乱，分崩离析，还不是黄巾军谋逆引发的？千里之堤，溃于蚁穴，何况方腊聚众已经数十余万,号称百万,江南半壁江山震动,朝廷还能安枕无忧吗?攘外事小,安内事大。南院已经是大火熊熊,却要去帮北邻争地,世上哪有这样的道理?"

赵佶本来就缺少主见,既不想对金人失约,又害怕方腊坐大,成为心腹之患。听了蔡京之言,认为有理,于是决定暂罢北伐之议,命童贯为江、淮、荆、浙宣抚使,谭稹为两湖制置使,王禀为统制,移征辽之兵南下,先征剿方腊。

因浙江无军队可用,便从陕西调集六路精兵,由辛兴忠、杨惟忠率熙河兵,杨可世、赵明率环庆兵,黄迪率鄜延兵,马公直率秦凤兵,冀景率河东兵,归都统制刘延庆总领,十五万大军,奔东南平叛。

临出征时,赵佶对童贯说:"东南之事,朕就托付给太傅了。如果遇到什么紧急情况,可以代作诏书,听便宜从事。"

纵观赵佶一生,唯有这次处事最为果断。

童贯率军到达金陵的时候,已经是宣和三年(1121年)正月,此时,方腊的东路军已攻陷婺州、衢州、处州、崇德县,转攻秀州,遭到秀州统军王子武的顽强抵抗,进攻受阻。

方腊原以为北宋政府短期内难以出兵,谁知朝廷为了联金灭辽,西北军已经移至河北集中,粮草军需也已齐备,而赵佶又果断地罢了北伐之议,命童贯率兵南下,致使起义军来不及占领镇江、江宁而控制长江天险。

童贯留偏将刘镇守金陵,他自己进驻镇江,得知秀州被围,命王禀率兵驰援,正好熙河将辛兴宗、杨惟忠也领兵赶到,两路军夹攻方腊的起义军。

辛兴宗等人的部队,是在西北前线久经战阵的精锐部队,对付外敌虽然是屡战屡败,对付国内这些拿棍弄棒的农民军,却是绰绰有余,再加上方腊等人毕竟才略有限,根本就抵挡不住官军的冲击。方七佛率领的东路军,难与官兵抗衡,只好退走,秀州之围自解。

童贯再移军苏州。在苏州,他亲眼看到了花石纲对老百姓的危害,幕僚们

"文青"皇帝 宋徽宗

也都认为"贼不亟平,坐此尔"。于是,童贯命幕僚董耘代赵佶写了一份罪己手诏,罪己诏的大意是:

> 朕收购竹木花石、禽兽珍奇,都是在皇家内库支取钱财,让他们按市价购买,并且多次下诏,严立法禁,不准压价和摊派。朕以为,奉行之人,定能遵承约束,都会懂得朕体恤百姓的大义。岂料具体办事的官吏,借花石纲之名贪赃枉法,为奸作恶,侵扰百姓。今朕已知闻,从今后一切废罢。今后,若以贡奉为名,行敲诈勒索之事,以违御笔论处。

童贯授意起草的这份诏书,替赵佶撒了一个弥天大谎,将花石纲之祸的责任,完全推到下面办事人的身上,他对花石纲之乱,一无所知。为了平息民愤,童贯又下令撤销苏、杭应奉局,停运花石纲。

赵佶也下诏罢免了朱勔父子的官职。

方腊的东路军没能取得胜利,又转向西进,接连攻陷宁国、旌德等几个县,官军为其牵制,只得分军西援,一时顾不到浙西。

在方腊起兵的同时,淮南又出现了另外一支农民起义军,他们是宋江领导的梁山泊英雄好汉。

第十三章

宋江举义

历史的真实

北宋朝廷也算是祸不单行，两浙一带的方腊之乱还没有平息，山东的战火又在燃烧。以宋江为首的三十六员好汉，在梁山泊举起了"替天行道"的旗帜，宣言要替人民杀尽天下的贪官污吏。

朝廷那些肉食者们，面对又一起农民起义军，是剿还是抚，一时却拿不定主意。

提起宋江，自然想起了《水浒传》，因为宋江是凭《水浒传》这本书扬名立万的，梁山泊一百零八将的名头，也是凭《水浒传》这本书传播开的。宋江这个人物，在中国已经是家喻户晓，妇孺皆知，因此，有必要对有些事情予以澄清。

《水浒传》是一部文学作品，书中所说宋江与一百零八将的故事，很多都是烘托之说，并不是历史的真实。从正史考证：

《东都事略·侯蒙传》记载：

江以三十六人横行河朔，京东官军数万无敢抗者。

"文青"皇帝 宋徽宗

《宋史·徽宗本纪》记载:

> 淮南盗宋江等犯淮阳军,遣将讨捕,又犯京东、河北,入楚、海州界,命知州张叔夜招降之。

《宋史·张叔夜传》对宋江起兵之事,也有记载:

> 宋江起河朔,转略十郡,官军莫敢婴其锋。声言将至,叔夜使间者觇所向,贼径趋海濒,劫钜舟十余,载掳获。于是募死士得千人,设伏近城,而出轻兵距海诱之战,先匿壮卒海旁,伺兵合,举火焚其舟,贼闻之皆无斗志,伏兵乘之,擒其副贼,江乃降。

此外,李埴的《十朝纲要》,宋代陈均的《九朝编年备要》和徐梦莘的《三朝北盟会编》,也都有类似的记载。

从这些史料中可以看出,梁山泊这支起义军,人数并不多,但也决非三十六人,至于七十二员地煞星,那是《水浒传》的作者施耐庵演绎出来的人物。不过,这支起义军的战斗力很强,在群众中产生了很大影响,曾对赵宋王朝带来一定的冲击。宋江领导的这次起义,年代大约在宣和元年(1119年)至三年(1121年),前后不过三年左右的时间。

《宋史》仅为方腊立传,没有替宋江立传,只是在《徽宗本纪》《张叔夜传》中提到了宋江,可见,宋江在梁山泊领导的农民起义,转瞬即平,声势远不及方腊领导的农民起义,更不是《水浒传》中描述的那样气壮山河、波澜壮阔。

宋江起义

宋江是郓城县人，表字公明，曾在郓城县任押司，是一个低级别官吏。此人自幼饱读诗书，满腹经纶，胸有丘壑，有经天纬地之才，存出将入相之志。本欲以科举求取功名，实现其治国平天下的宏图大志，无奈生不逢时，科场黑暗，连考数场，虽说文章做得花团锦绣一般，却总是榜上无名，以致心灰意懒，只得屈身县衙，做了个小吏。

宋江性情豪爽，为人慷慨，喜欢结交江湖上的朋友，虽然不怎么富裕，但却仗义疏财，常拿一些散碎银两接济那些孤弱贫寡之人和落难的江湖人士。渐渐地宋江的大名不胫而走，被人称为义薄云天的"孝义黑三郎"，大家送他一个绰号：及时雨。

宋江因私放关在县衙大牢的犯人，进而又出了人命官司，被逮捕下狱，一班江湖好友劫了法场，从刀口下救了他的性命。为了逃避官府追杀，大家一起上水泊梁山落草为寇，做了公道大王。

梁山泊地处山东，在郓城、寿张两县之间，自古便是丘陵平原相间之地，因黄河连年决口，将平原低洼处渐渐冲为湖泊。到北宋时期，梁山泊成了绵亘七八百里的汪洋大湖、水乡泽国。除了兀立于湖中的几座山峰之外，到处是一望无际的湖泽。

梁山古时称良山，因汉梁孝王到此狩猎，于是改名为梁山。

北宋朝政腐败，吏治废弛，皇帝在京城寻花问柳，嫖娼宿妓，不理朝政，各级官吏贪污腐化，搜刮民财，天下民不聊生，致使盗贼四起。淮南、京东一带，无数亡命之徒占山为王，落草为寇。水泊梁山因其得天独厚的地理位置，成为亡命天涯之人的避难所。此前，多是一些小毛贼集聚在这里，梁山和这些小毛贼一样，没有什么名声。

宋江上梁山之后，被众人推举做了山寨之主，他命人竖起了"替天行道"的

"文青"皇帝 宋徽宗

大旗，招兵买马，购置战船，打造兵器，拉开了与官府誓不两立的架势。

宋江起义的消息，如迅雷闪电般四方传播，梁山泊的声威大震，山东、河北、河南、安徽等地的穷苦民众闻风响应，纷纷来投宋江。真正是"撞破天罗归水浒，掀开地网上梁山"。在很短的时间内，梁山泊便集聚了数万人马，其中有三十六条武功高强、顶天立地的好汉，他们是：

呼保义宋江、玉麒麟卢俊义、智多星吴用、入云龙公孙胜、豹子头林冲、大刀关胜、小李广花荣、霹雳火秦明、双鞭呼延灼、美髯公朱仝、扑天雕李应、小旋风柴进、花和尚鲁智深、行者武松、双枪将董平、没羽箭张清、青面兽杨志、金枪将徐宁、急先锋索超、赤发鬼刘唐、黑旋风李逵、神行太保戴宗、九纹龙史进、没遮拦穆弘、插翅虎雷横、混江龙李俊、短命二郎阮小二、浪里白条张顺、立地太岁阮小五、船火儿张横、活阎罗阮小七、病关索杨雄、拼命三郎石秀、两头蛇解珍、双尾蝎解宝、浪子燕青。

这三十六人，在《水浒传》中被称为天罡星，此处还有号称地煞星的七十二人，则是施耐庵先生以其生花妙笔演义出来的。虽然在历史上，这些人不一定是真有其人，但施耐庵塑造的这些人物形象，在人们的头脑里早已是根深蒂固，故也将其抄录如下：

神机军师朱武、镇三山黄信、病尉迟孙立、丑郡马宣赞、百胜将韩滔、天目将彭玘、圣水将单廷珪、神火将军魏定国、圣手书生萧让、铁面孔目裴宣、摩云金翅欧鹏、火眼狻猊邓飞、紫髯伯皇甫端、锦毛虎燕顺、锦豹子杨林、轰天雷凌振、神算子蒋敬、小温侯吕方、赛仁贵郭盛、神医安道全、矮脚虎王英、一丈青扈三娘、丧门神鲍旭、混世魔王樊瑞、毛头星孔明、独火星孔亮、八臂哪吒项充、白面郎君郑天寿、飞天大圣李衮、玉臂匠金大坚、铁笛仙马麟、出洞蛟童威、翻江蜃童猛、

玉幡竿孟康、通臂猿侯健、跳涧虎陈达、铁扇子宋清、铁叫子乐和、花项虎龚旺、白花蛇杨春、九尾龟陶宗旺、中箭虎丁得孙、云里金刚宋万、小遮拦穆春、操刀鬼曹正、摸着天杜迁、病大虫薛永、金眼彪施恩、打虎将李忠、小霸王周通、鬼脸儿杜兴、出林龙邹渊、独角龙邹润、旱地忽律朱贵、笑面虎朱富、铁臂膊蔡福、一枝花蔡庆、催命判官李立、青眼虎李云、没面目焦挺、石将军石勇、小尉迟孙新、井木犴郝思文、菜园子张青、母夜叉孙二娘、活闪婆王定六、母大虫顾大嫂、白日鼠白胜、鼓上蚤时迁、金毛犬段景住、金钱豹子汤隆、险道神郁保四。

这些人本来都是散居在各地、各安其业的豪俊人物,他们有的被贪官污吏所逼,有的被奸佞之徒所害,走投无路而上梁山,百川归海,在忠义堂歃血为盟,义结金兰,发誓要杀尽天下的贪官污吏,为民除害。

梁山泊的好汉打出"替天行道"的大旗,攻城掠县,杀贪官,惩恶霸,得到了百姓的积极响应,数月之间,先后攻克了郓城县、兖州府、青城府。所到之处,起义军打开官仓、银库,将里面的钱粮搬出来,除一部分带回梁山外,其余全都分给劳苦大众。

在攻城掠县的同时,起义军还顺手收拾了一些逞霸一方的土豪劣绅,踏平他们的寨棚村圩,打开他们的粮仓,把山东境内闹得个天翻地覆。

宋江一伙杀的是贪官污吏,惩的是土豪劣绅,打出的口号是杀富济贫,只反贪官,不反皇帝,因此,这支起义队伍,得到了老百姓的拥护。

梁山泊宋江起义的消息传到京城,朝廷一片恐慌。此时,朝政由太宰王黼主持,蔡京虽说仍然揽权不放,恋栈难舍,但毕竟年纪大了,双目浑浊,连字都看不清楚了。赵佶特许他不上朝,可以在家里办公,有重大事情,便宣他上朝,或由王黼直接上蔡府汇报。王黼有方腊造反的前车之鉴,便先到蔡府请示。蔡京也觉得事关重大,建议提交朝议。

"文青"皇帝 宋徽宗

次日上朝，王黼奏报山东有乱民谋反之事。

赵佶听后，大为惊慌，询问群臣有何应对之策，一时间，群臣议论纷纷。大臣郑居中出班启奏道："臣有话要说。"

"有什么话，直管说。"赵佶有些迫不及待了。

"臣收到亳州知州侯蒙的书信，他要臣转奏陛下。"

"什么事？"赵佶紧张地站了起来。

"他说，宋江等人举事，只反贪官，不反皇帝。"郑居中看了大家一眼，继续说，"宋江横行齐、魏，必有过人之处，现在青溪盗贼四起，朝廷不如赦免了宋江，命他率众南讨方腊，将功赎罪。"

赵佶听罢大喜，如果不动一兵一卒，便能收服宋江，保得天下太平，这当然是求之不得的好事了。他重新坐下来，立即降旨，命亳州知州侯蒙，出任青州府知府，并以钦差大臣的身份，前往梁山泊招降宋江。

侯蒙接到诏书，正欲打点行装，准备前往青州上任，不想突然得了一种怪病，猝死家中。招抚宋江的事就搁置下来。

招安的钦差没有派出去，宋江领导的起义军对北宋王朝的冲击并没有停止，京东各路兵马，虽然屡次进剿梁山泊，都被梁山泊的英雄好汉杀得大败而归。

方腊在两浙的声势越来越大，宋江又在山东闹事，前门起火，后院冒烟，北宋朝廷实在是有些顾此失彼，难以招架，无奈之下，赵佶只得再命海州知州张叔夜招安宋江。

兵败海州

张叔夜，表字嵇仲，北宋广丰（今江西省上饶市广丰县）人，出身于官宦世家，祖父张耆官拜侍郎，少年时就留意军事知识的学习，有相当的军事才能。刚步入官场，出任兰州录事参军。因在边关屡建战功，大观年间，赐进士出身，

升任右司员外郎。他曾出使辽国，其间与辽人比赛射箭，箭箭中的，辽人惊讶，以为他的弓上有什么名堂，提出要查看他的弓，张叔夜断然拒绝，说没有这样的惯例。在出使途中，他留意沿途的地形地貌，暗中绘了一幅辽国的山川图献给朝廷。由于得罪了奸相蔡京，张叔夜被贬为海州知州。

张叔夜接到密诏后，不敢怠慢，立即同幕僚们研究对策。他长期在地方上为官，深谙民俗，对梁山起义的前前后后和起义军内部的情况了如指掌，加之他曾久居边关，深通战法。据他分析，方腊造反已经是风起云涌，江南各州自顾不暇，无力北援，宋江极有可能乘机出兵袭取海州，如果再投之以诱饵，则宋江率兵来袭的可能性就更大，如果能先给宋江一个下马威，招降这伙人将会容易得多。经过精心策划，张叔夜布下了一个陷阱，等待宋江等人来自投罗网。

这一天，宋将正在山寨同军师吴用等人议事，忽有探子来报，说海州城外海面上，停泊有十几艘大船，船上装的都是金银珠宝及绸缎绢布等贵重物品。宋江与众头领听罢大喜，认为这是一笔天大的横财，只要能将其夺下来，可保山寨数年的开销，于是，立即分派人马，前往海州，准备夺下这批物品。

宣和三年（1121年）二月，宋江带领数千名起义军赶到海边，看见海边果然停泊着几十艘大船，起义军一声吆喝，纷纷跳上船，若有人反抗，格杀勿论，但宋江事先下了命令，水手不杀。

宋江夺得大船后，命船上的水手驾船向海州进发，将到海州，见海面上有数艘小船，像是官府巡逻的船只，宋江见它不来检查，也就不以为意，继续前进。

将要靠岸的时候，突听智多星吴用大叫一声道："慢！"

"什么事？"宋江紧张地问。

吴用手指四周的芦苇，侧耳细听，口中说道："恐防有埋伏！"

宋江侧耳细听，隐隐约约听到芦苇丛中有响动，急忙一挥手，大声说："撤！"

话音未落，突听一声炮响，众人回头一望，见从芦苇丛中驶出无数战船，截

"文青"皇帝 宋徽宗

住后路,正在惊慌之时,前面又是一声炮响,从港湾里驶出许多战船,一字儿摆开,挡住前进之路。

吴用叹道:"梁山泊经历大小数十余战,不想今天却中了他人之计!"

"现在如何是好?"宋江问道。

"为今之计,只有分兵前后抵敌,冲杀一阵后,再看情况以定进退。"

宋江传令各船,后面一半船只调转船头迎战身后的敌船,前面的船只继续向前冲杀。

张叔夜正站在高处指挥战斗,看到宋江船队的动向,笑着对左右说:"听说梁山泊的吴用号称智多星,用兵如神,今日一见,不过尔尔。从前官军屡败在吴用之手,并不是他善于用兵,而是官军无用啊!"

左右不解其意。

张叔夜指着海面解释说:"宋江的船队要想脱身,就得集中兵力,要么是进,要么是退,而他现在却分头迎战,宋江今天是必败无疑了。"

张叔夜一声令下,身边的大旗挥动。

突然间,官船中纷纷抛出无数引火之物,落在起义军的船上。吴用大叫:"不好,敌人要用火攻。"

话音未落,又从官船上飞来无数的火把,点燃了抛过来的引火之物,霎时间,宋江的战船纷纷起火,烈焰冲天,将四周的海面照得通红。起义军的船只左右不能相顾。宋江和吴用只得指挥大家一边扑火,一边射箭,杀开一条血路,向深海逃去。

其余各船,也纷纷起火,仓促间来不及施救,船上众头目,有的跳水逃命,有的冒死突围,然而,突出重围的只是少数,大多数人都做了官军的俘虏。

宋江的坐船突出重围,航行数十里后,见后面没有追兵,便在一个小海岛边暂行停泊。过了半天,阮小二、阮小五、阮小七、童威、童猛、张横、张顺等几个颇识水性的头领陆续跟了上来,再过一会,武松、柴进等一班人,驾着几只残缺不全的破船也靠了过来,人人都是一脸烟灰,衣服烧得大洞连小洞,狼狈不堪,大家垂头丧气,不发一言。

宋江计点人数，竟只剩下十几个头领，包括副将卢俊义在内的众弟兄生死不明，不禁号啕大哭起来。

吴用在旁劝导，说哭也无益，很多兄弟都被官兵捉去了，还是要想办法保住他们的性命才是。宋江止住了哭，含着泪说："海州城乃弹丸之地，有多少精兵猛将，能凶到哪里去？不如派人回梁山，出动全寨兵马，与他决一死战。"

"不可！不可！"吴用制止道，"大哥曾见过官军旗帜，有一斗大的'张'字吗？"

"看是看到了，这个姓张的究竟是何许人也，怎么如此厉害？"

吴用猜测道："会不会是张叔夜？"

"张叔夜？"宋江问道，"何许人？"

"张叔夜字嵇仲，善于用兵，曾为兰州参军，屡立战功，羌人听到张叔夜的名字，闻风丧胆，西北边陲才得以安宁。"吴用说道，"听说此人调任东南，难道海州的长官，便是此人不成？"

阮小二接口说道："海州知州确实是张叔夜。"

"真的是他？"吴用叹道，"此人在此，看来没戏了！"

"难道就弃众弟兄的生死于不顾吗？"宋江反问道。

"识时务者为俊杰。"吴用道，"要保全众弟兄的性命，只有一条路可走！"

"哪条路？"

吴用看了在场的人一眼后说："投降！"

吴用的话，像一滴冷水掉进了油锅里，立即炸开了。反对者有之，赞成者也有之。

宋江叹口气说："这也是权宜之计，先将弟兄们救出来再说吧！"

吴用自告奋勇走一趟。事情就这么定下来。

"文青"皇帝 宋徽宗

招安

梁山泊的各位英雄，散落在海滩上，大家唉声叹气，情绪低落，宋江呆在海边，时而抬头远望，时而来回走动，显得非常不安，转眼间，已经是日薄西山，天色渐渐黑下来，宋江的心，渐渐地凉了，正在绝望之际，不知谁喊了一声："你们看，军师的船回来了。"

众人抬头望去，果见大海之中，一艘孤帆向小海岛使来。来船渐渐驶近，吴用站在船头向大家招手。

船靠近海岛后，吴用从船上跳下来，宋江迎上前去，迫不及待地问："被俘的兄弟们怎么样？归顺之事如何？"

"别急！别急！"吴用见大家企盼的眼神，大声说，"被俘的弟兄包括卢二哥在内，都关押在海州城，暂无性命之忧。"

"请降之事呢？"宋江紧张地问。

"张知州也答应了。并教我们去助征方腊，大家也好图个进身，我已自作主张，与张叔夜约定，明天同大哥一同前去与他面谈。"

"事已至此，也只好如此了。"

在场的人，虽然有的人对宋江的决定不怎么满意，但也没有提出异议。

次日，宋江率领手下众头目乘船到达海州，下船上岸，直奔州署，沿途并无人阻拦，海州虽然滨临大海，但海州城却距海数里，宋江舍舟登陆，徒步入城，到了州署，吴用上前向守卫的衙役通报，说是梁山泊众头领求见。衙役早就得到吩咐，回答道："知州大人已等候多时，请各位跟我来。"说罢，在前带路，引众人入内。

宋江及吴用等人刚进入州衙大堂，便见一位将军从屏后出来，徐步登堂落座，宋江见他面带微笑，和蔼可亲，两眼射出一束神光，不怒而威，料定此人就是张叔夜，趋步上前跪拜道："草民宋江，向知州大人磕头。"

紧随其后的众人，也一齐跪下磕头。

"你就是宋江吗？"张叔夜面无表情地问。

"草民正是宋江。"

"今日来降，可是心甘情愿？"

"草民都是诚心归顺朝廷。"

"嗯！"张叔夜点点头说，"如果不情愿，本官决不勉强，当放你们回去，重整旗鼓，再决雌雄！"

宋江惶恐地说："罪民等原不敢反叛朝廷的，只为被贪官污吏所压迫，奸佞权佞所陷害，才不得已而如此。今蒙知州大人开恩见谅，罪民等情愿归降！"

张叔夜道："如此，大家且起来！"

宋江、吴用等人谢过后，起立一旁。

张叔夜正色地对宋江等人说："你们都是大宋子民，占山为王，落草为寇，公开与官府为敌，尽管有些人是情不得已，但总还是犯了大逆不道之罪。"

宋江等人听罢，立即跪下磕头。

张叔夜抬抬手，示意大家站起来，接着说道："我并不是说要治你们的罪。只要你们能悔过自新，本官也就既往不咎，并给你们一个报效朝廷，将功赎罪的机会。"

宋江恭谦地说："宋江与众家兄弟，愿替朝廷效力。"

"这就好！今天夜里，梁山的兵卒就驻扎在城外，本官将在州衙摆宴替各位头领压惊。"张叔夜看了众人一眼，温和地说，"明天，我给你们一道官凭，你们就到江涨桥军前效力，助阵攻打方腊，有了战功，也可博得个封妻荫子的前程。"

"那被俘的众家兄弟……？"宋江一直在担心被俘众兄弟的生命安全，忍不住插问了一句。

"这个请放心。"张叔夜哈哈大笑道，"他们都好好的，受伤的人，本官已派人替他们疗伤了。"

宋江深深一揖道："多谢大人！"

"文青"皇帝 宋徽宗

当天夜里,张叔夜在州衙大摆筵席,与梁山泊众头领压惊。宋江虽然频频向张叔夜敬酒,心里却感慨万千,天天盼望着招安,做个朝廷良臣,挣得功名,上可光宗耀祖,下可荫庇子孙。可一旦真的被招安了,却突然觉得心里空荡荡的,说不出是个什么滋味。千军万马霎时间烟消云散,弟兄们跟随自己出生入死,杀贪官,惩污吏,如今归顺了朝廷,却要与那些贪官为伍,是凶是吉,前途未卜。想到这里,再看看众弟兄,个个面无喜色,只是闷头喝酒,不禁心中凄然,连饮几杯,不觉已是酩酊大醉,再举杯向众弟兄敬酒时,已是双眶含泪。

张叔夜见状,知众人心情不好,怕喝多了闹出事来,连忙站起来说:"各位义士一天鞍马劳顿,想必都已经困了,今天薄宴就到此为止,大家举杯,喝杯团圆酒吧!"

宴罢,大家各回城外营帐中安歇。

卢俊义怏怏不乐,回到自己的营帐,正欲脱衣睡觉,燕青推门闪了进来,扑地便拜,卢俊义不知发生了何事,忙将他扶起来。

燕青问道:"此番朝廷招安,不知主人有何打算?"

卢俊义回答说:"我等本是大宋良民,为情势所迫,追随宋江哥哥落草为寇,原出于无奈。今既得朝廷招安,正可军前建功,博得个封妻荫子的前程,也不枉来人世走一趟。"

燕青凄然地说:"燕青自幼跟随主人,情同父子,主人若随宋哥哥受朝廷招安,燕青要就此别过了。"

"这又是为何?"

"兔死狗烹,鸟尽弓藏。"燕青道,"我们与宋大哥聚义的大事已了,断不可去朝廷受封做官,不如就此离去,隐姓埋名,找个僻静的地方,自耕自食,以终天年,岂不是更好?"

卢俊义两眼注视着燕青,仿佛是刚认识似的,停了一会,轻声问道:"此后,你将在何处安身?"

"浪迹天涯,四海为家。"燕青看了卢俊义一眼,凄怆地说,"小人本该去

向宋大哥辞行，想他是一个重情义的人，必不放我离去，故不敢当面请辞，留书一封，请主人在小人走后转呈宋大哥。"说罢，从怀里掏出一封书信递上。

卢俊义轻轻地叹了口气，伸手接过燕青递上的书信。

燕青对着卢俊义拜了八拜，起身出了营帐，飘然而去。

次日，卢俊义将燕青的信转交给宋江，众人得知燕青不辞而别，嗟叹不已，很多人心里也萌生去意。

张叔夜果然办了一纸官凭交给宋江，命他们限期赶到江南，协助征剿方腊。

宋江接过官凭，拜别了张叔夜，带领众弟兄返回梁山泊，遣散山寨的人马，毁了山上营寨，然后率领众头目，一起赶赴江南。

轰轰烈烈的梁山泊起义，以宋江受朝廷招安而烟消云散。张叔夜也因招降宋江有功而调任济南府。

第十四章

不一样的结局

催命的涌金门

宋江及梁山泊众弟兄共一百多人，离开梁山以后，日夜兼程赶往江南。

这一天，众英雄走到杭州境内一个叫江涨桥的地方，正逢熙河前军统领辛兴宗率兵同方七佛的东路军杀得难解难分。宋江见状，立即率众投入战斗，一齐杀向方腊的起义军。

方七佛的起义军突然遭到宋江这股生力军的冲击，阵脚大乱，官兵乘势一阵急攻，方七佛自知难敌，率众退守杭州城。

宋江即来中军求见，呈上张叔夜的官凭。

辛兴宗看过张叔夜的信，瞅了众人一眼说："既然是张知州命你们来的，那就留在帐下听用吧！"

宋江立功心切，献计道："我们前来投军，愿为朝廷效力。浙西久苦流寇之乱，将军何不乘势夺取杭州，然后溯江而上，进攻睦州呢？"

熙河前军统领辛兴宗，是一个心高气傲的人，他打心眼里就瞧不起眼前这个落草为寇的山大王，两眼瞪着宋江，冷哼一声道："有你说的这般容易吗？"

"将军如果攻打杭州，宋江愿打头阵。"宋江似乎没有注意到辛兴宗的口气。

"你有多少人马?"辛兴宗问道。

"一百多人。"

"一百多人?"辛兴宗冷笑道,"一百多人也想攻破杭州城?"

宋江愣住了,他没有想到辛兴宗会用这样的态度对他,嘀咕道:"将军不是还有兵马吗?"

"发我的兵力,用得着你做先锋吗?"

宋江虽然气往上涌,但又不敢发作。吴用发觉有些不对劲,连忙赔着笑脸说:"将军是全军统帅,我们只是听从将军调遣的小卒,攻打杭州,虽然胜负难料,但刚才这一仗,将军已经打得乱贼溃不成军,只要将军一声令下,杭州城也就指日可待了。"

辛兴宗听了这番恭维话,脸上才有了点笑容,随即派了一个千总,率所部千人与宋江等人一同攻杭州。

宋江及众英雄见辛兴宗态度冷漠,一下子从头顶凉到了脚板心,不满情绪逐渐上升,宋江也私下对吴用说,如果不是看在张知州的面子,干脆就重返梁山泊,继续做咱们的山大王去。

吴用虽然也有气,头脑却比较清醒,他说梁山泊也不是一个安乐窝,等攻下杭州、报了张知州的知遇之恩后,就离开这个是非之地,从此隐名埋姓,做个逍遥的闲民。

宋江等人觉得他说得有理,暂不提离开之事,一同前往杭州。辛兴宗派来的千总也随后领兵出发。

宋江等人在行进途中,击退了阻拦的方腊小股部队,直抵杭州城下。千总率千余名官兵来到杭州,却不敢靠近杭州城,在离城十里之处扎住营寨。

宋江见官军驻扎不前,知道这些人靠不住,同吴用及众弟兄站在杭州城外,指指点点,商议攻城之策。恰在此时,突然城门大开,方七佛率兵从城中杀出来。

"文青"皇帝 宋徽宗

原来，守城的起义军看到城外有百来号人站在山岗上冲着杭州城指手画脚，立即报告了方七佛，方七佛见敌人不多，立即率数千兵马杀出城。宋江见敌众我寡，急令撤退，方七佛率兵随后紧追，追赶一程后，遥望前面有官兵驻扎，疑有埋伏，率兵退回城中。

吴用见起义军已回，择地安营，然后分派几拨人员潜往城下刺探敌情，深夜，派出去的人陆续回来了，都说杭州城戒备森严，无隙可乘。

宋江听了，紧锁眉头，一言不发。

浪里白条张顺说："有一个地方或许可以一试。"

宋江急忙问："什么地方？"

"涌金门。"张顺说，"涌金门下的水道与西湖相连，从涌金门潜水可以进入杭州城。"

"不行。"吴用说，"涌金门城楼上有重兵把守，从那里进不了城。"

"我去吧！"张顺自告奋勇地说，"我从涌金门潜水入城，进城之后，放他一把火，内应外合，自然就可以攻破城池。"

吴用沉思良久，说道："这是一着险棋，但可一试，只是仅凭梁山泊来的这百来号人，是不足以破城的，只有通知官军，请他们接应，才有胜算的可能。"

吴用的意见，得到宋江等人的赞同。

鼓上蚤时迁又提出一个建议，说艮山门一带的城墙残缺不全，可在夜间摸黑从那里扒进城去，与从涌金门进城的张顺配合，胜算会更大。也得到了众人认可。

宋江将攻城计划报给官军，请他们到时跟进。官军得报，同意到时出兵。

吃过晚饭，张顺扎束停当，带着利刃，进帐辞行。吴用不放心张顺一个人前去冒险，吩咐阮氏三兄弟一同前往。

张顺的哥哥张横得知弟弟要孤身入城，当然不放心，坚决要求与弟弟同往。这就是打虎也须亲兄弟，上阵还要父子兵。吴用同意他们五人同往，并吩咐他们，能进则进，不能进就退回来另想他法。

不一样的结局　第十四章

张顺拍着胸脯说："不论好歹，我都要进去一探，虽死无憾。"

吴用见张顺未出师便先说一个死字，一股不祥的预感涌上心头，本想取消这次行动，但箭上弦，不得不发，只得吩咐张横与阮氏三兄弟一同随行，千万要小心从事。

随后，又送走了时迁这一拨人。

先说张顺、张横与阮氏三兄弟，乘着夜色摸到涌金门外，已经是半夜时分，他们脱了衣服，悄悄溜下水，慢慢地摸到城边，见入口处有铁栅拦住，栅拦上还有渔网罩在上面，张顺伸手欲扯开渔网，不防网上挂着铜铃，刚一拉动，立即铃声乱响。城楼上有人大喊："有贼！有贼！"

几个人慌忙潜入水底。稍停片刻，见没有动静，几个人又悄悄地浮出水面，只听见城楼上有人说："城外并无一人，莫非是湖中大鱼，游进池里来了？"

几个人在水中等了一会，见没有动静，张顺又想进去。张横认为城上守备森严，还是退回去另做打算，阮氏三兄弟也劝张顺不要冒险。

张顺执意不从，示意大家退后，他一人游到铁栅栏边，试了试，栅密缝窄，钻不进去，摇了摇，栏栅纹丝不动，他便用刀挖泥，拔去两根栏栅，刚好够一个人钻进去。张顺侧身钻了进去，突然，铃声乱响，原来触动了机关。张顺正想返身钻出来，突听上面一声怪响，巨大的闸门"哗"地一声压了下来，张顺退让不及，被活活地压死在闸下。

再说时迁，飞墙走壁本来就是他的看家本领，他趁黑扒上城墙时，突然看到一条大蛇冲着他昂头吐舌，心中一惊，失足从城墙上坠落城下，脑浆迸裂，死于非命。随同的人带回了时迁的尸体。

其实，时迁看到的并不是蛇，而是方七佛的人用木头做成的假蛇，黑夜之中，看不仔细，做了一生窃贼的时迁，却遭了暗算。

宋江、吴用见两路人马都失败了，一面派人报告官军，一面带人马退回

"文青"皇帝 宋徽宗

原处。

后人为了纪念张顺、时迁，曾在杭州城内建了一座张顺庙；艮山门附近建了一座时迁庙，梁上君子每作案前，都要来拜见他们的祖师爷。这些在正史虽然没有记载，稗官野史的记载恐怕也非空穴来风。

曲终人散

次日，中军统制王禀率领人马抵达杭州，宋江等人进见王禀，把攻城不果，张顺、时迁为国捐躯的情况作了汇报。王禀问明白后，叹息不已，说烈士捐躯，当传名千古，他将代为向朝廷申报。并说辛统领仅拨千人助阵，有些不妥。他率兵赶来，也是这个原因。并吩咐宋江等人暂且休息，明天一起攻城。宋江见王禀与辛统领态度大不相同，心里稍觉宽慰。

王禀传命，次日三更造饭，四更出发，五更直抵杭州城下。

方七佛见官兵前来攻城，大开城门，率军出迎，两阵对圆，宋江带领梁山旧部奋勇杀向敌阵，方七佛猝不及防，被随后而至的官兵冲乱了阵脚，无奈之下，只得撤兵退入城中。

梁山旧部急先锋索超，赤发鬼刘唐大喊："替张兄弟报仇，杀！"紧随方七佛的队伍，杀入城中。

方七佛进城后，并不停留，穿过城内的第二道门。

刘唐、索超正欲跟进，不想第二道城门一下关上，眼见不能杀入，急速退回，不想身后城门的大闸突然坠下，前后城门关闭，四周都是高墙，刘唐、索超等人被关在里面插翅难飞。正在惊慌之际，四周城墙上，万箭齐发，可怜刘唐、索超及一众人等，被射成了刺猬。

不一会，杭州城楼上，挂出了刘唐、索超的人头。

不一样的结局 第十四章

王禀见城门紧闭,只得传令回军。

宋江见从梁山泊带来的弟兄接连死了数人,伤感不已,心里已萌生退意,入夜时分,几拨人来找宋江,说不想替朝廷卖命,欲就此离去。宋江答应他们,待攻下杭州城后,大家一同走人。宋江这一犹豫,又使数名弟兄走上了不归路。

此后数天,王渊、刘延庆、杨可世、刘镇等诸路兵马奉童贯之命,前来围攻杭州。无奈方七佛仍是闭门不出,看着高高的城墙,官军也没有破敌之策,战场上,两军形成僵局。

这一天,宋江得到一个消息,方七佛的运粮船队已经进入钱塘江,不日将抵达杭州,他将这个消息报告给王禀。王禀欲夺下这批粮草,城中无粮,则贼人自溃。

"不必夺粮。"吴用提出了不同意见。

"为什么?"王禀不解地问。

"派人乘机混入城中,夺下杭州城,岂不是更好?"

"你大概已有了办法吧?"

吴用笑了笑,立即说出了他的计策。王禀听罢大喜。

钱塘江上,起义军一支庞大的运粮船队缓缓而行,过一个江汊,从内河驶出几只小船,船上同样装的是粮食,小船驶入钱塘江,尾随在大队运粮船后,刚开始尚保持一段距离,渐渐地,越走越近,最后竟首尾相连。

从内河出来的几条小船,表面装的是粮食,底下却暗藏兵器、火药等引火之物。船上的艄公艄婆,是梁山泊的旧部凌振、杜兴、李云、石秀、邹渊、邹润、李立、穆春、汤隆、阮氏三兄弟、童威、童猛、扈三娘、顾大嫂、孙二娘等人乔装。

方腊的运粮官见从内河驶出的几条船,上面都是普通老百姓,船上装的也是粮食,并没有在意。继续向前行走。当运粮船队靠近涌金门时,城中的守兵一阵呐喊,拉开闸门,粮船鱼贯而入,假粮船竟然也尾随其后,进了涌金门。船队进

"文青"皇帝 宋徽宗

去后，涌金门的大闸重新落下。

守城兵士正欲逐船查看，忽听到城外炮声响起，官军开始攻城了。不知谁喊了一声，方大帅有令，所有人等，赶快上城墙守城。

守城的起义军来不及查验粮船，匆匆上城去了。

粮船刚进城，官军便放炮攻城，拿捏得恰到好处，这些都是预先设计好的方案，目的就是要使守城的起义军来不及验船，混进去的人好乘机浑水摸鱼。

果然，凌振等人乘乱将炮石运上岸，找一个僻静处，立即放起了号炮。

方七佛见城内有变，立即下城墙察看。这时，城外的官军对杭州城发起了猛烈攻击，武松、李逵、石秀等人奋勇当先，搭上云梯，登上了城墙。这些杀人不眨眼的魔头登城后，将压抑在胸中的怒火全都发泄出来，见一个，杀一个，见两个，杀一双。方腊的起义军，还没有碰到过这样能杀的，一时大乱。

由水路进城的石秀、阮氏三兄弟等人，乘机杀退守城门的起义军，打开了城门。官军发一声吼，一齐涌入城里。

方七佛见大势已去，带了几个亲信，杀出南门，转而向西逃命去了。

武松眼尖，见方七佛带人逃走，来不及招呼同伴，放开脚步，一个人尾追而去。

方七佛发现后面有人追赶，欺武松是孤身一人，招呼同伴勒转马头，向武松迎了上去。武松竟毫无惧色，冲上前去。

方七佛指挥手下将武松团团围住，如猫戏老鼠一样，展开了搏杀。武松虽然英雄了得，但双拳难敌四手，何况方七佛也是一个骁勇善战之人，武松完全没有胜算的机会。慌乱间，躲闪不及，一条左臂，硬生生地被方七佛砍断。眼看武松性命不保，突然从斜次里杀出一员小将，只见他银盔绿铠，挺一杆梨花枪，跨一匹紫骝马，拍马上前，大叫一声："拿命来！"

方七佛正欲下马取武松的性命，见有人前来搅局，撇开武松，举刀相迎，两人立即战在一处，杀得难解难分。

此时，官军大队人马赶到，张横见武松断了一臂，拼命地冲上前去，欲救出武松，武松单手握刀，断臂鲜血直流，两眼喷出万丈怒火，紧紧盯住场上厮杀的

两人，就是不肯离去。张横只好护在武松身边。

宋军中都统王禀见一员小将战住方七佛，丝毫不落下风，问左右，这是谁的部下。王渊说这员小将姓韩，名世忠，是他的部下，从军以来，英勇善战，立过不少战功。

说话间，场上两人已经战了百十回合，只听方七佛大吼一声："下去吧！"一刀向韩世忠劈头盖脸地砍下来。

"未必！"韩世忠双腿一夹，坐下紫骝马突然横纵两步，方七佛砍了个空。

宋军阵中，一片叫好。乘着方七佛一愣之际，韩世忠拿枪当棍使，反手扫了过去，方七佛要躲也来不及，扫在大腿上，撞下马来。

武松见方七佛落马，一个箭步冲上去，挥刀砍下方七佛的人头。

方七佛授首，官军收复了杭州。大军进驻杭州城。

是晚，宋江带着众弟兄入帅府拜见王禀，说梁山泊弟兄一百零八人，义同生死，杭州一战，阵亡数十人，虽然都是为国捐躯，但不免有兔死狐悲的感觉，众人身心疲惫，情愿散归故土，回家去种田谋生。

"官军正欲攻打睦州，"王禀问道，"难道你们不愿往吗？"

独臂人武松指着自己的断臂说："我已成了废人，弟兄们多数都已受伤，还能随军攻打睦州吗？"

王禀见众人去意已决，惋惜地说："既然各位去意已决，我也不便强留。"便命军需官取过若干银两，说是散给众人做路费。

"钱乃身外之物，要有何用？西湖景色甚佳，我打算出家做和尚去了。"武松说罢，飘然而去。

宋江众人，有斟取路费的，有分文不取的，随即告别自去。轰轰烈烈的梁山泊英雄大起义，就此曲终人散。

王禀看着离去的众人，叹息不已。

宋江等人此后的踪迹，史书未曾见载，至于通俗小说中说宋江授为平南都总

"文青"皇帝 宋徽宗

管，率部往讨方腊，都是子虚乌有之谈，不足凭信，武松独手擒方腊，也属以讹传讹。惟武松墓、张顺庙、时迁庙尚存西湖，却是实迹，想必宋江等人投降张叔夜、依张叔夜之命，投奔江南军前效力，助官军收杭州，确非空穴来风。

慷慨就义

方腊的部下，惟方七佛最为悍勇，杭州落陷，方七佛战死，起义军东路军全军覆没。方腊得知杭州兵败，大将方七佛战死，不觉心胆俱落，带着妻妾和身边的官员，逃回青溪老巢去了。

官军乘势大举进攻，收复失地。

杨可世、赵明率领环庆兵由泾县过石壁隘，杀敌三千余人，攻克旌德县；

刘镇率领泾原兵，在乌村湾大败起义军，收复宁国县；

六路都统制刘延庆，由江东入宣州，与杨可世、刘镇二军会合，同攻歙州。歙州守城义军闻风而逃；攻克杭州后乘胜出击的王禀、王渊的部队，也连克富阳、新城、桐庐各县，直捣睦州。

睦州起义军出城迎战，王禀当先驱杀，辛兴宗、杨惟忠等，分两翼夹击起义军。

起义军是由一些没有经过任何正规训练的农民组成的乌合之众，与这些在西北前线久经战阵的正规军相比，差了几个档次，尽管采取不怕死的打法与官军拼命，终归实力相差悬殊而溃不成军。官军一举攻占睦州。

童贯率各路兵马会师青溪，欲在这里全歼方腊，赶到青溪一看，青溪却是一座空城，原来，方腊见官军势大，在官军未到之前便撤走了。

童贯进驻青溪，派人四处打探方腊的踪迹，却找不到他的藏身之处。方腊和他身边的人，就像从人间蒸发了一般。

第十四章 不一样的结局

王渊的偏将韩世忠认为，方腊必藏身于帮源峒。并将这个想法告诉了主帅王渊。王渊似乎不相信，说派出去的人也曾去过帮源峒，并没有发现方腊的一兵一卒。

"帮源峒是方腊起事的地方，山多林密，岩壑深邃，深山峡谷之中藏得下千军万马，不身临其间，很难发现。"韩世忠分析说，"方腊和他的数万兵马，行动起来目标很大，怎么能突然之间消失得无影无踪呢？就是一群鸟从天空飞过，也会有个踪影，何况数万之众？狡兔必有三窟，方腊藏身的地方，只能是帮源峒。"

王渊将韩世忠的意见转告给童贯，童贯觉得有理，下令围搜帮源峒，谁捉到方腊，谁就是南征第一功。

搜山令一下，各路将士，谁不想争得头功。于是，都像猎犬一样，争先恐后，东寻西觅，把一个帮源峒搜了个底朝天，仍然不见方腊的踪影。众人以为韩世忠的分析靠不住，渐渐地便懈怠下来。

韩世忠坚信方腊就藏在山中，带领手下几十个弟兄，沿着一条山涧，向里搜去。忽然发现对面树林里有个人影一晃，立即带人扑了上去，谁知树林里的人并不躲闪，竟然从里面钻出来，站在那里等着官兵。

韩世忠带人靠近那人的时候，那人问他们是不是在找方腊。韩世忠警惕地看着那人，答应说是。那人自我介绍，他叫方庚，是本地人，知道方腊的藏身之处。

原来，方腊的起义军攻陷青溪县城的时候，方庚乘乱逃脱。他知道，落入方腊之手，只有死路一条，因为他是告密者。后来，方腊起义的声势越来越大，他就更不敢露面了，整天躲躲藏藏不敢见人。连日来，他知道官军搜山，找的是方腊，他是本地人，知道帮源峒的一沟一壑，一石一洞。为了除去心头之患，报杀父之仇，他决定再次向官府告密，捉拿方腊。

"文青"皇帝 宋徽宗

韩世忠在方庚的带领下,翻山过涧,来到帮源峒东北的一处大山谷。

方庚指着密林深处对韩世忠说,这条山谷叫桃园谷,不是本地人,很难找到这个地方,谷内半山中,有一个深约里许的石洞,叫梓桐洞,梓桐洞分上、中、下三层,极为隐蔽,即使走到山脚,也不易发现此洞,方腊就躲在梓桐洞里。

韩世忠带人悄悄地靠近梓桐洞,果然见密林深处有一木制黄屋,数百彪形大汉握刀执剑守卫在那里。十几个美貌女子伴着一个黄袍虎须的人坐在那里。韩世忠料定黄袍虎须者就是方腊,一催坐骑,向黄屋冲去。

众护卫突然见有人杀来,刀剑并举,仓促应战。韩世忠大发神威,左手挺枪,右手挥剑,远的枪挑,近的剑劈,不到盏茶工夫,枪挑剑劈,地下躺倒一片死尸。其余的护卫吓得胆裂心碎,无人敢再上前,各自逃命去了。

韩世忠也不追杀,飞马入屋,轻舒猿臂,把方腊提到马上,往原路驰回。刚走到谷口,突然见熙河统帅辛兴宗率兵过来。

原来,辛兴宗得知有人探得方腊的藏身之处,立即带领部下赶过来,他是来抢功的。辛兴宗见一员小将,马上横着一位身穿黄袍的人,料定被捉之人是方腊,大喝一声:"把人留下!"

韩世忠见是熙河统帅辛兴宗,立即滚鞍下马,把方腊丢在地上,站在路边,双手一揖,毕恭毕敬地说:"卑职见过辛统帅!"

辛兴宗喝令手下将方腊绑了,然后问韩世忠:"里面的贼匪都除干净了吗?"

韩世忠回答说都在山谷里,还来不及斩杀。

辛兴宗带领人马再入山谷,将方腊的老巢一锅端了。

帮源峒最后一战,据正史记载,官军杀死起义军七万余人,其他胁从百姓四十余万,一律勒令回归本业。而据《青溪寇轨》记载,官军杀死"贼寇"一百余万,伤及平民超过二百万,谁也搞不清楚这里面到底有多少冤魂。

童贯得知捉到方腊,大喜,将征南第一功,记在辛兴宗的名下。

韩世忠的几个同伴为他不平,韩世忠却淡淡地说,做人只要问心无愧即可,不必计较那种空名。这个被人夺走征南第一功的小将,后来成为南宋"四大中兴名将"之一，这是后话。

方腊领导的农民起义，攻破北宋六州五十二县，死亡的平民达二百万。官军从出征至剿灭，历时四百五十天，用兵十五万。

方腊被擒后，于宣和三年（1121年）三月连同他的妻子邵氏、儿子、将领等共五十二人，一同押往京师。方腊被凌迟处死，其他人众也都被处死。

一场轰轰烈烈农民起义，以方腊身首异处而告终。

方腊与宋江，各自领导了一场轰轰烈烈的农民起义，一样的开始，不一样的结局。

赵佶下诏，改睦州为严州，歙州为徽州。

童贯因南征有功，升任太师，封楚国公。各路统帅，也都论功行赏，各回原来镇守的地方。

北宋内乱刚平，外患又起，这一次外患，成了北宋的催命符。

第十五章

北伐惨败

与狼共舞

在赵佶暂罢北伐之议，集中力量平定内乱，镇压了宋江、方腊农民起义后，又把注意力转向了北方。

辽国在金国的猛攻之下，已经处在风雨飘摇之中。

宣和四年（1122年）正月，金主完颜阿骨打命大将斜也带兵攻打辽国的中京大定府，辽兵弃城而逃，金兵乘胜追击，再取泽州。

辽主天祚皇帝耶律延禧同北宋的皇帝赵佶一样，也是一个昏庸之主，当金人入侵他的家园的时候，他却在鸳鸯泺打猎，得知金人端了他的老窝，吓得胆战心惊，带着五千卫士，狼狈地逃往西京云中府，慌乱之中，竟然连传国玉玺都落到桑乾河中去了。

金将斜也兵分两路，他亲率一路越过青岭，命副将宗翰从瓢岭出击，两路会合，袭击辽主耶律延禧的行宫。

耶律延禧吓得无计可施，再次练起了跑功，乘轻骑逃到大山里去了。

金兵乘胜追击，攻克西京云中府。

按宋、金海上之盟的约定，金军负责攻打燕云十六州以外的三个都城上京

北伐惨败 第十五章

临潢府（内蒙古巴林左旗）、中京大定府（内蒙古宁城）、东京辽阳府（辽宁辽阳）；宋军负责攻打西京云中府（山西大同），燕京析津府（北京）。

开战以后，金军势如破竹，很快就把那三座都城攻下了，最后顺手牵羊，连西京也占领了。金军打到燕山后就停下来了，因为按照约定，燕山府应该由宋军攻打。于是，金主完颜阿骨打派人出使宋廷，催促北宋政府按约出兵攻打燕京（今北京）。

赵佶本不想用兵，但看到辽国节节败退，契丹铁骑并没有想象中的那么所向无敌，又动了收复燕云十六州的念头，于是命童贯为河北、河东路宣抚使，屯兵于边，时刻准备出兵。

当时有许多大臣反对出兵，江南方腊起义刚刚平定，士兵需要休整，赵佶也显得有些犹豫。

王黼是主战派，他鼓动如簧之舌，撺掇赵佶说："中国与辽国虽为兄弟之邦，然而百年来，辽国动辄以开边要挟我朝，此仇不可不报。况且兼弱攻昧，乃兵家常事。辽国已成强弩之末，正是收复燕云十六州的最佳时机，此时不收复燕云十六州，恐怕燕云十六州就永无归期了。"

徽宗经不住蛊惑，当即决定出兵。

王黼又给童贯写信说："太师如果要北伐，我愿尽死力帮助。"

此时，蔡京已经奉诏退休，王黼升任少宰。

王黼又提出一个建议，北伐不可由枢密院主持，而由宰相主持。赵佶也同意了。这样，王黼在三省设置经抚房，主持北伐大计。提议以童贯、蔡攸为正、副宣抚使，种师道为都统制，领兵十五万"吊民伐罪"，并在全国范围内普征人口税，计得钱六千二百万缗，供北伐之用。

童贯等人更是摩拳擦掌，跃跃欲试，已经做起了建功立业的美梦了。

中书舍人宇文虚中看出了问题的严重性，上疏说："用兵之道，必须先考虑强弱虚实，知己知彼，以防万一。如果说起军备经费与贮备，主战的统兵大帅会说绰绰有余，边防州县财政军粮空虚匮乏则被忽略不计；如果说起兵士的强弱，

"文青"皇帝 宋徽宗

统兵大帅会说兵甲精锐，而边防州县的兵备废弛则置之不问。边境上没有攻守器具，军府里只够几天的军粮，就是孙武再世，这个仗也没法打。"宇文虚中进一步分析说，"今边防部队可用者不过数千人，而契丹耶律淳智勇双全，颇得人心，如果据城自守，也未必能阻敌于城下。何况契丹与中国讲和，已逾百年，彼虽有贪婪之举，不过欲得关南十县之地，虽然很傲慢，不过是待我朝使者礼数不周而已，这些都是枝节问题，不必太过认真。自女真侵辽以来，辽朝向慕本朝，一切恭顺，如今舍恭顺之辽朝，而欲以强悍之金国为邻，臣恐中国之边境，未有宁期了。"

赵佶将宇文虚中的奏疏交给三省讨论。宰相王黼大怒，将宇文虚中降职为集英殿修撰，不让他起草诏书了。与此同时，王黼又加紧督促童贯进兵。

宋朝的君臣，都在做着一个相同的梦：辽国不战而降，燕云十六州回归。

蔡攸不懂军事，认为此次北伐，就是去同辽国办理燕云十六州的交接手续。出征之前，兴奋地进宫去向赵佶辞行，恰好碰上赵佶搂着两个宫女在调笑。蔡攸看到赵佶美女在怀，浑身热血喷张，欲念上升，两眼射出贪婪的淫光。

赵佶似乎并不忌讳，冲着蔡攸问："有事吗？"

蔡攸收回淫光，笑嘻嘻地说："臣是来向陛下辞行的。"

"啊！"赵佶在怀中美人的脸上亲了一口，笑呵呵地说，"祝你马到成功！"

蔡攸突发奇想，正色地说："臣凯旋归来，请陛下赏赐臣一样东西。"

"什么东西？"赵佶好奇地问。

蔡攸立即换了一个面孔，指着赵佶怀里的两个美人，涎着脸，笑嘻嘻地说："将这两个美人赏给臣。"

赵佶竟一笑置之，并无怒色。

"默许就是表示同意，陛下已经许臣，臣去了。"蔡攸说罢，返身自去。

一个君王，一个大臣，竟然形同市井之徒，构成北宋王朝一道奇特的风景。

老奸巨猾的蔡京，首创平燕之议，又担心宋兵将来遭败，殃及自身，写一首诗寄给蔡攸说：

> 老懒身心不自由，封书寄与泪横流。
> 百年信誓当深念，三伏征途合少休。
> 日送旌旗如昨梦，心存关塞起新愁。
> 缁衣堂下清风满，早早归来醉一瓯。

蔡京的诗句传入宫禁，赵佶只改"三伏征途"为"六月王师"，对他出尔反尔，要求珍惜宋辽信誓之语，也未加责备。

蔡攸北上与童贯会合，蔡京又写诗送行说：

> 百年信誓宜坚持，门月行师合早归。

表明他不赞成出兵。他的如意算盘是，如果将来宋兵获胜，他首建平燕之议，自然是功臣；如果兵败，他早有诗句谏诤不可北伐，如此一来，他就左右逢源，立于不败之地。

此时，种师道所率的西北十万大军，已经奉旨换防河北，都开到了前线。童贯在京畿禁军中也凑足了五万"精兵"，校场点兵后，正式出师北伐，向雄州进发。

临出发前，王黼拉着童贯的手，祝他马到成功，叫他安心在前方打仗，自己在朝中一定会倾全力支持他。

辽国是宋朝的"友好"邻邦，金人攻打辽国，相对于宋朝，等于是强盗进了邻家，宋朝不但没有帮邻居捉强盗的意思，反而要乘人之危，前去与强盗分一杯羹。

"文青"皇帝 宋徽宗

阉官掌兵

童贯、蔡攸率北伐之师，浩浩荡荡地到了高阳关。途中遇到辽国的使臣，辽国使臣对童贯说，他是奉辽国天锡皇帝之命，前来与中朝继续修订盟约，请求宋朝不要乘人之危，落井下石，出兵攻打辽国，作为交换条件，辽国情愿放弃宋朝每年给辽国的岁币。

童贯不屑地说，灭了辽国，还有人向我们要岁币吗？

辽使见童贯不但不答应重修盟约，而且还将自己羞辱了一顿，恨声而去。

辽国皇帝本是天祚皇帝耶律延禧，为何冒出了一个天锡皇帝呢？原来，耶律延禧出走云中府，宰相张琳，参政李处温，与都元帅耶律淳一同镇守燕京。耶律延禧逃进夹山，号令不通，而且，金军撒下了天罗地网要抓他。参政李处温与族弟李处能，儿子李奭，外联怨军，内结都统萧干，与众大臣集番汉诸军，拥立耶律淳为帝，称天锡皇帝。

遥降天祚皇帝为湘阴王。当他得知宋朝趁火打劫、出兵来攻的时候，派使臣到童贯军前议和。使者在童贯那里受了一顿羞辱之后，回来如实向耶律淳作了汇报。

天锡皇帝听后，大骂童贯、蔡攸不是东西，说辽国与金人打仗虽处下风，但对付宋朝却是绰绰有余。于是命耶律达石为统军，以萧干为佐，准备迎战宋军。

童贯率五万大军经高阳关到达雄州，种师道率十万西北军已先期到达，在城外建立元帅府，童贯也派先行人员在城内组建了宣抚使衙门。

童贯到达雄州，立即召开军事会议，西北军的大部分将领都服种师道，不知有童贯、蔡攸。因此，在会上出现了一个小插曲。

童贯、蔡攸先到达会场，童贯居中坐，蔡攸坐在童贯右边的座位上，左边之位留给都统制种师道。众将陆续到达会场，众将各自依次排班站好，等候种师道上座，好行参见元帅大礼。

种师道进入会场，朝上面看了一眼，停住了脚步，叫人搬来一张椅子放在大门正中，与童贯相对而坐。

众将看在眼里，心里雪亮，他这是在抗议。

原来，古代文武百官上朝，左班为上，右班次之；左班是在皇帝的右手，所以左相在右相之上。现在，蔡攸坐在童贯右边，显然是把种师道这位全军统帅摆在了蔡攸之下，成了第三号人物。

童贯并不是不知道这个规矩，他是有意压低种师道的地位。如果是上朝，蔡攸是少保，官位在种师道之上，这样排位次，也是顺理成章。然而，这不是在朝堂，而是在前线的军事会议上，这种排法，就值得商榷了。种师道是一个边关老将，他根本就不把完全不懂军事的蔡攸放在眼里，看到座次如此排法，当然不服气，不就座，就是抗议。

童贯见种师道坐得远远的，请他到前面就坐。种师道冷着脸问："这是军事会议，谁主持？"

"当然是宣抚使与将军主持。"

"上面不是已经坐着两个主持人吗？"种师道说，"我这个将军，就坐在下面当听众好了。"

"啊！"童贯装着笑脸说，"本使失言了，请元帅上坐。"

"你身边只有下坐了，本帅还是坐在这里好。"种师道仍然不肯到前面去就座。

"种元帅。"童贯解释说，"蔡副使官居太保，上座也不为错。"

"那就上朝堂去吧！这个军事会议就别开了。"种师道站起来说，"要不，就请副使大人统帅全军，指挥作战吧！老朽情愿听从调遣。"

童贯被顶得两眼直翻，半天说不出话。

童贯这一次是宣抚使，是此次北伐军的统帅，副使蔡攸，顺理成章地就是副统帅。但在宋朝，都统制也是统帅，都，就是统的意思，全军的总统制官，不是元帅又是什么？可是，在童贯心中，这一次他不是有名无实的监军，而是有指挥

"文青"皇帝 宋徽宗

权的统帅,他要把种师道的指挥权夺过来,真正过一把统帅的瘾。

种师道本来就不赞成北伐,但被任命为都统制,他还是要争这个指挥权,在他的眼里,监军也好,宣抚使也罢,都是不知兵的文人,真正打起仗来,还是要靠他们这些久经沙场的将军来指挥。种师道尽管心里这样想,还算沉得住气,嘴上没有说出来。

童贯脸上却有些挂不住了,质问道:"种元帅到底想怎么样?"

种师道见童贯逼着他摊牌,指着蔡攸说:"请这个混世魔王让座。"

蔡攸一听,气得暴跳如雷,而众将军听罢,却哄堂大笑。原来,蔡攸这个"混世魔王"的雅号是御封的。

蔡攸这个封号,并不是很光彩。

有一次,蔡攸陪赵佶喝酒,他装扮成小丑与众女滚成一团,引得赵佶捧腹大笑。蔡攸乘机献媚地说:"陛下,臣与陛下共享太平之乐,竭忠尽力使陛下乐趣无穷,陛下也该给微臣封王晋爵吧?"

"你也想封王?"

蔡攸厚颜无耻地说:"以臣陪侍陛下之功,还不能封王吗?"

赵佶随口答:"那就封你个混世魔王吧!"

"混世魔王?"蔡攸吃惊地问。

"怎么,不满意呀?"赵佶说,"程咬金当年不是也做过混世魔王吗?"

蔡攸立即趴在地上磕头谢恩。

好长一段时间,蔡攸常在同僚们面前夸耀,说自己是混世魔王,是皇上御口亲封的,引来同僚们一阵窃笑。时间一长,蔡攸也觉得混世魔王这个称号不雅,后来也就不再提了。

今天,种师道当众叫他混世魔王,而且出口不逊,蔡攸暴跳如雷,也就理所当然了。

童贯虽然从心底里也瞧不起蔡攸,但他是皇上的宠佞,不能得罪,然而,这

北伐惨败 第十五章

是在西北战场上，如果真的与种师道弄僵了，这个仗就没法打了。权衡利弊，只得让蔡攸退一步了。

种师道在争座次上占了上风，在军事指挥上仍然没有决定权，童贯是宣抚使，是西征军当然的统帅，种师道必须要受他的节制，否则就是抗旨不遵。他虽然敢与蔡攸顶撞，也敢与童贯分庭抗礼，但却不敢抗旨。

童贯在会上根本就没有给种师道说话的机会，直接布置了他的作战计划。

会后，童贯命雄州知州和诜赶做一批黄榜和招降旗，并在招降旗上写着"吊民伐罪，降者有功，尽加封赐"的字样，分发给各军。声称谁献上燕京，就授他一个节度使之职。

种师道虽然心里不服，君命却不敢违抗。但对于这场战争，他还是要提出自己的看法。他说："今日之事，有如盗入邻家，既不能救，又从而分其宝也，毋乃不可乎？"

意思是说，这件事情就如同有强盗闯进了邻居家，我们本应该救助邻居，现在不救也就罢了，还要和强盗分邻居家的财宝，这事不能干。咱们应该念及宋、辽百年的和好，与辽一起抗金才是正理。

童贯怒斥种师道，说这是君命，违抗就是抗旨不遵，如果再敢妄言惑众，就要办他个抗旨不遵之罪，按军法从事。

种师道就是有天大的胆子，也不敢抗旨不遵，叹了一口气，不敢再说。

十万不敌一万

童贯决定，分东西两路进兵，命种师道率领熙河、兰会、泾原三路兵为东路，向白河一线进军；命辛兴宗率领鄜延、环庆、秦凤三路为西路，向范村一线进军。

"文青"皇帝 宋徽宗

种师道无奈,只得督兵前进。前军统制杨可世兵至白沟,遇上了辽军,宋军见辽兵蜂拥鼓噪而来,吓得未战先逃,东路军大溃,幸巧种师道后军赶到,击退辽军,才不致全军覆没,东路军败退回雄州。

辛兴宗率领的西路军也好不到哪里去,刚到范村,就同辽兵打了一场遭遇战,被辽军杀得十死七八,踉跄遁归。

两路大军,十五万兵马,刚一交战便铩羽而归,这是很难向朝廷交待的,童贯搜罗残兵,准备同辽兵再战。

辽国担心受到宋、金两面夹击,再次派使臣来见童贯,说咱们就别打了,上次贵国出兵十五万,辽兵只出兵一万人,就杀得大败而归,这还是辽国给你们留面子。女真原来就是我们的臣子,他们现在叛乱,叛乱搁在哪国都是要镇压的。听说你们西北军,前段时间不是到江南去镇压叛乱去了吗?怎么反过来援助辽国的叛军呢?所以,最好咱们联手攻打金国,或者你们保持中立,谁也不帮。

童贯不听,把辽国使臣轰了出去。

辽国使臣站在院子里大哭,因为他知道,辽国经不住两线作战,一旦遭到宋、辽两国夹击,辽国必亡无疑。他冲着童贯的住处大叫:宋辽两国,百年和好,盟约誓书犹在,宋朝怎么能够背信毁约,结虎狼之邦?金人现在的目标是辽国,辽国灭亡之后,下一个目标就是你们宋朝了。有一天,你们终归要后悔的。

童贯只想眼前,没有想到以后。他叫人轰走了辽国使臣。

辽人气不过了,心想,我打不过金人,那是我们没本事,但打宋朝却是绰绰有余,当天夜里,七千辽兵袭击了宋营,宋军听说辽兵来了,撒腿就跑,宋朝的军队,留给辽军士兵的永远是后脊梁,仅自相践踏就踩死了几万人。

两次大败而归,童贯不好向朝廷交待,便想找一个替罪羊,他向朝廷上了一本,说种师道有意通辽,此次兵败,都是种师道从中捣鬼。

王黼主持北伐,现在两路兵败,他也想推卸责任,立即密奏赵佶,将责任推在种师道身上,很快,圣旨下来了,贬种师道为右卫将军,并勒令他退休,用河阳三城节度使刘延庆代替种师道的职务。

北伐惨败 第十五章

童贯一举两得，既找到了替罪羊，又拔掉了眼中钉。

此后不久，赵佶下诏，暂令班师，童贯与蔡攸一同回朝。

宣和四年六月，耶律淳暴病而亡，萧干等奉萧皇后为皇太后，主掌军国事；遥立天祚皇帝的儿子秦王耶律定为皇帝，由萧干专权，辽国上下人心涣散。

童贯见有机可乘，又与王黼商议，奏请再次北伐。赵佶诏命童贯、蔡攸再次统兵出征，务必要收回燕云十六州。

辽国常胜军统帅、涿州留守郭药师，见国势已衰，起了卖国求荣之念，率领手下八千人和涿、易两州版图投降童贯。

童贯大喜，上表朝廷，授郭药师为恩州节度使，郭药师的部下归刘延庆统领。

刘延庆奉童贯的军令，率十万大军从雄州出发，以胜捷军大将范琼为前驱，郭药师为向导，渡过白沟，杀向燕京。

胜捷军军纪涣散，行军前无侦骑，中无队形，后无防备，范琼的长枪让亲随替他扛，自己下马与步兵混在一起，嘻嘻哈哈，仿佛游山玩水一般，丝毫看不出是上前线去打仗。担任向导的郭药师实在看不过去了，几次劝说刘延庆，说行军打仗，如此毫无防备，倘若遇到敌人的伏击，不说打仗，恐怕连逃跑都来不及。刘延庆居然将郭药师的话当成了耳边风。

不听好人言，吃亏在眼前，此后形势的发展，似乎要应验这句话。

大军走到良乡，猝遇一万辽军杀到，范琼混在队伍中，突见辽兵杀来，一时慌了手脚，欲拿兵器迎敌，扛枪的亲随不知跑到哪里去了，心里发慌，干脆脱下衣甲逃命去了。幸巧杨世可、高世宣率军前来接应，才未致惨败。

刘延庆吓破了胆，干脆扎下营寨，坚守不出。杨世可、高世宣尽管认为不妥，但也毫无办法。郭药师献计，说耶律大石被罢免，辽国惟萧干可战，现萧干在正面战场上阻挡我军，燕京必定空虚。自请愿带五千精兵袭击燕京。

183

"文青"皇帝 宋徽宗

刘延庆采纳了郭药师的建议，并派他的儿子刘光世带兵接应。

郭药师率军突然袭击燕京，果然打了辽军一个措手不及，一举夺下迎春门，宋军进入燕京，列阵于悯忠寺，派人劝说掌管军国大权的萧皇后投降。

萧皇后把耶律大石从牢中放出来，又派人火速通知萧干。萧干带兵杀回燕京，辽军内外夹攻，两军在城中展开了巷战。

刘延庆恼恨高世宣、杨世可一向与种师道关系密切，不把他放在眼里，暗里嘱咐他的儿子刘光世领兵观望，不要出兵。

五千宋军在城中展开巷战，从早上杀到下午，终不见援军到来，郭药师和杨世可等人只得弃马缒城而逃，高世宣为掩护宋军突围，惨死城中。

萧干稳定了燕京的局势，又领兵断了宋军的粮道，生擒活捉了宋运粮将王渊和两个士兵，萧干将两名宋军俘虏捆得较松，用布条蒙住他们的眼睛，羁押在军帐里。

随后，萧干玩了一招"蒋干盗书"的计策，故意对部将说，我军三倍于宋军，明天早上，分兵三路，袭击宋军，三路兵马举火为号，必能大获全胜，全歼宋军。故意让一名宋军俘虏逃跑向刘延庆报信。

刘延庆已经被辽兵吓破了胆，对这一眼就能识破的鬼把戏，竟然信以为真。次日三更，他看见周围火起，以为辽军来袭，自己放了一把火，烧掉军营里的粮草辎重，领兵逃之夭夭，慌乱之中，宋军自相践踏，死者数千余人，尸体枕藉百余里。

被金军杀得狼狈不堪的残兵败将，居然以几句假话就吓跑了十万宋军。萧干领着万余名辽兵，将十万宋军赶得像鸭子一样飞，一直追到涿水才收兵。查遍中国战争史，这恐怕是一个绝无仅有的战例。

刘延庆带领残兵败将，退回雄州。

童贯得知郭药师率军攻进迎春门，迫不及待地发出捷报，飞骑送往东京。等

北伐惨败 第十五章

到次日郭药师、杨世可率残兵逃回、刘延庆又惨败雄州的时候，东京城却在欢庆胜利。童贯给赵佶开了一个大玩笑。

两次出兵，两次战败，眼看指望宋军收回燕云十六州无望，又怕朝廷怪罪，童贯几乎快要绝望了。万般无奈，他只得秘密派遣王瑰出使金国，央求金国派兵攻打燕京。

第十六章

逍遥天子

万金易空城

　　金国人从与宋朝的合作中看明白了一件事，宋朝虽是泱泱大国，却只会练嘴皮子，第一次十五万大军被辽国一万人打得落花流水，第二次十万大军，被辽人的几句谎言、一把火吓跑了。而宋军闻之丧胆的对手，却是自己的手下败将。看来，宋朝的军队，只是一群酒囊饭袋。

　　实力就是硬道理，金国人看出宋朝不过是一只纸老虎，态度来了一百八十度的大转弯，他们派蒲家奴随王瓌来见童贯，责备宋朝不讲信用，没有按时出兵攻辽。

　　童贯装笑脸、赔不是，解释说，当初没有如约出兵，实在是国内发生暴乱，朝廷要出兵平乱，所以才耽误了北伐的时间。请求金使回去后多说几句好话，当然，金使回去的时候，免不了给一份丰厚的礼品。

　　赵良嗣再次出使金国，央求金国帮忙拿下燕京。

　　金主完颜阿骨打态度非常傲慢。说当初约定，燕京归宋朝攻打，而如今，堂堂的大宋王朝，竟然连一个小小的燕京也攻不下来，如此没本事，凭什么想要得到十余州？要金国出兵可以，攻克燕京之后，只分燕京及蓟、景、檀、顺、涿、

易六州给宋朝。

赵良嗣不同意，说按当初的约定，灭辽之后，山前山后十七州归宋朝，现在只给六州，金国这是背约失信。

完颜阿骨打说，当初是有约定，上京、东京、中京归金国攻打，西京和燕京归宋国攻打，如果十七州是你们打下来的，给你们没有话说，可是，除了涿、易投降你们外，你们什么也没有做，按约定，燕京本来是归你国攻打，你们拿不下，求我们帮忙。有什么资格向我要土地？并强硬地说："六州之外，寸土不让。"

完颜阿骨打派李靖随赵良嗣使宋，当面向童贯说明，灭辽之后，宋朝只能得到山前六州，其余的地盘不要妄想。

童贯见事情重大，不敢作出决定，上本奏请赵佶定夺。

赵佶命赵良嗣再到金国去一趟，说六州之外，要求增加营、平、滦三州。

就在赵良嗣回宋朝期间，金太祖完颜阿骨打决定攻打燕京。这位在烽火硝烟、刀丛和剑影中滚打了半辈子的女真汉子，深知战争的事风云莫测，瞬息万变。他担心夜长梦多，如果宋军抢先一步攻下燕京，将对宋、金谈判中金方的利益造成重大损失。因此，他命弟弟吴乞买监国，并率十五万金军，杀奔燕京而来。

燕京是一座孤城，一个月前，举国上下抱着必死之心和深仇大恨，与宋军拼死决战，虽然侥幸取胜，但也大伤了元气。兵疲师劳，尚未得到休整，金兵大队人马又至，简直如同雪上加霜。

辽军不能抵抗，节节败退，萧太后恐慌至极，连续五次上表金国，请求立秦王为帝，愿意接受金国提出的条件，做金国的附庸国。但却遭到金主完颜阿骨打的拒绝。求降不成，萧太后只得派强兵把守居庸关，欲作最后一搏。

金兵由古北口、南暗口、居庸关三路出兵。抵达居庸关下，尚未开战，居庸关内一处崖石无故坍塌，山坡下正好有一座辽兵军营，由于事发突然，军营里的士兵来不及撤离，被坍塌的崖石压死了很多人。

其实，这只是一次普通的山体滑坡，但辽军将士却不这样想，他们认为这是

"文青"皇帝 宋徽宗

天要灭辽，一片哗然，纷纷丢下兵器，逃之夭夭。

金兵兵不血刃，顺利越过居庸关，向南进军直逼燕京。

萧太后知大势已去，为了给天祚帝保留下一点骨血根苗，她与萧干、耶律大石商量，决定带少数大臣保着新皇帝弃城遁走，连夜自古北口向天德逃窜。

十二月底，燕京不战而克，金太祖完颜阿骨打亲临燕京，御驾从南门进城。辽国丞相左企弓、参政虞仲文、萧公弼、枢密使曹勇义、张彦忠、刘彦义等，投降了金国。

完颜阿骨打兵不血刃，未动一刀一枪，不废一矢一镞，便占领了这座宋朝军队久攻不下、大宋君臣梦寐以求的燕京。完颜阿骨打以胜利者的姿态率军进城，一边走，一边对左右说："一个国家，就像一个部落，一个家族一样，其兴也勃，其亡也速，全看当家的如何。想那辽天祚帝当年骄横跋扈，不可一世，德政不休，奢华腐败，才几年时间，便家破人亡。前车之鉴啊！"

众将诺诺连声。

完颜阿骨打不屑地说："像这样一个百孔千疮，都快烂透了的辽国，大宋军队却屡战屡败，泱泱大国，竟然没有一个能打仗的将领。莫非宋人都是一群饭桶不成？"

一句话，说得左右哄然大笑。

宋军忙乎了几个月，损兵折将，一无所获。赵佶居然厚着脸皮派赵良嗣去金国谈判，要求金国将燕京十六州、外加营州、平州、滦州共十九州之地交还宋朝。其实，营州、平州、滦州，并不是石敬瑭贿赂辽国的土地，赵佶、王黼也想收回。

北宋朝廷的腐败和军事上的怯弱，给了金人可乘之机。

完颜阿骨打态度强硬，只同意将石敬瑭割让给辽国的燕京地区归宋，至于营州、平州、滦州三州，他说这是后唐刘仁恭献给契丹的，并非后晋割让。宋朝没资格索要这三州。完颜阿骨打责问赵良嗣，当初宋金两国约定联合攻辽，为什么"到燕京城下，不见宋军一兵一卒，一人一骑？"

负责谈判的宗翰更是说，燕京是他们打下来的，今后，燕京地区的租税收入要归金国所有。

赵良嗣当然不会同意，说有土地就有租税，土地归宋朝，租税归金国，哪有这样的道理？

宗翰见赵良嗣口风很紧，知道有些要求超越了赵良嗣的权限，便派李靖为使，直接到东京去与宋朝皇帝面谈。

赵佶也拿不定主意，便与王黼商量。

王黼认为，将过去给辽国的岁币转给金国不是问题，反正已经给了一百多年，但金人提出要燕京的租税一事，不能答应。

两国的使臣往返数次，金国态度强硬，经赵良嗣据理力争，最后降到每年给金国代税钱一百万贯。宗翰也只让给涿、易两州。

辽国的降臣左企弓见宋、金两国为瓜分辽国的土地争论不休，讨好地作了两句诗献给金主："君王莫听捐燕议，一寸山河一寸金。"

经过多次交涉，金国总算还是顾及"海上之盟"的协议，答应将后晋割让给辽国的燕京及其附近六州之地归还宋朝，条件是宋朝除每年把给辽国的岁币四十五万如数转给金国外，另加每年一百万贯"代税钱"。

所谓"代税钱"，是指宋朝每年向金人交纳燕京地区的租税，实际是一种赔款。

弱国无外交，金人的条件虽然苛刻，宋朝也只能硬着头皮答应。

按说，和约签订后，事情就有了结局，可是，金人突然又提出，说辽国的天祚皇帝及萧太后、萧干等人还没有擒获，如果不讨伐，终究是宋朝的祸患。金国如果举兵讨伐，粮草却又不足。他们提出向宋朝借军粮二十万石。

名义上是借，实际就是敲竹杠。负责谈判的赵良嗣虽然一百个不愿意，但也只能硬着头皮答应。

宣和五年（1123年）四月，赵佶派童贯、蔡攸代表朝廷前去接收燕京。

"文青"皇帝 宋徽宗

金人在燕京盘桓将近半年，久客欲归，士兵到处剽掠财货，户户遭到洗劫，家家室如悬磬，居民多逃窜到山里，弄得城市丘墟，狐狸穴处。金兵撤退时，又将燕京一带的人口、财富一并掠走，留给宋朝的只是一座空城。其余澶州、顺州、景州、蓟州等地，情况都一样，金军掠走了那里的财富和人口，留给宋朝的只是一片废墟。

综计北宋以每年银二十万两、绢三十万匹、货物一百万贯（折合成丝绵等）、一次付清的银十万两，绢十万匹的西京犒军费、二十万石米粮的巨大代价，仅换得燕京一座空城及蓟、景、檀、顺、涿、易六州，而涿、易二州是自动降宋，金人归还只是四州而已。

尽管如此，童贯、蔡攸等人接收燕京之后，上了一道奏章，称燕京地区的百姓箪食壶浆，夹道欢迎王师，焚香以颂圣德。

赵佶得报大喜，命王安中作《复燕云碑》，竖立在延寿寺中，以纪念复燕这一丰功伟绩。似乎北方边陲已固若金汤，可以共庆升平了。

赵佶特下赦诏，布告燕云。命王安中为庆远军节度使兼河北、河东、燕山路宣抚使，知燕山府；郭药师为检校少保，同知府事。并特召郭药师入朝面圣。

郭药师进京后，赵佶赐给他府第、美女、金银珠宝，命朝中大臣轮流宴请。在后园延春殿召见，解下身上的御珠袍及两个金盆，一并赏给他，郭药师感激涕零。

赵佶之所以如此器重郭药师，有他的目的，因为郭药师是辽军常胜军的统领，是一个能带兵打仗的帅才，他要对此人委之以重任，将镇守燕京的任务交给他，使燕京成为宋朝的一道坚实屏障。次日，赵佶又加封郭药师为太傅。

童贯、蔡攸回京之后，赵佶封赏收复燕京的有功之臣，封童贯为徐豫国公；蔡攸进位少师，赏府邸一座；赵良嗣封为延康殿学士；王黼由少师进位太傅，赐玉带一条。郑居中晋升为太保，郑居中觉得燕京六州得来并不光彩，便以自己在收复燕京中未建大功，坚辞不接受封赏。而其他人都兴高采烈地接受了官爵。

金兵分明就是蹲在身边的一头猛兽，随时都会跳起来伤人，可宋朝的君臣竟然都视而不见，好像天下真的太平了。

宋朝与金人联合之初，曾有一位大臣说过："今女真刚悍善战，茹毛饮血，殆非人类。北虏与夷狄相攻，尚不能胜。倘与之邻，又将何求以御之乎？"

意思是说，女真人尚未开化，茹毛饮血，且又骁勇善战，形同虎狼，同是少数民族的契丹人都打不过金人，如果辽国被灭，宋朝的战斗力连辽国都不及，又拿什么来抵抗金国呢？同金人结盟，无异于与虎谋皮，自寻死路。

可惜，这位大臣的话，被昏庸的赵佶当成了耳边风。

还有一个人对宋、金盟约，私下说了一句很经典的话："和金人的盟约，只能维持三年而已！"这个人就是赵良嗣。

赵良嗣从小生活在辽国，在宋与金谈判的时候，他是全权代表，经过与金人的接触，他对金人的性格非常了解，故有了这番感慨。他说这番话的时候，是宣和五年（1123年）四月，后来的事实，果然被他言中。

北宋收复了燕京，但也背上了沉重的包袱。由于燕京已成废墟，士庶流离，来宋者络绎不绝。宋朝无粮可调，只得将这些嗷嗷待哺的饥民安置到附近州县栖息，大县数千口，小县也不下六七百口。但邻近州县也因干戈不息而满目疮痍，没有余财供给这些饥民，因而托钵告贷，行乞街头者比比皆是，一些曾经在燕京做过官吏的流民，甚至揭榜通衢，写上自己旧时官阶，向路人行乞。

燕京社会秩序的混乱，到了无以复加的地步。如果宋朝能派能干官员对燕京进行整治，本来是可以赢得人心，但赵佶却见不及此，将燕就交给降将郭药师戍守。郭药师本是一个无赖宵小，见辽国将亡，才转降北宋，而赵佶却倚为干城，实在是任用非人。郭药师的部下无纪律，肆意侵占百姓的财物产业。

爱有

燕京百姓的生活本来安定，宋、金两国的掳掠劫夺，使百姓成了极贫之人，他们的失望与不满，可想而知。

童贯等人在奏章中称燕京地区的百姓箪食壶浆，夹道欢迎王师，焚香以颂圣德。完全是骗人的鬼话。

"文青"皇帝 宋徽宗

赵佶本想借收复燕京大申国威,谁知弄巧成拙,成了一项蠹国害民的弊政!

特殊贺礼

宋朝终于收回了自五代后晋时便沦失了的燕京六州,举国上下一片欢腾。国人并不知道是以何等昂贵的代价和屈辱才换来的。沦陷的国土一旦收归华夏版图,他们感到扬眉吐气,欣喜若狂,还以为大宋王朝兵精粮足,国力强盛,从此可以过上太平日子了。

赵佶更是高兴得整天合不拢嘴。这些国土早在前朝就已经沦丧,本朝太祖、太宗皇帝都是英武神纵之才,却始终没有将这片失地收回,为此而抱憾终身。自己经过几年努力,建立了旷世功业,不仅眼下的朝中大臣都上表称贺,称自己是尧资舜质,千古一帝,就是千秋万代之后,还愁青史之上不称自己是中兴之主?

此时,赵佶觉得大宋又进入了既无内忧、又无外患的太平盛世。方腊、宋江及大大小小的农民造反都扫平了,北方平了大辽,又收复了失地,大金国已与宋朝结为睦邻友好的兄弟之邦,真可以高枕无忧,安享太平了。

蔡京是收复燕京失地最早策划者之一,后来在出师北伐时,他又是机枢大臣中唯一写诗谏阻的人,在整个北伐过程中一直以一个旁观者自居,不建一言,因此,不管北伐胜负如何,他都稳稳立于不败之地。收复燕京及六州之地后,他并不求能建首功,但也绝不能让皇上误以为自己是反对派。因此在贺功志庆各种活动的安排上,表现得最为积极,点子也最新颖。

前些日子,他专门把梁师成约到府里来,问道:"这些日子里,皇上操劳国事,废寝忘食,龙体、精神怎么样?"

梁师成不知蔡京有何意,只得如实回答:"圣上一切皆好!"

"后宫之中,还有皇上称心如意的佳丽吗?"

"这……"梁师成犹豫了一下,说,"这几年没顾得上选美,后宫中的嫔

妃，大多是半老徐娘了。"

蔡京倚老卖老地说："这就是你们的不是了，皇上日理万机，国事繁忙，这些小事你们怎么能不考虑周全呢？声色欢娱是最好的休息，可以挑选一些妙龄少女安排在皇上身边，照顾皇上的生活起居嘛！"

梁师成为难地说："年轻出众的佳丽，仓促之间，到哪里去寻找呀？"

蔡京笑道："梁公公跟随皇上多年，难道没有摸透皇上的脾性吗？咱们这位天子，虽说品位甚高，但也不仅仅局限于'沉鱼落雁之容''闭月羞花之貌'那么简单，他更喜欢那种有十足女人味的女人。"

蔡京的一席话，让梁师成顿开茅塞，他忽然想起一个人，附在蔡京耳边悄语了几句，蔡京脸上露出了满意的笑容。

蔡京进宫，要给赵佶献上一份特殊的贺礼。赵佶以为又是珍玩珠宝，笑道："又让老爱卿破费了。"

蔡京指着跟在身后的三乘小轿，小声说："请陛下打一僻静处过目。"

赵佶看了三乘小轿一眼，心领神会，领他们到一处馨香精舍，落轿后，轿帘掀开，六个妙龄少女下轿，匍匐叩首道："奴婢叩见皇上！"

蔡京说道："陛下这几年太过操劳，如今天下太平，也该好好放松一下了。"

原来，蔡京早在找梁师成之前，在童贯率兵征辽的那段日子里，便派人四处搜寻美女，买进府来让专人调教，预备到时进献给赵佶。这是他邀宠固权的老套路了。他又怕光靠这些少女拴不住赵佶的心，故而找梁师成做了另一番安排。

当天下午，赵佶在艮岳西大门华阳宫大殿大宴群臣。散席之后，蔡京向赵佶提议，宴请中郎以上朝臣的妻妾，让她们也乐一乐。赵佶玩得高兴，满口答应，当即便传下旨意。

夜里，赵佶直接去了馨香精舍，蔡京进献的六名佳丽在那里等他呢！

第二天，朝中大臣凡中郎官以上的女眷，纷纷前往华阳宫大殿赴宴。郑皇后

"文青"皇帝 宋徽宗

率一班嫔妃也来了,她们是宴会的东道主。

午宴开始后,赵佶先举杯,礼节性地说:"燕京六州回归,在座各位的夫君功不可没,这里面也有女眷们的一份功劳,朕在这里向各位女眷表示感谢!"

随之便听到裙裾悉窣,环佩鸣响,能喝酒的,不能喝酒的,都一齐喝了。能与皇上共饮一杯酒,这是何等的殊荣?接下来,便是郑皇后、各位贵妃们与大臣眷属们互相劝酒,赵佶反而觉得无事可干,一双眼睛贼溜溜地乱转。

正在这时,梁师成凑到赵佶身边,低声说:"陛下,奴才近日新得一宝鼎,是往日从未见过的珍品,陛下前往看看如何?"

"宝鼎在哪里?"

"奴才已经带来了,放在迎宸阁密室里。"梁师成说罢,向赵佶投去狡黠的一笑。

赵佶从梁师成的笑容中,读出了另一番情意,虽然他不知道梁师成暗示的是什么,但他心里明白,这个奴才所办的,一定是自己喜欢的东西,反正此时自己在这里也无所事事,于是与皇后打了个招呼,便随梁师成离开了宴会大厅。

梁师成带赵佶来到迎宸密阁,迎面案几上摆放着一个硕大的青铜鼎。赵佶拿在手里反复鉴赏,见上面的铭文清晰可辨,但却很陌生,知道宫中没有这种藏品,便问梁师成从哪里得到这件宝物。梁师成说是花重金从民间购得。其实是前两天蔡京送给他的。赵佶反复察看,感叹地说:"我华夏地大物博,历史悠久,民间藏宝,不可限量啊!"

梁师成怪怪地一笑,说道:"内室还有一宝,请陛下进去鉴赏。"梁师成说罢,掀开东面墙壁上一面挂毯,推开一扇小门,赵佶低头进去了。

内室的光线稍暗,赵佶适应了一会儿,这才看清里面的一切。室内并没有什么商彝周鼎、稀世珍宝,却见一个女人熟睡在床上。

梁师成神秘地一笑,说道:"请陛下慢慢玩赏,奴婢就不进去了。"说罢,掩上门,退了出去。

赵佶移步床前,欣赏着横陈床上胴体……

原来，床上的女人是殿中侍御史、左司谏秦桧的妻子。秦桧字会之，正和五年进士，曾任过密州教授，太学学政等职。其妻王氏，二十七八岁年纪，论姿色不过中上，却是个风骚无比，浪谑异常的女人。还在女儿时，便行为不端，闺中不谨，与一些不三不四的男人混在一起，学会了一身勾魂摄魄，令男人体软骨酥的媚功。这几年，为了丈夫的前程，她极力巴结梁师成，与梁师成的女眷打得火热，有事没事便往梁府上跑，日子长了，有时也陪梁师成饮饮酒，品品茶，放出许多谄媚取悦的手段，连梁师成这个太监，都被她弄得心神不定，便经常在赵佶面前说秦桧的好话。因此，秦桧才能在短短几年时间内，便从一个七品进士迅速擢升为三品朝臣。

那一天，梁师成经蔡京点拨，便想起了王氏。以王氏的风情万种，定能博得皇上的欢心。因此，当赵佶发出宴请中郎以上朝臣妻妾的诏令后，梁师成便让妻子亲自去邀请王氏。秦桧见是梁师成的妻子来请，感到很荣耀，自然是不加阻拦。

王氏到梁府后，刚饮了几口茶，便感到头脑发晕，一会儿便睡过去了。梁师成用自己的官轿将王氏送到迎宸阁，抱进密室，剥光衣服……

"你是何人？朕怎么从来没见过你？"赵佶满身是汗，气喘吁吁地问。

"妾身王氏，左司谏秦桧之妻，今天赴陛下御宴，不想着了梁公公的道儿。"

赵佶笑道："这么说，你是身不由己，后悔了？"

王氏赶紧爬起来，赤裸裸地跪在床上，叩首说："贱妾此身能得皇上恩露，死且不朽，何敢言悔。贱妾身为人妻，虽不能为圣上妃嫔，若圣上以为贱妾侍奉圣上身心愉悦，欲再续情缘，命梁公公秘密接贱妾到此间便是。"

"卿与朕相会于此，也是缘分，日后少不得要与卿常会，不要说秦桧知道了，冷了臣子之心，朕不会亏待他的。"

王氏却说："圣上也是多情多义之人，妾身记下圣上这份心意就是了。能与天下第一伟男欢会，也是妾身的造化。贱妾并不奢望圣上对夫君格外施恩，那样岂不是用贱妾的肉体，换得夫君的富贵，那也太卑俗了。"

"文青"皇帝 宋徽宗

一番话，让赵佶对这个女人刮目相看，便去柜中取出一枚夜明珠，赐给王氏，以做留念。

太平天子乐逍遥

宋、金协约还没有正式签订，赵佶就要开始狂欢了。宣和四年（1122年）十二月初刚过，他就开始预赏元宵节。

这一年的鳌山扎得格外华丽，中间两条鳌柱高二十四丈，各扎一条缠绕的金龙，每个龙口里点一盏巨灯，叫"双龙衔照"，中间悬一个巨牌，长三丈六尺，阔二丈四尺，上面嵌着"宣和彩山、与民同乐"八个大金字，这是赵佶的御书。

彩山华丽无比，彩岭直接禁阙春台，仰捧端门。预赏期间，各种表演不断，梨园奏起和悦之音，乐府进献婆娑之舞，有声有色。

赵佶诏令今年的鳌山对外开放，任何人都可以进来游玩观赏。百姓们并不知道朝廷收回燕云十六州的真相，还以为真的在北边打了一个大胜仗。听说今年的鳌山对外开放，纷纷涌到鳌山脚下游观。

赵佶携皇后嫔妃及文武百官，同至五门看灯。赵佶见到人山人海的场景，以为这是天下太平的象征，一高兴，便命人在宣德门上向游人撒钱，看到游人抢钱的情景。有一个叫袁陶的人填了一首名为《撒金钱》的词，称赞撒钱这一盛事：

> 频瞻礼，喜升平，又逢元宵佳致。鳌山高耸翠，对端门珠玑交制，似嫦娥降仙宫，乍临凡世。恩露匀施，凭御栏圣颜垂视。撒金钱，乱抛坠，万姓推抢没理会。告官里，这失仪且与免罪。

赵佶站在楼上，看到人群你争我夺，哄抢地上的铜钱，高兴得手舞足蹈。

李邦彦献媚地说："太平无事，国泰民安，似这等放灯撒钱，恐怕尧、舜、禹、汤的时候，也不及今日的陛下。"

赵佶笑道:"朕怎敢比尧、舜、禹、汤呢?不过趁此升平之日,与民同乐一回罢了。"

"父皇!"太子赵桓皱着眉头说,"尧、舜、禹、汤,崇尚节俭,哪有撒钱之举?君主与民同乐,靠的是治理好国家,并不是靠撒钱取悦于民。李邦彦以撒钱这种无聊的事情将父皇比为尧、舜、禹、汤,实在是居心不良。请父皇治李邦彦阿谀奉承之罪!"

赵桓的建议,遭到了赵佶的呵斥。

王黼等人见皇上呵斥太子,齐声赞颂赵佶是万世圣主。

赵佶虽然没有什么本事,但却好大喜功,听到这些拍马屁的话,似乎觉得自己真的是万世圣君了。心里一高兴,当场宣布在内门直赐御酒,到场的百姓,每人都可以喝一杯御酒。

这可是一个带有轰动性的消息,酒是御酒,杯子是金杯,看灯的百姓,不论富贵贫贱,老少尊卑,或男或女,都到端门下领饮一杯御酒。人丛中,有一个美妇人饮了御酒,把金杯藏在怀里,当场被人发现捉住了,带到端门下奏与赵佶知道。赵佶见这个妇人长得很漂亮,不相信她会做小偷,于是问道:"朕赐御酒,怎么把金杯也偷了去?"

妇人吟了一首《鹧鸪天》词,算是回答:

月满蓬壶灿烂灯,

与郎携手至端门。

贪观鹤舞仙歌举,

不觉鸳鸯失却群。

天渐晓,

感皇恩,

传赐酒,

脸生春。

归家只恐公婆责,

"文青"皇帝 宋徽宗

也赐金杯作照凭。

原来,妇人同夫婿同到鳌山脚下看灯,两人走失了,蒙皇帝赐酒,不敢不饮,饮酒后面带红晕,担心回家后公婆责怪,想借皇帝的金杯,回家给公婆看,不想就背了个窃贼的罪名。

赵佶微笑着说:"既然这样,朕就将这个金杯赐给你。"

杨戬认为这是妇人设局骗取金杯。建议让她现场再作一首,作得好,就赐给她金杯,作不出来,就治其偷窃欺骗之罪。

赵佶却说:"朕看这个妇人不像是骗子,也不像是无才之人,既然这样,那就让她当场作一首试试,也叫大家心服口服。"

有人传下赵佶口谕,叫妇人再作一词。

妇人即请命题,赵佶便以金杯为题,《念奴娇》为调。妇人领旨,随即口占一词:

桂魂澄辉,
禁城内万盏花灯罗列。
无限佳人穿绣径,
几多妖艳奇绝。
凤烛交光,
银灯相射,
奏箫韶初歇。
鸣鞘响处,
万民瞻仰宫阙。
妾自闺门给假,
与夫携手共赏元宵,
误到玉皇金殿砌,
赐酒金杯满设。

量窄从来红凝粉面，

尊见无凭说。

假王金盏，

免公婆责罚臣妾。

赵佶听罢，哈哈大笑，夸赞妇人好文采。除将金杯赏给妇人外，还赏了妇人两朵宫花，妇人领赏后，欢天喜地地去了。

赵佶凭栏遥望，见公子王孙，才子佳人，个个面带喜色，在鳌山脚下鱼贯游赏，兴奋地对大家说："这些人都像神仙一样啊！"

李邦彦阿谀地说："他们是神仙，陛下就是神仙之主了！"

赵佶听罢，再次哈哈大笑。说过几天，再到艮岳去庆祝一番。

赵佶刚过完一个热热闹闹的元宵节，接着又搞了一个万岁山的竣工游园活动。

十二月，历时六年之久的万岁山终于建成，完工后更名艮岳。

艮岳是一座史无前例的人造假山，方圆十余里，最高峰达八九十步，其中有芙蓉城、寻壁城、慈溪、景龙江等景点。里面有看不完的台榭宫室，说不尽的靡丽纷华。赵佶写了一篇《艮岳记》，对园中的景点作了详细描述。

修建艮岳所耗费的人力、物力、财力无法计算。仅朱勔从江南运来竖立在山顶上的那块太湖巨石，从太湖中捞起来，到安放到山顶上，用时五个多月，由太湖经运河、汴河运抵汴京途中，死了一百零六人；沿途纤夫每批二千人，换了二十批，累计达四十余万人；为了能使运石的大船通过窄小的运河与汴河，沿途拆毁大小桥梁千余座，毁坏闸门数百个，拆毁民居五千余间；扩宽、加深河道，累计征调民夫百余万；沿途还有说不尽的艰难险阻、意外事件，大石运抵汴京后，却又因外城东水门太小进不了城，最后只得拆毁古城墙。

据说，太湖巨石运抵京师后，赵佶欣喜若狂，特赐搬运石头的役夫每人金碗一只，朱勔的四个仆人被封官，朱勔本人也被封为威远节度使，而那块不会说话

"文青"皇帝 宋徽宗

的大石头，居然也被封为"盘固侯"，并赐名、御笔亲书"昭功敷庆神运石"，刻在巨石之上，这样荒唐的事情，恐怕也只有赵佶这个昏君干得出来。

神运石旁边，栽了两棵桧树，东边的一棵因枝条夭矫，名为"朝天升龙之桧"；西边的因枝干偃蹇，名为"卧云伏虎之桧"，都用金字金牌题名，挂在树上。赵佶又自己题了一首律诗，赞扬这两棵树：

> 拔翠琪树林，双桧植灵囿。
> 上稍蟠木枝，下拂龙髯茂。
> 撑拿天半分，连卷虹两负。
> 为栋复为梁，夹辅我皇构。

后人说此诗已暗含隐谶，说桧即后来的秦桧；天半分，虹两负，便是江山分裂，南渡立朝的预兆。构字，是康王的名讳。这当然是牵强附会之说。但后来秦桧南归，满朝猜忌。秦桧曾引此诗，说"上皇（赵佶）早已预见臣将为国之栋梁，辅佐陛下，临行时，上皇复引此诗嘱臣尽心为国，解除了高宗赵构对他的怀疑。这是后话。

艮岳竣工之后，赵佶和他的群臣们，少不得又有一番庆贺。

赵佶过着醉生梦死的生活，似乎真的成了太平天子，其实，宋朝并没有到刀枪入库、马放南山的地步。马上，就有烦心事了。

第十七章

最后的午餐

张觉事件

北宋同金人联盟是很不明智的,在辽国遭到金军攻击,北宋同金人结盟的时候,守边大将种师道就曾说过,辽国是咱们的邻居,强盗进了邻居家,咱们不但不去帮忙抓强盗,反而还要同强盗瓜分邻居家的财宝,这样做很不地道。宋、辽有百年和好的历史,帮助邻居抓强盗,联辽抗金才是正理。

种师道的观点很正确。辽虽然是夷狄,但已经逐渐汉化,也很懂礼貌,辽国皇帝铸造佛像时,还特地命人在佛像后面刻上"愿世世代代生中国"的字样,可见他对汉文化的欣赏,自签订澶渊之盟以来,谨守盟约,宋、辽两国百余年间枪炮没有走火,边境的老百姓安居乐业,友好往来。

宋与辽之所以能维持百年和好,一个很重要的原因,就是宋、辽两国的力量趋于平衡,辽的军事力量强,宋的经济、文化发达,以前,辽兵之所以经常骚扰宋朝边境,目的是为了抢点钱财物,辽也知道自己没有能力灭宋,双方议和后,宋每年给辽一大笔岁币,有了白花花的银子、亮闪闪的绸缎,辽国当然就不用打仗了。

金国强势崛起,风头正劲,打破了这种平衡,但是,金人也没有强到同时对

"文青"皇帝 宋徽宗

付宋、辽两国的地步，完颜阿骨打也明白这个道理，他心里虽然想拳打辽国，脚踢宋朝，但饭还是要一口一口地吃。因此，当宋朝使臣漂洋过海到金国示好的时候，完颜阿骨打虽然态度傲慢，但还是同意同宋联盟，共同瓜分辽国国土。但他最终的梦想，还是先吃掉辽国，再来收拾宋朝。

完颜阿骨打不愧是一个天才，他口里吃着辽国这顿大餐，心里却在筹谋着如何烹制宋朝这道菜。他虽然生长在北国荒蛮之地，但对汉文化并不缺少研究，既想吃掉宋朝这道菜，又不想背上背信弃约这个不好的名声，因此，他要找一些调料，让宋朝这道菜变得更加有味。这里的调料，就是机会和借口。

五年（1123年）五月，宋、金之间发生了张觉事件，让完颜阿骨打看到了机会。

张觉是平州人，辽国进士，在耶律淳当政时期，曾任辽国的辽兴军节度使。有一年，平州一带乡民叛乱，杀死节度使萧谛里。张觉率兵平定了叛乱，州人便推举他为知州，当然，这个知州还没有得到朝廷的认可。

耶律淳死后，萧太后掌权，张觉预感到辽国气数已尽，便开始招兵买马，扩充势力。萧太后执政后，委任太子少保时立爱为平州知州。新知州上任，代理知州张觉当然要让位。谁知时立爱到平州上任时，张觉拒绝交权，时立爱只得灰溜溜地返回燕京。萧太后此时也是焦头烂额，自顾不暇，没有精力管张觉这档子事了。自那以后，平州境内的大小事情，都由张觉说了算，他俨然成为一方天子。

金军攻下燕京之后，完颜阿骨打召辽国旧臣萧公弼询问张觉的情况，萧公弼说张觉狂妄自大，有勇无谋，虽然有数万兵马，但都是新招的百姓，缺乏训练，没有什么战斗力，且兵器甲胄不整，粮草不足，不足为虑。因此，他建议阿骨打招降张觉，然后再慢慢收拾他。

阿骨打采纳了萧公弼的建议，封张觉为临海军节度使，知平州事，后又改平州为金国南京，张觉留守南京。但张觉一直没有公开表态降金。

金军退出燕京东归时，掠走了燕京的财富，掠走了燕京的居民。完颜阿骨打命辽国降官左企弓、虞仲文、萧公弼等带领燕京一带的百姓取道平州、榆州，入榆关回上京。张觉看到无数的辽国百姓拖儿带女，哭哭啼啼地一路东去时，虽然

最后的午餐 第十七章

有些于心不忍，但也无可奈何。

一天夜里，数十名燕民来到张觉的府上跪求张觉，说左企弓等人身为大臣，贪生怕死，向金人献城投降，致使辽国的百姓流离失所。如今还要集体迁徙到金国荒蛮之地，做金人的奴隶。张大人爱民如子，能眼睁睁地看着辽国的百姓朝火坑里跳吗？

张觉本来就对金人恨之入骨，听到百姓几句好话，更是热血沸腾，只是他感觉到金军势力太大，自己独木难支。有人建议杀了左企弓几个奸贼，投奔南朝。如果金军来攻，内有平州之兵，外借宋兵强援，军民同仇敌忾，一定能赶走金军。

张觉本来就对金人怀有戒备之心，觉得这话说得有理，经与翰林李石商量，决定起兵投宋。经过策划，他赶到滦河西岸，事先埋下伏兵，然后召见左企弓、虞仲文、曹勇义、萧公弼等人，几个人到达后，刀斧手齐出，一举擒拿了这几个卖国的奸贼。历数他们背弃辽主、诋毁天祚皇帝、弃燕投敌、认贼作父等十大罪行之后，将他们全都吊死在山坡的大树上。

张觉恐金军前来找麻烦，立即派部属张钧、张敦固持书燕山府，愿率平州军民降宋。

燕山知府王安中不敢擅自做主，立即飞章奏报朝廷。

王黼接到张觉的请降书，以为是天上掉下来的馅饼，立即怂恿赵佶接纳张觉。

赵良嗣长期同金国君臣打交道，早知道他们蓄谋南侵，便劝谏说："我朝新与金国结盟，如果接纳张觉，金人必不高兴，若因此而引发战祸，到时就后悔莫及了。"

赵良嗣的劝谏不但没有得到采纳，而且还遭到一顿训斥，并给予降五级官阶的处罚。

赵佶下诏，接受张觉投降，并命燕山府对归附的燕民多方抚恤，有官职者，尽量官复原职，命民众各安其业，免去三年赋税。

"文青"皇帝 宋徽宗

对于这件事正确与否，评论不一，但当时有人打了个比方：咱们大宋王朝就像一个孱弱的小孩，人小胆子大，虽然势单力薄，却又专爱惹是生非。

为何说接纳张觉投降是惹是生非呢？因为宋、金结盟，有一个特别的约定，就是双方不得招降纳叛。这个约定是完颜阿骨打提出来的。完颜阿骨打知道，辽国有很多汉人，而宋朝又是汉人的王朝，金人攻占了辽国，这些辽国的汉人必定会投奔宋朝。他提出设这一条约定，就是要限制宋朝。可见完颜阿骨打确有过人之处。

赵佶明知宋、金有这个约定，却不计后果地接纳张觉，其实是在玩火，中国有句古话，叫做玩火自焚。

完颜阿骨打虽然得知张觉降宋，很想严惩张觉，然而，他此时已经没有横刀立马、驰骋疆场的机会了。因为他病了，而且还病得不轻。他似乎预感到了什么，不准备立即惩罚张觉，而是决定回上京。回京前，他命宗翰为都统，驻扎在云中，负责军事防务，接着召皇弟吴乞买安排一些事情。回京前，他留下了一句话："必致张觉，以雪耻辱"。他把收拾张觉的任务交给了宗翰。

东京此时似乎也不平静，童贯、蔡攸自燕京归来之后，又是加官，又是晋爵，倍受恩宠，二人得意忘形，不把任何人放在眼里，渐渐地，群臣便有了议论。

王黼、梁师成见童贯、蔡攸夺了他们的彩头，心里不服，共同举荐内侍谭稹，说他熟知文功武略，是个人才，足可能取代童贯出任边帅。

赵佶本来就是一个喜怒无常、反复无常的人，就是他最宠幸的蔡京，使用起来也是三进三出；奉如神仙的妖道林灵素，也因藐视太子而于宣和二年（1120年）放归故里，听了王黼、梁师成的嘀咕，居然觉得他们说得也有理，便命童贯以太师的身份退休。

童贯致仕后，命谭稹出任两河、燕山路宣抚使，接替童贯的职位。

谭稹到了太原，作威作福，更甚于童贯，惹出了宋、金失和的大麻烦，进而

最后的午餐 第十七章

撼动了宋室江山,这是后话。

宗翰送走了完颜阿骨打,便着手处理张觉的事情,命大将拣摩率二千兵马去攻打平州。

张觉得知金军来犯,率兵在营州严阵以待。拣摩率兵抵达营州,见营州兵多势众,守备森严,知道张觉已有防备,而自己所带人马太少,不足以与之抗衡,便不战自退。临走的时候,拣摩派人在醒目的地方写上"今冬复来"四个大字。

张觉见金军不战而走,派弟弟去东京报捷,说金军来犯,大败而归。这是童贯惯用的招数,张觉偷师学去了。

赵佶闻报大喜,下诏改平州为泰宁军,拜张觉为节度使,犒赏银绢数万,并让张觉的弟弟捎去任命张觉及部下的敕书、诰命。

金帅宗望侦得了这个消息,在宋朝钦差到达平州的头一天晚上,率军悄悄埋伏在平州郊外的树林里。

次日,张觉率数十余人至郊外迎接天子诏书,突然,金军从树林里杀出,切断了张觉回城的道路。

张觉猝不及防,身边又没有兵将,归路被断,回不了平州,只得带着几名亲信拼死杀出重围,逃往燕山府寻求保护。

金军捕获了张觉的弟弟,缴获了赵佶封张觉为节度使的御笔诏书。

平州都统张忠嗣得知张觉逃走,与副都统张敦固率众开城投降。

宗望便派人随张忠嗣进城,准备做一些安民的事情,金使刚进城,便被城中愤怒的人群给杀了。大家推举张敦固为统领,闭门坚守。

宗望虽率兵攻打,但却久攻不下,因为城中的军民奋力抵抗,誓死要保卫自己的家园。金人终于知道了什么叫抵抗。

宗望在无奈之下,移文燕山府,索要金国的逃犯张觉。

燕山知府王安中把张觉藏在城里,对金人说没有这个人,后来被逼急了,便

"文青"皇帝 宋徽宗

找了一个酷似张觉的人做替死鬼，将首级交给金人，企图蒙混过关。

金国使臣离去不久又回来了，将那个假张觉的头颅丢在地上，威胁说，若不交出张觉，将会移兵攻打燕山府。

王安中见事情闹大了，只得请示朝廷，并建议交出张觉，免得宋、金两国开战。

赵佶此时真的后悔了，悔当初没有听赵良嗣的劝谏，招纳了张觉这个烫手山芋。他实在很害怕打仗，迫于金人的淫威，无奈之下，只得下了一道密诏，命王安中秘密处死张觉，将首级连同他的两个儿子，一并交给金人。

可怜张觉，身为辽国大将，为了不受金人的欺凌和摆布，误投了昏庸无能、仰人鼻息的大宋朝廷，到头来落得个身首异处，而且还搭上了全家人的性命。

张觉屈死，兔死狐悲，所有在宋朝任职的辽国降将及常胜军的将士们，人人伤心，个个胆寒，恨宋朝君臣寡恩薄义，卖友求安。

郭药师更是气愤地说："今天金人要张觉，便杀了张觉送给金人，如果有一天来要我郭药师，岂不是也要割了我的人头交给金人吗？"

郭药师的同伴们听了，也都愤愤不平。郭药师因此而心灰意冷，萌生异志，对部下的管束也就松弛了。这支被大宋朝廷倚为干城的常胜军，顿成一盘散沙。经常有士兵走出军营，干一些抢掠百姓、偷鸡摸狗的勾当。

王安中见军心已乱，自己无法控制，又觉得杀害张觉，于心不安，便辞官不做，挂印而去。朝廷只好改派蔡靖知燕山府。

天祚皇帝的末路

在张觉事件期间，接替童贯出任两河、燕山路宣抚使的谭稹也有一些小动作。他来到太原时，适逢金翰回朝。朔州、应州、蔚州三州守将乘机与宋方暗通款曲，说要献城投降。谭稹刚上任，立功心切，便乘机招降了这三个州，并申奏朝廷，成立朔宁军，派河东守将李嗣前往镇守。

山后共有九州，谭稹不费吹灰之力就收回了三州，更加激发了赵佶收回燕云全部失地的愿望。于是，接二连三地派人出使金国，要求他们履行协议，归还山后几个州。

五年（1123年）八月，完颜阿骨打病死，弟弟吴乞买继位，改名完颜晟，尊完颜阿骨打（完颜旻）为金太祖。完颜晟就是后来的金太宗。

完颜晟仍按兄终弟及的规矩，立完颜宗翰（粘没罕）为大太子、完颜宗望（干不离）为二太子、完颜宗辅（讹里朵）为三太子，完颜宗弼（兀术）为四太子。

宋朝与金国结为睦邻友邦，金国大丧，新皇帝即位，自然要派使臣前往吊唁，向新皇帝表示祝贺，除吊唁、祝贺外，赵佶还给使臣交待了一个任务，就是向金国索要山后几个州。

金国此时正处大丧时期，新皇初立，百废待举，加之辽国天祚皇帝还在山上打游击，他们也不敢过分地分兵旁骛，于是，同意将武州、朔州交还给北宋。这样一来，北宋实际控制了武州、朔州、应州、蔚州四州。而应州、蔚州并没有得到金人的正式同意。

宣和六年（1124年）三月，金国使者突然来到燕京宣抚衙门，见了谭稹，既不问好，更不施礼，见面就向谭稹索要赵良嗣许下的二十万石军粮，态度极为蛮横。

谭稹先是一愣，接着说："二十万石军粮不是一个小数字，岂是一两天就能凑齐的呢？何况，没有片纸只字，怎能交付？"

金国使者说："去岁，赵良嗣已经答应了的。"

"仅凭赵良嗣的一句话，岂能为凭？"谭稹断然拒绝了金人的要求。

金使见谭稹来硬的，只好悻悻而去。

"文青"皇帝 宋徽宗

金帝完颜晟便以此为借口,决意南侵。命大将拣摩率兵攻克平州,杀死宋平州都统张敦固。并怂恿刚刚依附于金国的西夏发兵攻打武州、朔州。而金军则乘胜攻占了应州和蔚州,接着直逼飞孤、灵丘两城。这一切都表明,金人不会再交割山后之地了。

宋军失败的消息传到京师,朝廷一片恐慌。赵佶认为是谭稹处理失当,才引来了如此大的麻烦。童贯、蔡攸又乘机攻讦谭才干平庸。赵佶于是下诏贬谭稹为顺昌军副节度令,勒令他回家休息。并重新起用在家休息的童贯领枢密院事,取代谭,出任两河、燕山路宣抚使。

战争是一个无底洞,打起来花钱如流水。由于连年战争,国库空虚,巨额军费难以为继。赵佶听从宰相王黼的建议,下诏在全国范围内征收免役钱,北方每夫二十贯,南方每夫三十贯,总共征收到二千万贯。天下百姓苦不堪言,怨声载道。

童贯出任宣抚使,就任太原,名义上是代替谭稹交割山后土地,实际上还有另外一个秘密任务。

原来,辽主天祚皇帝自从吃了败仗逃进夹山以后,过上了流亡逃窜的生活,金军布下天罗地网,到处搜捕他,在走投无路的时候,他转奔讹莎勒,向西夏求援。

西夏主李乾顺倒也仗义,见昔日的老大哥前来求援,命统军李良辅率兵三万支援天祚皇帝,谁知夏军到达宜水,遭到金将斡鲁、娄室的夹击,大败而归。

西夏吃了败仗,尝到了金人的厉害,再也不敢轻举妄动了。

天祚皇帝失去了夏军的支援,更是恐慌,率兵继续逃窜。金国大将完颜宗望携辽国降将耶律余睹率兵紧追不放,在一个叫石辇驿的地方,终于追上了辽兵。

天祚皇帝见金兵不过千余人,而他却有二万五千人,从军力上看,辽军占绝对优势。他决定吃掉这股追兵。命令副统军萧特烈指挥辽军迎战,自己则带着妃嫔和身边的大臣登上一座小山观战。

耶律余睹略通兵法,用了一招擒贼先擒王的战术,避开正面的萧特烈,率兵

最后的午餐　第十七章

直奔小山捉拿天祚皇帝。

天祚皇帝本想看一场猫捉老鼠的游戏，不想老鼠发威，冲自己杀来了，顿时吓得手足无措，拍马就跑，连身边的嫔妃都顾不上了。

辽军见皇上都被人赶跑了，哪有心思再战，顿时作鸟兽散，一场占绝对优势的战斗，就这样糊里糊涂地大败亏输。

天祚皇帝率领残兵逃到四部族，恰好碰上萧德妃也逃到了那里，两批人马不期而遇。萧德妃前来拜见天祚皇帝。

天祚皇帝虽然是个流亡皇帝，可只要有机会，还是要发一发皇帝的淫威。他恨这个抢班夺权的女人，当场杀了她。

跟随萧德妃的萧干见情形不对，乘乱逃脱，逃往卢龙镇，在那里召集旧部，自立为奚国皇帝，改元天复。

奚原来是契丹的旧部，与辽国皇室世代通婚，本姓舒噜氏，后改为萧氏，所以，契丹初兴的时候，史官或称其为奚契丹。所以，萧干称帝，自称奚帝。

天祚皇帝以为他还是天祚皇帝，有人另立朝廷，就是谋逆之罪，于是命都统耶律马哥率兵讨伐萧干。谁知耶律马哥还没有出发，金国的斡鲁、完颜宗望率兵追了上来。

天祚皇帝已经成了惊弓之鸟，顾不上讨伐萧干，率众逃往应州。

斡鲁抓住了辽将耶律大石，用绳子牵着他，逼迫他当向导，一路穷追不舍。途中追上天祚皇帝的后队，活捉了天祚皇帝的儿子秦王定、许王宁、赵王习泥烈，以及嫔妃、公主及随行官员。

天祚皇帝在前队，得知后队遭劫，抱头鼠窜，三儿子梁王雅里、长女特里在前队，由太保特母哥保护，乘乱逃脱。

天祚皇帝见儿女、嫔妃都成了金人俘虏，倍感悲伤，派人带着兔纽金印，向金军乞降，并要求赐给子孙土地，让他们有一个安身立命的地方。

完颜宗望拒不答应。

天祚皇帝请降不成，只得继续他的逃亡之路，投奔西夏。

萧干自立为奚帝后，率众出卢龙岭，先后攻占了景州、蓟州，前锋直逼

"文青"皇帝 宋徽宗

燕城。

郭药师得知萧干来犯,率兵迎战,击败萧干,乘胜追出卢龙岭,萧干在败逃途中,被属将耶律阿古哲杀了,并将首级献给宋朝的郭药师。

郭药师派人将萧干的首级送往京师,赵佶下诏加封他为太尉。

天祚皇帝成了一个亡命天涯的流亡皇帝,满以为西夏是过去的属国,投奔西夏可以求得一个安身的地方。然而,金国先他一步就与西夏通好,天祚皇帝的愿望落空了。

李乾顺拒绝了天祚皇帝,立即向金上表邀功,表示忠诚金国。

金太宗完颜晟也不食言,命宗翰将下寨以北、阴山以南,及乙室邪剌部,吐禄、泺西地区割让给西夏。夏与金从此通好,信使来往不绝。

金太宗完颜晟要捉拿天祚皇帝,北宋皇帝赵佶也很惦记他。因为他的存在,终究还是北宋的心头之患。赵佶采纳童贯的建议,花重金找来一名番僧,让他给天祚皇帝送一封亲笔信,他在信中说:"若来中国,当以皇兄之礼相待,位燕、越二王之上,赐第千间,女乐三百人,极所以奉养。"

意思是说,你如果来宋,朕会像对待皇兄一样对待你,你比朕的两个兄弟燕王和越王的地位还高,朕给你一千间房子,三百名戏子,朕养着你。

童贯此次到太原上任,是要密约天祚皇帝来降。

天祚皇帝正如丧家之犬,接到赵佶的御笔亲书,不啻于将溺死大海的人捞到了一根救命稻草,欣然同意,命番僧还报。正想率残部南下投奔北宋,找一个遮风避雨的地方。后来又觉得宋朝靠不住,便仍然在内蒙一带转悠。

宋人与天祚皇帝书信往来,要经过云中,金帅完颜宗望早就掌握了这一情况,但他故装不知,几次围剿天祚皇帝没有成功,便派人找童贯要人,说海上之约规定,金、宋无论谁捉到天祚皇帝,都要杀掉他,而中国违约招徕,一定是童贯将他藏起来了。

童贯当然满足不了金人的要求,因为他也在找这个人。

后来，在宣和七年（1125年）二月，金军终于捉住了天祚皇帝，当时，金太宗完颜晟并没有难为他，还封他为海滨王，让他带着老婆到东海边一个小镇上去居住。后来再一想，又觉得留下天祚皇帝终归是一个隐患，担心他死灰复燃，于是又下令杀死了天祚皇帝，并万马踏尸。

辽自建国称帝，共九帝，历二百一十年。

最后的享受

天祚皇帝走上了不归路，赵佶依旧在荒淫，不是逛窑子，就是吟诗作画，或者到哪个宠臣家里串串门。

王黼对赵佶说，他家里的柱子上长了株灵芝，请赵佶到他家去观赏。因为赵佶偏爱稀奇古怪的事情，

有一天，赵佶突然带侍从来到王黼家，正碰上梁师成在与王黼密谈。梁师成回避不及，只得一同见驾，两人脸色都很尴尬。在赵佶的盘问下，王黼只得承认两家是隔壁邻居，有便门相通。

北宋立国之初，曾有过规定，内侍不得与权臣私相交往。这是防止权臣与内侍相勾结而扰乱朝纲。

赵佶进门的时候，问明只有王黼在家，并无外人造访。看到梁师成在王黼的家里，而且神色慌张，心里虽然明白是怎么回事，但却不露声色，看过灵芝之后，提出要到梁师成家午宴。

梁师成见赵佶并无责怪之意，而且还要到自己家里喝酒，当然是受宠若惊。于是，在梁师成、王黼的陪同下，赵佶从便门进入梁府，君臣三人痛快地吃了一顿丰盛的午宴，晚上又转到王黼家吃晚宴。

赵佶喝得酩酊大醉，不省人事，直到五更，才由十余名内侍带着兵器把他从艮岳山旁龙德宫的复道小门抬进宫去。

皇城使车吉看到几名带刀内侍抬着赵佶从侧门进宫，不知发生了什么事，立

"文青"皇帝 宋徽宗

即将这件事报告给殿帅府,殿帅府也不知发生了什么事,立即将皇宫禁军齐集在教场,以备不虞。

次日,赵佶不能升殿上朝,闹得人心惶惶。直到下午,才从宫里传出消息,说皇上已经醒过来了,齐集在朝堂一直不曾离开的文武百官这才松了一口气。

退朝之后,尚书右丞李邦彦进宫请安,赵佶对他说了在梁师成、王黼家喝酒的事情。

李邦彦惊讶地说:"王黼、梁师成设家宴招待陛下,怎么能把陛下灌得酩酊大醉呢?他们是想让陛下成为酒仙吗?"

赵佶听后,默不作声。

李邦彦人称"浪子宰相",听到这个绰号,不难看出这是一个什么样的人。他有一句名言,说自己要"赏尽天下花,踢尽天下球,做尽天下官"。他跟赵佶在一起的时候,满口污言秽语,市井俚语,跟倡优、侏儒杂坐,完全不顾君臣之礼。玩得兴起,甚至当着大臣、嫔妃的面脱光衣服,露出自己一身的刺青。大臣们忍俊不禁,赵佶拿着棍子追着打他,这位堂堂的宰相居然爬到树上躲起来。赵佶笑着叫他下来,他却学作女人腔娇滴滴地说:"黄莺偷眼觑,不敢下枝来。"

皇后看到此等情景,暗叹道:"宰相如此,国焉得不亡?"

就是这样一个佞臣,却深得赵佶的喜欢。

李彦邦见赵佶不出声,问道:"陛下知道他们密谋什么吗?"

"怎么?"赵佶吃惊地问,"你知道?"

李邦彦神秘地说:"他们图谋夺嫡,欲立郓王楷为太子。"

"真的?"赵佶很吃惊。

"没有不透风的墙,外面早有风传。"

赵佶知道王黼欲废太子,前几天,他还奏说太子赵桓诋毁大臣,屡干国政,常与皇上意见相左,建议废赵桓而立郓王赵楷。他心里也正有犹疑,只是没有想

最后的午餐 第十七章

到他与内侍私相往来，李邦彦说起这档子事，使他的态度立刻发生了变化。

次日，赵佶下诏，命王黼退休回家休息。提升白时中为太宰，李邦彦为少宰，张邦昌任中书侍郎。赵野、宇文粹中为尚书左右丞，并再次起用老太师蔡京，领三省事。

蔡京已是八十岁高龄、第四次当国，此时已经是两眼昏花，视物模糊，不能写字，两腿颤抖，不能朝拜。赵佶便命他"听就私第裁处"，就是说，他可以在家里办公。即使是在家里办公，蔡京也没有处事能力了，一切公文批阅，都由他最疼爱的幼子蔡绦代为处理。朝中大权实际上由蔡绦把控。太宰白时中、少宰李邦彦惧怕蔡绦，一切都按蔡绦发出的文书办事。

蔡绦专权，为所欲为，朝臣敢怒不敢言。就连蔡攸对他这个弟弟也很不满，多次在赵佶面前说他的坏话，甚至劝说赵佶杀掉蔡绦。

赵佶于是下诏，命蔡绦不得干预朝政。

蔡攸为何要对自己的弟弟下狠手呢？因为蔡京偏爱蔡绦，眼中没有他。蔡攸升任少师之后，与蔡京的权力相当，父子俩便分立两党，几乎成了仇人。蔡家父子的窝里斗，已经不是什么新闻。

蔡攸嫉妒蔡绦，白时中、李邦彦也很反感蔡绦，几个人合谋弹劾蔡绦，并牵连到蔡京。

赵佶因而发怒，撤了蔡绦的职，但他不想让蔡京太难堪，叫童贯、蔡攸两人一起去蔡京家，劝他自己上书辞职。

蔡京虽然已经是八十岁的高龄，仍然不甘心就此退出政治舞台，在家里设宴款待童贯、蔡攸，酒席间，很伤心地说："皇上为何不让我再干几年呢？是谁在圣上面前进逸言？"

童贯面无表情地回答："不知道。"

"我虽然年纪大了，仍思皇恩未报，此心二公可知啊！"蔡京可怜巴巴地说。

蔡攸是蔡京的儿子，蔡京呼蔡攸为公，左右听到，窃笑不已。

"文青"皇帝 宋徽宗

蔡攸实在看不下去了,冷着脸说:"皇上派我们来叫你写辞职书,是给你面子,一大把年纪了,还想把持朝政、为所欲为呀?不要敬酒不吃吃罚酒了!"

这一对父子的对话,丝毫没有一点父子的气息。

蔡京无奈,只得写了一份辞职书,将印信一并交给童贯。一代奸相,四起四落,政治生命终于宣告结束。

赵佶又晋封童贯为广阳郡王,让他到燕山加强对金国的防范。这个时候,北宋政权已经是日薄西山了。

第十八章

撂挑子

临阵脱逃

金国消灭了天祚皇帝，没有了后顾之忧，那些好斗的将士们，人人都在摩拳擦掌，跃跃欲试。经过这几年与宋人打交道，他们摸清了大宋的虚实。君昏臣贪，将庸兵弱，宋朝已是一座朽烂了的大厦，稍微加一点外力，便会彻底坍塌。

金太宗完颜晟的雄才大略，绝不亚于金太祖完颜阿骨打，在他决定挥师南下之前，却还派李孝和出使北宋，给宋朝皇帝灌一碗迷魂汤。他吩咐李孝和说，你出使宋朝，名义上是告庆抓获了天祚皇帝，以示友好。实际上是刺探北宋的虚实，为攻宋做最后的准备。假如宋朝皇帝问起山后之地，就说朕最近很忙，暂时分不开身前往西京劝说众将交割山后之地。叫他耐心等待几个月，山后之地迟早会给他们。

李孝和到东京，将完颜晟的迷魂汤一点不留地灌给了赵佶。

赵佶喝了这碗迷魂汤，喜不自禁，设宴为金使洗尘。宴会上，金杯银盏，奢华至极，仙乐缭绕，赏心悦目，金使羡慕不已，回国后，直夸汴梁城是人间天堂。

"文青"皇帝 宋徽宗

宣和七年（1125年）十月，完颜晟终于举起了军刀，"诏诸将南伐"，兵分两路，向北宋发起进攻。

完颜晟命斜也为都元帅，坐镇京师，调度军事；宗翰为西路军都统帅，率兵从云州出发，直扑河东，目标是南攻太原，然后与东路军会师，进军北宋京城；宗望为南路军都统帅，率大将拣摩，汉军都统刘彦宗，自平州入燕山。

金人自擒获辽国天祚帝后，是否立即南下，曾一度犹豫不决。因为宋朝毕竟是泱泱大国，能否在交战中稳获胜券，并没有十分把握。

正在这个时候，宋朝隆德府义胜军二千人叛宋降金，向金人透露了宋朝的军事布局。易州常胜军首领韩民义也率五百人投降宗翰，诉说自张觉被杀之后，宋军人心涣散，毫无战力，如果金军此时发起进攻，可以轻易得手。

辽国降将刘彦宗、时立爱是燕京人，他们的祖坟、田园、亲戚、故旧都在燕京，因此也主张金人南侵。

耶律余睹等人都是辽朝旧臣，宗望的妻子金辇公主是天祚帝的女儿，宗翰的妻子萧氏原是天祚帝的妃子。这些人为报宋兵助金灭辽之仇，也都极力撺掇金人攻宋。

耶律余睹力主伐宋，兵不必多，粮草就地征集便可。

宗翰于是下决心伐宋。宗望伐宋的心情更强烈，他认为，如果不先下手为强，就有可能遭到宋人的攻打。

宗望是太宗之侄，宗翰是太宗的从兄弟，二人久经沙场，官高位崇，太宗自然言听计从。

宋、金往来频繁，知道宋军能战者只有陕西军与郭药师的常胜军，因此才分东西两路攻宋。西路军由雁门关攻占洛阳，以阻止陕西宋军东下，截断赵佶入蜀之路；东路军则在夺取燕山府之后，乘胜南下。两路军都以占领汴京，俘获赵佶为目的。

金军频繁调动，不能不引起宋方的警惕。在距平州最近的清化县榷盐场，见金兵前来掳掠居民，焚烧庐舍，急忙向燕山府报告。宣抚使蔡靖与转运使吕颐浩等为防不测，一面加紧修筑城池，一面派人飞报朝廷。

撂挑子　第十八章

朝中执政大臣正忙着筹办郊祀，竟然没有将边境报来的军情上报，只是命令蔡靖随机处理。一场关系到北宋存亡的重大军情，赵佶君臣竟然浑浑噩噩，不加理会。

九月间，宋朝河东守将也向童贯报告，宗翰正在云中调动兵马，伺机南下，应提前预作准备。童贯不听。

十月间，金兵的调动更加频繁。浓云密布，阴霾满天，一切都表明，金人已经伺机动手了。

金军已经出兵南侵，赵佶仍然在做收复失地的美梦，派童贯去和金国商谈索地之事。童贯到达太原之后，明知宗翰领兵南下，仍然在异想天开，派马扩、辛兴宗赴金军商谈移交山后的土地。

宗翰得知宋使求见，高坐在上，俨如金国皇帝一般，马扩等人被迫向他行参拜之礼。当马扩询问土地交割之事时，宗翰责问道："先皇与赵宋皇帝交好，各立誓书，万世不毁。贵国却要违约，暗纳张觉，接收燕京逃去的官民，我国屡次移文追还，你们都是借口挡塞，这怎么解释？"

"这都是谭稹处事轻率，听信了张觉的鬼话。我朝皇帝深有悔意。宋、金两国要重修旧好，不要总是纠缠以前的事情。"马扩看了一眼宗翰说，"我们这次来，是请贵国如约交割蔚、应两州和飞狐、灵丘两县的土地。"

宗翰大笑，立即加以拒绝："你们还想要两州、两县吗？山前、山后，都是金国的地盘，与你们宋朝无关，你们招降纳叛，暗结天祚皇帝，已经违背盟约，只有割地才可赎罪。你们滚吧！我会派人到你们那里通报的。"

宋方要求归还蔚、应两州，金方则要求宋方再割让土地，谈判自然没有结果了。马扩见宗翰如此蛮横，知道再说也是自取其辱，只得灰溜溜地告辞而归。

童贯见马扩垂头丧气的样子，问到底是怎么回事，马扩只说了一句话："别抱幻想，刀已架到脖子上了，速作提防，准备御敌吧！"

童贯根本就不相信金国有能力、有胆子向大宋宣战。

马扩刚回来，金国使臣拣摩也跟着进门了。

"文青"皇帝 宋徽宗

童贯以为金人是来商谈土地交割之事，高兴地开中门迎接，拣摩并不领情，脸色也不怎么友善，大摇大摆进来，大大咧咧地坐下。童贯忙命人献茶，还像往常一样，热情款待。

拣摩却不屑一顾，傲慢地递给童贯一封信函。

童贯接过一看，原来是一份战书，看着看着，脸色开始发白，两手发抖，勉强看完之后，颓丧地坐在太师椅上。

"怎么？"拣摩讽刺地说，"害怕了？"

"我们可是兄弟之邦呀！"童贯结结巴巴地说，"贵国说我们纳叛弃盟，为何不早告诉我们呢？"

"兄弟之邦？"拣摩冷笑道，"你们背信弃义，招纳张觉、迎降天祚，早已违背盟约，还谈什么兄弟邦？"

"没有商量的余地吗？"童贯近乎哀求地问。

"有！"

"怎么讲？"童贯迫不及待地问。

拣摩看了童贯一眼，傲慢地说，"若要我朝退兵，速割河东、河北之地，宋、金以黄河为界，宋朝尚有生存的机会。否则的话，数月之内，金国大军将饮马长江，席卷中原，辽国的今天，就是你宋朝的明天。"

童贯坐在那里，早已吓得魂胆丧，呆若木鸡，连金使是何时走的也不知道。宋、金马上就要开战，太原城首当其冲，我把脑海里现在想的，不是如何调兵遣将，而是怎么想法赶紧逃离太原这个是非之地火坑。想来想去，三十六计，走为上策，但是，如果没有一个正当的理由，对左右是不好交待的。

童贯将太原知府张孝纯及城中守将召来，哭丧着脸说："如今军情十万火急，你们要赶紧筹划守城，我要立即回京，当面向皇上汇报情况奏报，太原就交给你们了。"

张孝纯正色说道："金国大举南下，太师身为三军统帅，应督促诸路兵马抵御外敌，此时回京，无异于临阵脱逃，这不是自取败亡吗？若太原失守，河东失守，河北还能守得住吗？请太师留下来，共商守城之计，以慰军民之心。况且，太原城地势险要，只要军队同心，死力扼守，金人未必能攻下。"

童贯恼羞成怒，怒叱道："我只受命宣抚，并未奉命守土，镇守边关，驰骋疆场，是你们守臣的责任，不关我的事，如说留我才能守住太原，要你们这些守臣何用？"说完，立即带上几十名心腹侍从，快马加鞭，一溜烟跑回汴京。

张孝纯见童贯不听劝阻，仰天长叹，伤心地说："朝廷执掌兵权的三军主帅，国难当头，居然如此贪生怕死，临危脱逃，国家离灭亡也就不远了啊！"

十二月八日，童贯逃离太原，十六日至京师。

金兵南下

童贯离去之后，张孝纯并未放弃，他与王禀等诸位将领，商议守城之策，动员太原城的军民，备足滚木擂石，兵械箭矢，准备守城。誓与太原城共存亡。

宗翰率二十万西路军一路疾进，先后攻克朔州、代州，直逼太原城下。休兵一日后，便对太原城发起了猛烈进攻，张孝纯率领太原城军民顽强地进行抵抗，金兵伤亡惨重，士气大跌，太原城仍固若金汤。

宗翰见太原城久攻不下，只得暂行退兵。想起金太宗完颜晟临行的一再叮嘱，不可在难攻的州城纠缠，贻误了战机。正在为难之际，恰恰由西夏组成的后军及时赶到，便将太原这块硬骨头交给后军，自己率军绕过太原，继续南下，杀奔洛阳。

东路军的进展顺利多了。宗望率兵自平州出发，一路上，所向披靡，顺利攻占了清化县、檀州、蓟州、松亭关、石门镇、野狐关、古北口，燕山府的门户大开。值得一提的是，金军占领这些要塞之地，大部分都是兵不血刃，士兵们排着整齐的队伍、说说笑笑地行进。这在中外战争史上，算得上是一个罕见的奇迹。这段战事，一直被当成笑话，在金国流传了许多年。

"文青"皇帝 宋徽宗

金军扫清了外围,二十万金兵渐渐向燕京围拢。

燕山的守军主要是郭药师的常胜军及张觉带来的辽国降卒近七万人,另有宋朝配给的汉军约三万,统归郭药师指挥。蔡靖虽为燕山府知府,却没有兵权,燕京实际掌控在郭药师手里。

郭药师自从张觉事件以后,早已心存异志,看在蔡靖以诚相待的份上,勉强率兵出城迎敌,见金军来势凶猛,这个昔日的常胜将竟毫无斗志,未战先退,被金军一路追杀,败回燕山。金军直逼城下。

郭药师败回燕山后,并没有布防守城,而是将知府蔡靖、转运使吕颐浩、副使李与权等人抓了起来,然后大开城门,迎接金军进城。

郭药师降金后,被宗望任命为燕京留守,赏给金牌,还赐以国姓完颜。郭药师再一次拿燕山府当礼物,谋取了自己的安全和富贵。

宗望在郭药师的帮助下,很快平定了燕山府的所属州县,除了土地之外,金军还收获了战马一万匹,甲胄五万副,无数的军需物资,还有降兵七万多人。

北宋费了数代人的心血和数以百万计的金银收复的燕京六州,在不到十天的时间内,重新沦落于金人之手。

郭药师这个辽国降将,投靠宋朝还不到三年,又转而叛宋降金。赵佶把北方的门户燕京的防御重任,交给这个反复无常的降将,竟能那样放心。这期间,朝臣们不少人提醒过赵佶,蔡靖赴燕京上任后,曾先后密奏一百七十余次,乞请朝廷密切注意郭药师的动向,不可过于相信此人。赵佶就是不听,终于酿成了今日大祸。宋朝君臣的昏聩无能,已经到了不可救药的地步,金不亡宋,宋亦必自亡。

郭药师降宋多年,深知宋朝的军事布防,他向宗望献计说,宋朝的主力都布置在河东,现在西路又被牵制,无法回师增援,假如乘河北兵力空虚之机,挥师南下,直扑宋朝的首都东京汴梁,定可建立不世之功。

宗望觉得郭药师的分析很有道理,率领金军离开燕山,挥师南下,直插大宋腹地。一开始,他把目标对准保州和安肃军,但狂野的女真铁骑,打野战所向披

靡，天下无敌，打攻坚战却不是他们的强项，连续攻打保州、徐水、中山府，都未能奏效。

郭药师不愧是一个将才，他建议实行斩首行动，放弃攻坚战，采用纵深穿插，直扑宋朝的心脏——东京汴梁，摧毁他们的首都。

宗望虽然觉得有些冒险，但认为值得一试，采纳了郭药师的建议，绕开一时无法攻下的城池，不顾身后留下许多固守的宋军，快速向宋朝的腹地挺进。

在危急中禅位

赵佶看着御案上成堆的告急文书，一筹莫展，他不明白，金人怎么会背信弃义，"海上之盟"的墨迹还没有干，他们怎么就杀上门来呢？急难之中，他总算还记得兵来将挡、水来土掩这句话，立即命宦员梁方平率领禁军，火速赶往黎阳，力争将金军挡在黄河北岸。接着又命宇文虚中调天下兵马进京勤王。

宇文虚中立即调熙河经略史姚古、秦凤经略使种师中领兵增援东京，保卫都城。

金兵还没有到，京城便乱成了一锅粥。面对凶猛而来的金军，昔日围在赵佶身边大献殷勤的蔡攸、白时中、李邦彦似乎一下子都沉默了，没有一个人能拿出一个有用的主意。

通直郎李邺自告奋勇，请求给他三万两黄金出使金国，向金军求和。走投无路的赵佶及众臣像是抓到了一根救命稻草，明知希望不大，也要去试一试。只是国库空虚，一时凑不足那么多黄金，赵佶便叫人把内库里两个各重五千两的金瓮抬出来，让书艺局把金瓮销镕为金字牌子，全部交给李邺，让他带去见金军大帅。

金军留下一万两黄金，轰走了李邺，黄灿灿的金子，变成了肉包子打狗，有去无回。当李邺返回京城，赵佶问起求和的情况时，李邺惊魂未定，心有余悸地

"文青"皇帝 宋徽宗

说:"金军可不得了呀!人如龙,马如虎,上山如猿,入水如獭,其势如泰山。宋军与金军相比,简直如累卵一般。"说罢,当众大哭起来。

李邺的这段话后来传到宫外,百姓戏称李邺为"六如给事",因为李邺曾任过给事中。

赵佶听李邺讲金军如此厉害,吓得面如土色,童贯、蔡攸一班佞臣,个个也是身颤股栗,冷汗直流。

议和不成,抵御无方,赵佶一筹莫展,窘迫之中,召来宇文虚中商量。宇文虚中认为,现在形势危急,建议赵佶下"罪己诏",革除积弊,这样或可挽回人心,国人同心协力,共同抵抗外敌。

"罪己诏",就是皇帝自己给自己降罪,公开向天下民众认错。赵佶只爱听奉承之言,不受逆己之语,这一次听了宇文虚中的话,不但没有发火,居然还十分虔诚地接受了宇文虚中的建议,命宇文虚中起草诏书。

次日,罪己诏便发向全国各地。

所谓鸟之将亡,其鸣也哀;人之将死,其言也善。赵佶在罪己诏中坦诚地承认自己多年的过错,说得荡气回肠,委婉沉痛,几乎是用血和泪写成的。为了表示自己的诚意,罪己诏颁发之后,他还采取了一些措施:下诏撤销西城所,将钱物交给户部;将没收充公田的土地,全部归还原主;裁减宫廷用度以及侍从官以上官员的俸禄;彻底罢废道观,收回赐给道观的土地;撤销大晟府、教乐所、行幸局、彩石所等,积累多年的弊政,几乎全部被革除了。

可惜,赵佶醒悟得太晚了,一纸罪己诏,怎抵得金军的百万铁骑?

赵佶心里明白,金军已迫近黄河,各路勤王之师远水救不了近火。大宋王朝的江山摇摇欲坠,他已无力收拾这个烂摊子了。突然之间,他有了一种不祥的预感,欲念一生,挥之不去,心中便生出了三十六计,走为上策的想法。

开溜之前,他还想把京城安顿一番,下诏命皇太子赵桓为开封牧,并特意赐给只有皇帝才能佩戴的碾玉龙束带。

开封牧这个职位不同寻常,在北宋历史上,只有太宗皇帝、真宗皇帝在即位之前担任过这个职务。赵佶在金军来犯之机匆匆忙忙任命太子赵桓为开封牧,其用意已经很明显，他要撂挑子了。

赵佶尽管在安排退路，但还是幻想奇迹出现，可惜，奇迹没有出现，金国的使者却闯进了京城。

金国使者到达京城后，气焰嚣张，说自己是来送国书的，声称金军兵分两路，是来"吊民伐罪"。

白时中、李邦彦、蔡攸等听了大惊失色，不敢作答。不知谁小声问了一句："怎样才能休兵呢？"

金使态度傲慢，说只有宋朝向金国割地称臣，金国才会休兵。这样的事情，蔡攸他们作不了主，只好将金使送来的国书转呈赵佶。

赵佶看后，惊出了一身冷汗，只是唉声叹气，什么话也没有说。其实，赵佶此时已经有了主意：让太子监国，自己以行幸东南为名，逃离京师。

太常少卿李纲得知这个消息后，便去找给事中吴敏，对他说："如今敌势猖獗，两河危急，皇上若弃城而去，只留太子监国，恐怕太子威不能服众，则京城必危。"

吴敏问李纲有什么好办法。李纲说："如果皇上一定要离京，就应传位于太子，这样，新天子才可以号令四方。"

吴敏认为劝说赵佶禅位的风险太大，弄得不好，会给自己惹来杀身之祸，还是奏请太子监国比较稳妥。

李纲激动地说："如今国家的形势，同当年唐玄宗在灵武禅位给太子没有两样，甚至比那更危急。国家已经危在旦夕，不另建年号，不足以复邦。我们是为江山社稷作想，又不是谋逆，何罪之有？即使获罪，为人臣者，在国家危难之时，也应万死不辞。皇上聪明仁恕，一定懂得这个道理的。吴大人还是去试试吧！"

李纲所说的唐玄宗故事，就是指安史之乱后，唐玄宗李隆基出逃四川，太子李亨走到半路不辞而别，到灵武即了皇帝位，就是唐肃宗。唐肃宗遥尊唐玄宗为上皇，然后命自己的儿子做天下兵马大元帅，召集四方志士勤王，用八年时间平定了安史之乱。但是，唐肃宗做皇帝不是唐玄宗传位，而是他自立的，玄宗无可

"文青"皇帝 宋徽宗

奈何，只得默认。安史之乱平息后，李亨把玄宗迎回长安，父子失和，玄宗被软禁，最后凄凉地死去。

吴敏觉得李纲说得有理，欣然答应进宫劝说赵佶。

李纲担心赵佶不听劝谏，连夜刺臂写了一封血书，他在血书中说：

> 皇太子监国，礼之常也。今大敌入攻，安危存亡在呼吸间，犹守常礼，可乎？名分不正而当大权，何以号召天下，期成功于万一哉？若假皇太子以位号，使为陛下守宗社，收将士心，以死悍敌，则天下可保矣。臣李纲刺血上言。

次日，吴敏进宫，将李纲的话原原本本转奏给赵佶。

赵佶听奏后，当即召李纲进宫。李纲进宫后，什么也没有说，跪下呈上写好的血书。

强兵压境，赵佶对皇帝这把交椅已经没了兴趣，放出行幸东南的风声，实际上是要撂挑子走人，李纲的血书激发了他的灵感，撂挑子，就要撂得彻底。他答应李纲，明天一定给一个说法。

第二天，赵佶突然病倒了，而且还数次昏死在龙床上，御医又是捶背，又是把脉，始终诊不出得的是什么病。几位宰臣围在旁边，急得团团转，都说朝廷不幸，怎么在如此紧要关头皇上突然得了如此怪病呢？

赵佶慢慢地苏醒了，只见他伸出手，断断续续地说："纸……纸……"

"快！"蔡攸急叫道："陛下要纸。"

内侍连忙取来笔墨纸砚，送到御榻前。赵佶抓起笔，迅即写下一道诏书：

> 皇太子可即皇帝位，予以教主道君退居龙德宫。可呼吴敏来作诏。

笔走龙蛇，刚劲有力，丝毫看不出是一个病人写的字。

蔡攸领旨，立即传吴敏草拟诏书。赵佶正式传位给皇太子赵桓。

第十九章

东下避险

被逼做了皇帝

皇太子赵桓名亶、烜,他在皇太子的位子上苦苦等了十四年,就是想坐上金銮殿上那把交椅,可是,当机会来临的时候,他哭了,坚决不当皇帝。因为他发现,父皇是在撂挑子,留给他的是一个百孔千疮的烂摊子,是一座即将爆发的火山,龙椅就放在火山口上。但是,这件事由不得他,前任皇帝的禅位诏书已经签字下达了,几位宰臣也都一致拥护,虽然他心里不愿意,还是被几位宰臣硬拽到金銮殿,强行按在那把至高无上的龙椅上,将龙袍披在他身上,极不情愿地做了皇帝。

赵桓,是一个被逼上皇位的皇帝,也是北宋王朝最后一位皇帝。

宣和七年(1125年)十二月二十三日,赵桓即位,他就是宋钦宗。

赵桓即位之后,命少宰李邦彦为龙德宫使,进蔡攸为太保,吴敏为门下侍郎,都兼任龙德宫副使。

立太子妃朱氏为皇后。朱氏是武康军节度使朱伯材之女,被封为皇后之后,她的父亲也跟着沾光,被追封为恩平郡王。

授李纲兵部侍郎,耿南仲签书枢密院事。

"文青"皇帝 宋徽宗

按理说，当务之急便是阻止金军南下，然而，这个被逼上皇位的皇帝，同他的父亲赵佶一样，也是一个昏庸之君，在大兵压境之际，仍然是患得患失，多疑多变，缺乏主见。而且，他仍然和他的父亲做相同的梦：向金人乞和。

豺狼是不会同羊讲和的，因为羊天生是狼的口中食。赵家父子始终不明白这个简单的道理。金军快杀过黄河了，赵桓不思御敌，却派给事中李邺出使金营，对金人说，宋朝的皇帝已经换了人，新皇帝请他们停止前进，两国重修于好。

宗望知道自己孤军深入，风险实在很大，如果宋军抄了后路，他所率的部队恐怕一个也回不去。接到李邺送来的乞和书，有了回军北撤之意。

郭药师原本是宋将，对宋朝的情况知根知底，他怂恿宗望继续南下，说宋朝的防务形同虚设，不足为虑。更不用担心宋军抄后路，因为宋朝还没有出这样的人，即使有这样的人，宋朝的皇帝也没这个胆量，总之一句话，宋朝是一只纸老虎。

宗望考虑再三，终于还是采纳了郭药师的建议，率军继续南下。

赵桓见金军并没有停止前进，派河东制置副使何灌率领二万禁军增援浚州，协助梁方平守卫黄河大桥，借黄河天险，将金军阻止在黄河北岸。

何灌所率的二万兵士，都是一些刚离开土地的农民，根本就不会打仗，他认为带这样的兵去打仗，无异于送死，不想奉命，但君命难违，只好硬着头皮挂印出征。

宋军出师那天，京城的百姓杀牛宰羊，带着美酒和各种慰问品涌到街头相送，叮嘱这些子弟兵上前线要英勇杀敌，将敌虏阻挡在黄河北岸，保卫京师。但是，当他们看到这些禁军骑上马，两手紧紧地抓住马鞍不敢松手的熊样子，百姓的心都凉了，从脚底生出一股透骨的寒气，直冲头顶。连马都不会骑，又怎么能去冲锋陷阵呢？禁军尚且如此，其他的部队也就可想而知了。

天下人都知道是蔡京等人误国。太学生陈东带领一些学生联名上书，要求惩

罚扰乱朝纲、贪赃误国的六大奸人，斩首示众，以谢天下，他在书中说：

> 国事如此，乃由蔡京坏乱于前，梁师成阴贼于内，李邦彦结怨于西北，朱勔聚怨于东南，王黼、童贯又从而结怨于辽金，创开边隙，使国势危如累卵。此六贼名异罪同，伏愿陛下乾纲独断，擒此六贼，斩首市曹，传示四方，以谢天下。

历史上，将蔡京、梁师成、李邦彦、朱勔、王黼、童贯合称为六贼，这是第一次，此后，北宋"六贼"就是指上面这六个人。

李纲也上密疏，请求诛杀王黼。

其实，赵桓也早知道六贼的罪恶，只是他继位不到一个月，似难诛戮大臣，只好暂时将这件事放下了。

赵桓即位六天之后，下诏改宣和八年（1126年）正月一日为靖康元年。

赵桓下诏求言，文武百官、士子百姓，都可以上书直言国事。自金人入侵以来，赵佶也多次下求言诏，但时局稍微缓和，便又弃之不顾了。故当时有谚语说："城门闭，言路开，城门开，言路闭"。因此，百姓对新天子的求言诏持观望态度。

此时李邦彦总领政务，他刻意阻断言路，向赵桓报喜不报忧，除急事非上报不可外，一般一奏疏他都是压而不报。

靖康元年春节，是一个叫人惶恐不安的春节。

上皇仓皇出逃

正月初一，金军东路军由邯郸分两路南进，一路以郭药师为前锋，他率领二千常胜军直扑浚州，另一路由宗弼（完颜兀术）率领，攻陷汤阴后与郭药师会师，攻打浚州。西路军则由宗翰率领攻打上党。

"文青"皇帝 宋徽宗

驻守黎阳的太监梁方平领兵把守黄河两岸，日日纵饮，不作防备，得知汤阴失陷的消息，吓得灵魂出窍，尽管金军距黎阳还有一百多里，但他还是扔下全部军需辎重，惶惶如惊弓之鸟，率军向南溃逃。

驻守浚州黄河大桥的何灌见梁方平率军溃退，以为金军杀过来了，下令烧毁了浚州黄河浮桥。他以为，烧掉了黄河大桥，就可以将金军挡在黄河北岸。何灌下令烧桥的时候，桥上正在过兵，他担心金兵尾随过桥，竟然不等梁方平的溃军过完，就下令点火，千余名宋兵被自家人放的一把火烧落桥下，葬身于滚滚的黄河水。

主帅一逃，部卒自然四散逃命，守军临阵逃跑，"恐金症"就像瘟疫一样在中原大地上迅速蔓延。各州县的官吏和驻军，也都争先恐后，望风而逃。可惜浩浩黄河天险，茫茫中原腹地，在敌人即将到时，竟然没有朝廷的一兵一卒在守御。所剩的只有一些手无寸铁的百姓，他们或扶老携幼，携妇将子，逃离家园，或结寨自保，准备与金兵拼个鱼死网破。

金军将要杀过黄河的消息，旋风般刮遍中原大地，吹进了东京汴梁城，举国上下，朝廷内外，人心惶惶。那些嚣张一时的奸臣，都在捆扎行李，收拾私财，载运娇妻美妾，爱子宠孙，准备逃离京城。逃得最快的要算王黼，他收拾好金银细软之后，叫了十辆大车，载着多年搜刮来的金银财宝，带上妻儿老小，连夜逃出京城。

有人将王黼出逃的消息报进宫里，赵桓闻报大怒，前几天太学生们弹劾，他没有动手，这次王黼出逃，这可是他自找死路，这就怨不得他诛戮大臣了。

赵桓下诏，命开封府尹聂昌派人秘密追杀王黼。尹昌派出的武士追到雍丘，杀死了王黼，取首级回京缴令。对外宣称，说王黼被拦路劫财的强盗杀了。王黼一生搜刮钱财无数，到头来落得个身首异处，人财两空。

赵桓知道人心涣散，为了唤起民心，他下诏赐死李邦彦，没收其全部家产；没收朱勔全部家产，削职为民。

朱勔本是个小吏，以花石纲取媚赵佶，为害州郡二十余年，官至宁远军节度使，他有苏州建造的私宅，模拟宫廷，所穿服饰、所用器物，乘坐的车轿，豪华至极，他又以押运花石纲之名，募兵数千人作为自己的卫军，势焰熏天，东南

东下避险 第十九章

一带的刺史、郡守，多出于他的门下，时人号谓称南小朝廷。赵佶末年，更加获宠，在朝犹如王侯，进宫见皇上不避宫嫔，一门尽为显官，天下人为之扼腕侧目。至此，朱勔的好运也算到头了。

凡是由朱勔而得官者，一律罢免，朝政为之一清。

赵桓又诏中外臣庶，直言得失，朝政颇有刷新气象。这都是为金兵逼近所致，可惜，此时人心已散。临时抱佛脚，也没有回天之力。

再说金军赶到黄河边，看到河对岸渐渐远去的宋军旗帜，先是觉得不理解，当明白是怎么回事的时候，发出了震天的狂笑。因为他们终于明白，闻风而逃是什么意思。

金军找来十几条小船，花了五天五夜的时间，将骑兵摆渡过黄河，然后再花五天五夜的时间，把步兵渡过黄河。

金人实在不明白，宋军这个仗是怎么打的，得天独厚的黄河天险，天然的屏障，居然说放弃就放弃了。金人得好卖乖，嘲笑地说："宋朝真的没有人啊！假如有一二千军队守在黄河南岸，我们插翅也飞不过来。这样的朝廷、这样的兵，不灭亡才是怪事。"

其实，无论是梁方平，还是何灌，只要有一人是有血性的将军，今后的历史会不会重写，还真的说不定。

金军在毫无阻挡的情况下过了黄河，直扑宋朝的首都。

赵佶虽然撂了挑子，但日子过得并不怎么舒心，一班醉生梦死的佞臣，如蔡攸、高俅等人，建议他到南方地去避避风头。赵佶见了蔡攸，抱怨地说："都是你的父亲误朕，如今，朝廷上下都说朕失德，这都是蔡京逢迎谄佞造成的。"

蔡攸、高俅见赵佶动了真气，恐在旁边受气，托词退了出来。

赵佶追究蔡京，又鉴于谏官说他失德，下诏将李明妃废为庶人。李师师含泪出宫，入庵当了女道士。

赵佶计划以到亳州烧香为名，逃离京城，时间定在正月初四。当他听说金兵

"文青"皇帝 宋徽宗

已经过了黄河,一下子就慌了,匆匆忙忙地收拾了东西,带着老婆孩子,冒着刺骨的寒风,匆匆出宫,身边只带着蔡攸、宇文虚中和十几个侍从。他给蔡攸任命了一个新职,叫上皇行宫使,宇文虚中为副使。

一行人出了通泽门,上了一条小船,沿汴河东下,连夜出发了。

赵佶早就拟好了南逃的路线,从汴京出发,先到应天府,再到亳州、泗州、楚州,最后到扬州。隋炀帝当年开凿的大运河,为赵佶南逃提供了天大的方便。

天亮以后,赵佶觉得船走得太慢,又下令弃船上岸,派人找到地方官弄来几乘小轿,几匹老马,据说,赵佶骑的是一匹名叫"鹁鸽青"的叫骡,有了代步的工具,一路跌跌撞撞向南奔逃。正在赶路之际,突然听到后面人喊马嘶之声,回头一看,却见尘土飞扬,一队兵马风驰电掣尾追而来,赵佶大惊,以为金兵杀到,吓得浑身直打哆嗦,正在惊慌之际,追兵已近,跑在前头的一人滚鞍下马,给赵佶磕头请安,仔细一看,原来是童贯。

童贯痛哭流涕地说:"上皇仓促出巡,连禁卫军也没有带,奴才得知这个消息,便带着两万胜捷军赶上来,给上皇护驾。"

赵佶听罢,很是感动,危急关头,还是童贯对自己忠心。

童贯此次出逃,只是为了自保,给赵佶护驾,只不过是一个幌子而已。原来,童贯在西征的时候,特意挑选了一批精锐之士,组成了一支两万人的军队,专门为自己看家护院,保卫童府的安全。战时虽也出征,也只是跟在童贯的身边,从不让他们上前线冲锋陷阵。这支特殊的军队,实际是大宋的军外之军,是真正的童家军。童贯为他们取名为胜捷军。

赵佶这次深夜出逃,并没有通知童贯。童贯得到赵佶出巡的消息,已经是第二天中午。他还听说,老奸巨猾的蔡京,已经在上皇出走的前一天,席卷了搜刮来的金银珠宝,带上妻小家眷,偷偷地溜出京城,逃回福建老家去了。童贯得到这些消息,极度恐慌,知道自己留在京城非常危险,新皇上做太子的时候,就对他们这些宰辅看不顺眼,现在当了皇上,如果哪个冤家对头奏上一本,自己就吃不了兜着走。再说,如果金军真的兵临城下,自己手下的两万胜捷军肯定会调去

东下避险 第十九章

守城，到时连看家的本钱都没有了。越想越害怕，最后想出了一个两全齐美的办法，就是打着为上皇保驾的幌子，带上胜捷军逃离京师。一来，待在上皇身边最安全，二来，他也可以借机保存自己的私家军。

童贯赶上赵佶后，合兵一处，急急如丧家之犬，向东南逃窜。

赵佶一行到扬州后，本来已经到达了目的地。但此时的赵佶已经吓破了胆，觉得扬州距东京太近，仍不安全，一定要渡江继续南下。当地百姓听说太上皇仍要南逃，扶老携幼跪在路旁，求太上皇不要走。卫士们才明白真相，很多人跪在地上大哭，拦住车驾不放行。童贯唯恐耽误了行程，命令胜捷军放箭射杀了百余名卫士，护着赵佶及其随行人员，强行过江，去了镇江。

赵佶到达镇江后，以他现在的身份，如果能沉湎于声色犬马，过着退休后的逍遥生活，也就罢了。可时间一长，他心里又产生了失落感，开始不甘寂寞了。禅位时曾下诏三省、枢密院，保证以后"除教门事件外，余并不管"，可是还不到一个月时间，他便把自己的许诺当成了空气，在童贯、蔡攸的怂恿下，竟然以太上皇的名义，一连下了几道诏书。一是命令凡淮南、两浙等驿站传送京师的公文，一概不得放行，须听候太上皇的旨意；二是江东路及各州兵马，须经太上皇批准，不能随意调动；三是停止东南勤王之师，纲运等也应以向镇江太上皇处贡奉为主。

对于东南各州府来说，这等于国家有了两个首脑，天上出了两个太阳。政出多门，无所适从。泗州守臣将这一情况向京城的少帝赵桓作了报告。赵桓虽然是个孝子，但也认为父皇这事做得过分了，于是下旨各地，仍按太上皇禅位的承诺办理。这样一来，赵佶就显得很尴尬。从此，父子间便产生了龃龉。

战、和之争

赵佶仓皇出逃之后，京城可以用一个"乱"字来概括，政局乱，人心乱，朝廷上下、京城内外，全都乱套了，乱成了一锅粥，乱成一团糟。

"文青"皇帝 宋徽宗

新皇上六神无主，毫无主张，大臣们各怀心事，各打各的小算盘，眼看即将兵临城下，居然还在战、和、逃三者之间纠缠不休。朝堂上，赵桓眼巴巴地看着群臣，口里不断地催促他们快拿主意。

太宰白时中奏说："金兵来势凶猛，锐不可当，京城是不能呆的了，陛下为长远计，可前往襄邓，以避其锋。"

宰相李邦彦立即附和道："太宰所言极是，陛下乃一国之主，万不可身居险地，还是赶回移驾江南，避避风头。"

赵桓是一个怯弱无能、优柔寡断之人，本来就不愿当这个吃力不讨好的皇帝，听两位宰相都主张到江南去避风，正中下怀，连连点头，正要下旨南巡的时候，有一个人强出头，打乱了几个奸臣的如意算盘。这个人叫李纲。

李纲是正和二年的进士，曾做过御史，因进言朝廷要防外患，打扰了赵佶和那帮佞臣的兴头，被贬到地方上去了。金军发动进攻的时候，李纲回京出任太常少卿，掌管朝廷的礼乐郊庙事务，是一个纯文职官员，按理说，舞刀弄棒的事与他这个文弱书生扯不上关系。可是，国之将亡，匹夫有责，眼看金军已经打到家门口，朝中上下，人心惶惶，上皇走了，新皇上在两位宰相的怂恿下，又想溜之大吉，性情刚烈的他，实在是忍无可忍，他要亲自找赵桓理论这件事情。当他要求见皇上时，一个叫孝庄的门卫说，皇上还在和宰相们议事。因为按惯例，赵桓同几位宰臣召开如此重要的会议，其他人是不可以进入会场的。

李纲怒斥道："金军都要打上门来了，还讲这么多规矩？"

孝庄无奈，只好进去通报。得到许可后，将李纲带进去。李纲进入会场之后，迫不及待冲着赵桓问道："听说宰相要陛下放弃京城，外出躲避金兵，有这回事吗？"

赵桓与几位执政大臣一片沉默，你看看我，我看看你，谁也没有说话。

李纲见大家都不出声，责问道："道君皇帝将宗庙社稷托付给陛下，陛下怎么能弃之而去呢？"

白时中见李纲有些咄咄逼人，嘀咕道："京城想守也守不住，不走又能怎么样？"

李纲手指白时中、李邦彦，怒斥道："你们身为宰相，不思御敌之策，先是欺蒙上皇，现在又怂恿陛下弃城而逃，京城失守，你们就是千古罪人。"

"白时中说得有理，京城守不住，京城不可待！"赵桓似乎铁了心要逃，竟然当着大家的面说出了他的想法。

"天下城池，惟京城最坚固，如京城不可守，还有哪座城池可守？宗庙、社稷、百官、万民都在这里，舍弃京城，能到哪里去？"李纲大声说，"如果能激励将士，安抚百姓，岂有不可守之理？"

全场又是一片静默。

"说呀！你们说呀！"赵桓似乎有些坐不住了，气急败坏地说，"谁有什么好办法？"

李纲说："为今之计，莫如整顿兵马，号召全城军民，抵御外敌，保卫京城，以待勤王之师。"

赵桓焦急地问："谁可为将？"

李纲回答说："朝廷平日以高爵厚禄富养大臣，是要这些大臣替朝廷办事，今白时中、李邦彦等，虽是书生，不一定懂军事，但以他们宰相的身份，应当承担起安抚将士、调兵遣将、抵御入侵之敌的重任。"

白时中主张逃跑，压根就没有考虑坚守城池的事，见李纲一把火烧到自己身上，气急败坏地说："李纲，你有能耐，你就领兵出战，怎么扯到我头上来了？"

白时中出语粗俗，形同市井无赖。在他的眼里，李纲也是一个文人，自己一脚将皮球踢过去，李纲是无法接招的。

李纲无心研究白时中的用心，朗声说道："如果陛下不认为我无能，让我领军拒敌，我当以死报国。只是我位卑职微，恐难以驾驭将领，镇服士卒。"

白时中万万没有料到，平时文质彬彬的李纲，居然真的敢同金兵拼命，他睁着两眼看着赵桓，等待他的答复。

赵桓见李纲不顾个人生死，愿意领兵保卫京城，当即便命李纲为尚书右丞、东京留守。以同知枢密使李梲为副，聂昌为随军转运使，领兵守城。并对李纲

"文青"皇帝 宋徽宗

说,京城的安危就靠他了,并说他还是要和皇后一起找个地方避一避。

言下之意,他还是要走。

李纲跪在地上哭谏,哀求赵桓不要出走,折腾了半天,赵桓总算答应不走。

李纲临危受命,立即就忙活起来,又是部署兵力,又是安排人修筑毁坏了的城墙。

白时中、李彦邦两人也没有闲着,他们害怕留在京城,但却又不敢私自逃走,因为他们舍不得头上那顶乌纱帽,要想保住乌纱帽,又能逃离京城,唯一的办法就是劝赵桓出逃,赵桓出京,做宰相的一同出行,也就顺理成章了。为了能达到他们的目的,他们连夜找赵桓做太子时的老师耿南仲,让他去劝说赵桓,说京城是不能再待下去了,否则,就有生命危险。

赵桓本来就不想呆在京城,听人一劝,又改变了主意,下旨命禁卫军次日护送后宫、宗室,准备随他南下邓州。

次日早朝,李纲来得非常早,看到崇政殿外禁卫军全副武装,列队待发,后宫的嫔妃们都带着大包小包,准备升轿出走,觉得有些不对劲,一打听,才知道赵桓又要离京出逃。李纲冲着禁卫军大声问道:"你们究竟是愿意守卫京城,还是愿意随皇上出走?"

禁卫军不约而同地说,他们的妻儿老小都在京城,情愿死守京城,也不愿意离开半步。正在这时,赵桓出来了,身后的几个太监,连太庙里的祖宗牌位也都带上了。李纲迅速上前跪下奏道:"陛下昨天说得好好的,为何一夜之间又改变了主意呢?"

赵桓叹了口气说:"如今人心离散,军无斗志,孤城如何能保,朕想了一夜,还是走的好。"

正在这时,一名禁卫军来报,说皇后已经起驾。赵桓一听,不顾跪在地上的李纲,拔腿就走,李纲见状,不顾一切地扑上去,抱住赵桓的脚哭叫道:"陛下,不能走呀!陛下这一走,大宋江山将处于万劫不复的地步。"

周围的禁卫军见此情景,一阵骚动。

东下避险 第十九章

　　李纲哭着说:"将士们的妻儿老小都在京城,他们都愿意死守京城,不愿离开京城。陛下强迫他们护驾出都,万一中途他们逃散而归,陛下的安全怎能得到保证?况且,金军已经逼近汴京,他们得知圣驾离得不远,一定会派精兵追赶,到时,谁能抵挡得住金军呢?"

　　李纲的话,似乎打动了禁军们的心,周围的禁军再一次骚动起来。李纲知道周围有很多禁军,灵机一动,从地上爬起来,冲着禁军大声问道:"你们都是七尺汉子,热血男儿,敌人杀到家门口,你们是愿意逃?还是愿意留?"

　　禁军们七嘴八舌地说开了,说他们的妻儿老小都在京城或京畿,谁愿意抛妻弃子,离乡背井呢?慢慢地,竟然形成了一句话:誓与京城共存亡。

　　李纲乘机劝谏道:"陛下,人心不可违呀!留下来吧!"

　　赵桓终于又被说动了,答应留下来,不走了。禁卫军得知皇上不走,高兴得齐刷刷地跪了一地,高呼万岁。

　　赵桓也被眼前的气氛所感染,当即下旨,设立京师守御行营司,李纲负责指挥,并给李纲充分的权力:"听便宜从事",即遇事自行决断,无需请示。

　　接着,又调整了中枢机构的领导班子,免去白时中太宰之职,以李邦彦为太宰兼门下侍郎,张邦昌为少宰兼中书侍郎,赵野为门下侍郎,翰林学士承旨王孝为中书侍郎,同知枢密院事蔡懋为尚书左丞。

第二十章

城下乞盟

李纲临危受命

金军过了黄河，距东京只有两天的路程，也就是说，满打满算，东京保卫战，李纲只有两天的准备时间。

李纲利用大家的力量留住准备逃离京城的赵桓后，立即着手部署京城的防御，他在四面城墙上储备火炮、弓箭、砖石、檑木、火种、膏油等交战应用之物，号召京城军民人等进入战斗状态，除部署镇守四门的守卫外，他将所有兵马编为六路，一路保护东门外的延平仓，那里是粮库，粮食就是生命；一路扼守朝阳门外的樊家冈。其余兵马，待命听调。

李纲正在调配兵马，何灌带领一万残兵从黄河渡口逃回京城。梁方平、何灌临阵脱逃，使宋朝白白地失去了黄河天险，杀一百次也不过分。李纲建议赵桓给何灌一个机会，让他戴罪立功。被赵桓采纳。何灌得以保得一命。

正月初七，宗望、宗翰两路大军会师汴京城下，立稳阵脚后，一举攻占了牟驼冈。宋朝的养马场就在牟驼冈，那里的二万匹战马，成了金军的战利品。

赵桓非常恐慌，召集群臣商量对策。朝堂上，又发生了战、和的争论。

李纲主战，他认为金军远道而来，孤军深入，击之不难，即使不胜，再闭城

固守，等待勤王之师，然后内应外合，可以一举歼灭敌军。

李邦彦、张邦昌主和，他们认为京城兵微将寡，勤王之师不知几时能到，唯一的办法是割地求和，才可避免破城之灾。

赵桓犹豫不决，李纲急着要布防，有事出去了。李邦彦、张邦昌乘机怂恿赵桓求和，赵桓竟不顾李纲的反对，派郑望之、高世则到金军求和。李纲返回之时，求和之事木已成舟，想阻止已是不及。

郑望之、高世则走到半途，正碰上金国使者吴孝民奉命前来议和，便一同返回京城。

当天夜晚，金兵偷袭宣泽门，企图从水门乘船突入外城，幸亏李纲早有防备，率军顽强抵抗，士兵们将蔡京家的假山拆掉，当着炮石用，激战一夜，击退了金兵的进攻。

宋军的顽强抵抗，让金军主帅宗望感到意外，同时也暗自庆幸，幸亏守卫黄河的不是眼前的部队，不然的话，金兵可能还在黄河对岸望河兴叹。眼见攻城无望，宗望只得命令士兵拖着数百具尸体，撤兵回营。

次日，金使吴孝民进见宋朝皇帝，责问宋朝招纳张觉之事，要求宋朝将童贯、宗望等人交给金人处理，一派兴师问罪的派头。

赵桓一概推脱，说招纳张觉是前朝的事情，他不清楚这件事，至于童贯、宗望等人，早已撤职，不在京城。

吴孝民的醉翁之意不在酒，责问招纳张觉只是一个借口，于是很大度地说，既然是前朝的事，那就既往不咎，那就请少帝与大金重新再立誓书修好，具体条款如何，请派一个亲王和宰相到金军营中去商谈。

金人露出了和谈的口风，赵桓心里乐得直打颤，马上召集大臣们开会，商议出使的人选。几位宰臣都得了恐金症，谈金色变，没有一个人愿意到金营去谈判，会议冷场了。

李纲毛遂自荐，自告奋勇地站出来，说他愿意到金营去走一趟。

"文青"皇帝 宋徽宗

按理说，有人出头，赵桓高兴还来不及，但他却高兴不起来，因为他知道，李纲性情刚烈，不会去曲意讨好金人，去了肯定要同金人争吵，如此一来，和谈就有可能破裂，这是赵桓不愿意看到的。于是，他以李纲守城责任重大、宗社安危系于李纲一身，不可擅离职守为由，拒绝了李纲的请求。决定派知枢密院事李棁到金营谈判。

李纲深知李棁的个性，立即表示反对，说朝廷安危，在此一举，李棁太怯懦，叫他去谈判，一定会误事。赵桓仍然没有采纳李纲的意见。

宋朝没有脊梁

李纲没有看错人，李棁果然是一个孬种，刚进金营，腿肚子就打颤，见到两旁站立的金兵，吓得差一点尿了裤子，进入中军帐，见到高坐在上的宗望，更是吓得连话都说不出来，扑通一声就跪下，只是一个劲地磕头，好像他到金营来，不是谈判，而是求神拜佛。

宗望看到眼前的宋使，心里直乐，他真的有点搞不懂，宋朝也是一个大国，怎么派这样的没有脊梁、腿肚子软的人做使臣，进来只是磕头，却不说话。宋使的怯懦，更加助长了宗望的嚣张气焰。他顺手取过早已准备好的和约扔在地上，厉声说："拿去吧！叫你们的主子按纸上写的条款，如数送到金营，收到这些东西后，我方退兵，否则，本帅立即下令攻城，破城之日，就是屠城之时。"

李棁吓得冷汗直流，从地上捡起和约，连看都不敢看一眼，像得到大赦令一样，喏喏连声地退出。

"站住！"

李棁胆子都吓破了，转过身，可怜巴巴地问了一句："将军还有何吩咐？"从头到尾，他就说了这么一句话。

宗望叫过萧三宝奴、耶律中、王汭三人，吩咐他们随宋使进城，立等宋朝皇帝的答复。看着离去的宋使，宗望发出一阵狂笑。

第二十章 城下乞盟

谈判，是双方在谈判桌上的讨价还价，各争短长，而李棁这次赴金营谈判，从开始到结束，他都是跪在地上，就像臣子朝拜君王，施主拜见菩萨一样。宗望高高在上，成了君主、成了菩萨。宋朝的国威在这里荡然无存。

李棁的懦弱，激起了金人的欲望，次日一大早，金军对东京城的通天门、景阳门发起了猛烈攻击。宗望要以武力向宋朝施压，让宋朝接受他提出的条件。

李纲亲冒矢石，上城督战，金军离得远的，用床子弩对付，离得近的，用神臂弓侍候，攻到城下的，推下滚木檑石收拾他们，战斗进行得异常激烈。李纲决定组织一支二千人的敢死队，下城杀敌。

何灌自告奋勇，愿为统领，他说黄河大桥失守，是他今生的耻辱，他是朝廷的罪人，愿以死向天下人谢罪。李纲见何灌决心赴难，答应了他的请求，立即让人抬来烧酒，为何灌及二千名敢死队员壮行。

何灌率领二千敢死军缒城而下，像一群下山的猛虎一样，冲入敌阵，与金军展开了殊死搏斗。

宗望站在高处，看到缒城而下的宋兵，起先还不以为意，认为他们是下城找死的，谁知这些宋兵下城后，杀入金兵阵中，犹如一阵风，刮到哪里，哪里就倒下一片金兵的尸体，立即紧张起来。他自南下以来，没有碰到过顽强的抵抗，更没有遇到这种不要命的打法，看到满地的残肢断臂，他害怕了，下令撤兵回营。战场上，丢下数千具金兵的尸体。

何灌实现了他的诺言，用鲜血洗刷了他的耻辱，战死在城下。他是同敌人同归于尽的，敌人的枪，扎进了他的胸膛，他的刀，砍断了敌人的脖子。

宗望这次攻城受挫，再也不敢贸然攻城，便指使金军骚扰京畿各县，烧杀奸掠，无恶不作，闹得京畿各县鸡犬不宁，无数百姓家破人亡。

李纲击退了金军，下城入朝议事，见赵桓与李邦彦又在商谈和约之事，一纸和约就摆在案几上，李纲凑过去一看，金人列出了四个条件：

"文青"皇帝 宋徽宗

一、送金五百万两，银五千万两，牛马万头，绫缎万匹，为犒赏费；二、割让中山、太原、河间三镇地；三、宋帝当以伯父礼事金；四、须以宰相及亲王各一人为质。

李纲看完和约条款，大声质问："这是金人提出的条件吗？这样的条件也能答应吗？"

"金军兵临城下，举国震惊，要想退敌，只能答应他们的条件。"李邦彦并不觉得金人提出的条件过分，似乎只要金人退兵，要什么都可以。

李纲愤然说道："他们索要的金银牛马，就是搜遍全国，也不能凑数，到哪里去拿？中山、太原、河间三镇，是国家的屏藩，怎么能割让与人？泱泱大国，竟称金狗为伯父，岂不是奇耻大辱？要人质，宰相就可以了，亲王怎么可以去？"

赵桓问道："照你说来，没有一条可以答应，如果金军继续攻城，如何是好？"

李纲建议道："派一个能说善辩的人去金营谈判，拖延时间，待各地勤王之师到达之后，就不怕金军不退，那时再与金国议和，就能获得真正的和平。"

李邦彦却不以为然，酸酸地说："金人狡诈得很，不会让你拖延时间的，现在连京城都不保了，还谈什么三镇，至于金币牛马，更是不必计较了，给钱买平安，没有什么不可以的。当年的'澶渊之盟'，不也是花钱买来的吗？"

"就是，就是嘛！"张邦昌随声附和。

李纲见他们二人一唱一和，正欲抗辩，赵桓却以守城要紧，叫他去安排守城的事。其实是有意支开李纲。李纲走了以后，一个昏君，两个贪生怕死的奸佞，很快达成一致意见，接受金人提出的全部条件，并派李邺同金使前往金营，商谈签约之事。

赵桓想尽了一切办法，满城搜刮金银，不论大家小户，都搜刮一空，甚至连娼优妓院中的财产也不放过，加上库存，也只弄到金十二万两，四百万两白银，还不足金人索要的十分之一，权且将这些送往金营。答应金人再继续想办法搜刮凑足。

赵桓命李邦彦起草誓书，称金太宗完颜晟为伯大金皇帝，自称侄大宋皇帝，派李棁为使再赴金营磋商。第一条输款缺少甚多，请求分期缴纳；第二条割地，先将三镇地图呈送给金人；第三条称呼，完全照办，以后文书往来，称伯大金皇帝；第四条遣质，派康王赵构前往金营做人质。张邦昌为计议使，随同康王前往。

赵构是赵佶的第九子，韦贤妃所生，曾封为康王。

张邦昌是个卖国求荣的奸贼，当初，他和李邦彦竭力主张议和，是为了谄媚金主，不料这把火却烧到自己身上，赵桓派他与康王赵构一起到金营去做人质，顿时就吓晕了，推说自己口才不好，此去恐有辱君命，求赵桓另选他人。

赵桓当然不会答应他的要求，于是，他又要求赵桓御笔亲批，割地这一条不能变，因为他知道，割地这一条，最不被国人接受，他担心自己做了人质以后，朝廷改变了主意，他这个人质的生命安全就不能得到保障。赵桓仍然不答应，说三镇的地图都送去了，怎么能不算数呢？张邦昌流着眼泪退出。

十四日，康王赵构带着张邦昌及随行人员，走出城门，渡过壕沟，前往金营做人质去了。

民心不可违

和议达成之后，勤王之兵也陆续到达，最先到达的是统判官马忠，他自京西募兵勤王，接近京城，正逢金兵在顺天门外抢掠，马忠立即指挥部队截杀金兵，金兵猝不及防，大败而归，马忠挥军乘胜追杀，敌兵死伤无数，从西面打开了进城的通道。

最先到达的边帅是种师道，他在伐辽时征战失利，被贬官致仕，后又被重新起用，出任两河制置使，得知京师告急的消息，亲率泾原、秦凤两路兵马，进

"文青"皇帝 宋徽宗

京勤王，为了赶时间，他让大队人马随后跟进，自己亲率一队骑马急驰，接近京城的时候，他命令士兵击鼓而进，大造声势，使金人弄不清楚他到底带了多少兵马。

宗望久闻种师道的威名，得知种师道率兵驰援，为了避其兵锋，只好移营北退十余里，坚守牟驼冈，收束游骑，增垒自卫。

赵桓得知种师道率兵到达，喜出望外，命李纲开安上门迎接种师道进城。

种师道听说已经议和，心下大惊，急忙求见赵桓，问为何与金兵议和。

李邦彦答道："京内无兵，金人攻势猛烈，汴京眼看就要沦陷，不议和又有什么办法？"

种师道轻蔑地看了李邦彦一眼，愤然说道："宰相主和，大错特错。东京周围几十余里，城高墙厚，沟深壕阔，禁军虽然不多，尚有市民近百万，值此国难之际，谁甘落后？出城作战固然不行，固守城池还是绰绰有余。城紧池深，人多粮足，万众一心，众志成城。女真人不懂兵法，岂有孤军深入他国之境，能够平安地回去吗？和议万不可行，请陛下收回成命。"

赵桓见种师道之言与李纲不谋而合，顿时有了信心，于是任种师道为同知枢密院事兼充京畿、河北、河东宣抚使，统四方勤王之兵守卫京城。

随后，姚仲平率领熙河兵也赶到了，随后几天，折彦存、范琼等各地勤王之师纷纷集结京师。京城人心振奋，赵桓也第一次觉得腰板挺硬了，脸上露出了少见的笑容。

宋、金和议虽然达成，由于该给的钱没有给足，金军仍驻兵城下，除了不停地派人催讨欠款外，还派出多股金兵到处烧杀奸淫，肆意抢掠，各路勤王之师陆续到达之后，金军的嚣张气焰才稍有收敛。

赵桓召李纲、种师道、姚平仲等人商议下一步的行动方略。

李纲认为金人贪得无厌，猖狂至极，不用武力难以解决问题。他分析说：

城下乞盟 第二十章

"敌兵不足十万,而我勤王之兵已达二十万,如果坚守城池,截断金军粮道,等孤军深入的金军粮尽力疲、不得不后退的时候,再沿途阻击,一定能够大获全胜。"

种师道非常赞同李纲的意见。这位老将军一生用兵谨慎,稳健持重。他认为金军锐气正盛,暂避其锋芒,坚壁不战,待其兵疲粮尽,撤围北归之时,再突发奇兵追歼堵杀,正是"避其锋锐,击其惰归"之上策。

姚平仲却不这样想,他认为不战则和,不和则战。如今勤王之兵集合拢来却不出战,士卒就会有怨言。并自告奋勇请战。

种师道不同意轻举冒进,坚持以稳守为主,二人争得面红耳赤。李纲毕竟是一个文官,知道姚平仲也是一员声名显赫的猛将,说得或许也有道理,便不再坚持。

赵桓觉得宋朝有兵马二十万,金兵只不足十万,悬殊的兵力对比,使他一下子信心陡增,腰杆子似乎突然硬了起来,居然同意姚平仲的意见。

一个性情怯懦、没有脑子的昏君,一个不知天高地厚、狂妄自大的将军,做出了一个冒险的决定:开战。

姚平仲的招数就是夜袭金营。种师道认为这样太过冒险。姚平仲拍着胸膛,信誓旦旦地说,此去如果不胜,情愿提头来见。

赵桓征求李纲的意见,李纲竟然也同意姚平仲的意见,说可以一试。

姚平仲率万名兵士,乘着夜色摸进敌营,谁知却是一座空营,情知中计,急令退兵,但为时已晚,金军从四面八方冲出来,将宋军包了饺子。姚平仲偷鸡不成,反蚀了一把米,他知道回城后性命难保,干脆弃军而去,当了逃兵。

种师道本来是不赞成劫营的,当姚平仲劫营失败后,却主张明天再去劫营,他说,这在兵法上叫出其不意。如果不胜,以后每天派数千兵马前去骚扰金兵,让他们吃不安,睡不宁,不出十天,金兵就会逃走。

次日,种师道向赵桓建议再次夜袭金营,并说了他的看法。李纲也认为是奇计。

"文青"皇帝 宋徽宗

李邦彦却极力反对，他说金人天天派人来催讨欠款，你再去偷袭他的营盘，他会催得更急，实在是无法应付。

赵桓本来豪气冲天、信心十足，姚平仲战败后，又成了一个泄气的气球，瘪了。思想也来了个急转弯，由主战而变为主和。种师道的计谋，不符合他的口味，被否决了。

宗望收兵之后，庆幸自己有备，才打了一个大胜仗。

次日升帐，宗望召见被扣押在军营中的康王赵构和张邦昌，怒斥道："你们二人既为议和使，宋、金已达成和议，为何又出尔反尔，派兵前来劫营？"

张邦昌吓得哭了起来，康王赵构却站立当场，泰然自若，毫无畏惧之色。

宗望见康王如此镇定，大为惊讶。这些日子，他一直怀疑眼前的赵构不是大宋亲王，认为是冒名顶替。在他的印象中，从小生长在深宫里的大宋皇子，个个都是娇生惯养，胆小怯懦。可眼前这位康王来到金营后，一直闲适自若。曾应宗翰邀约，在金营跑马射箭，身手矫捷，箭无虚发。宗翰认为，宋朝皇子中，不可能有这样的人物。今天见他面对死亡，毫无惧色，更加坚信这个康王是假的。于是派王汭去京城，一是就偷袭之事问罪，二是让大宋皇帝重派一个亲王去金营，换回康王。

王汭奉命来到东京，要求李邦彦更换人质，并说宋兵夜袭金营，违约背盟，他们的元帅很不高兴。

李邦彦一个劲地赔礼道歉，说劫营是李纲、姚平仲两个干的，朝廷也是后来才知道。并答应王汭，他将奏请皇上，严惩李纲、姚平仲。

赵桓为了迎合金人，下诏罢免了李纲的一切职务，并派宇文虚中随王汭一起到金营去赔礼道歉。

没有原则，没有正义，没有骨气，没有脊梁。这就是国难中的一群当政者。

赵桓万万没有想到的是，罢免李纲、种师道，会激起巨大反响。数百名太学生在陈东的带领下，到宣德门外的登闻鼓院递交请愿书，强烈要求恢复李纲的职务，让李纲和老将种师道带领军民保卫京城。同时还请求罢免李邦彦、张邦昌。

城下乞盟 第二十章

登闻鼓院是朝廷接受下级官员及老百姓诉状的地方。院外架了一面大鼓，叫登闻鼓。对于这面鼓，史书有很多记载，民间也有传说，趣事很多。北宋初，有个市民丢失了一头猪，竟也跑去击鼓，而院吏居然也将这件事上报给皇帝。赵匡胤听了不但没有怪罪，反而十分高兴，除了赏钱抚慰那个人外，还给赵普下了一道手诏："今日有人击登闻鼓问朕，寻觅亡猪。朕又何以见他的猪呀？但与卿共喜者，知道天下没有冤民。"

平常，登闻鼓院有专人值班，负责受理投诉案件，金军攻城后，这里的人也就没有心思上班了，登闻鼓院的官吏唱起了空城计。太学生们见朝廷没有人理睬，一怒之下，就敲响了登闻鼓。

赵桓是一个没有主张的皇帝，他询问吴敏该怎么办，吴敏说，宣德门已经集聚了上万人，而且越来越多，要想平息这件事，除了重新起用李纲，别无他法。

赵桓皱起了眉头，立即传召李邦彦。

李邦彦在入朝途中，被围观的民众看见了，不知是谁喊了一声："打死这个奸贼！"顷刻之间，乱石如雨点般飞向李邦彦，幸亏禁军前来保护，才使得李邦彦没有被当场打死。李邦彦进见的时候，脸色惨白，浑身颤抖。

赵桓见李邦彦狼狈不堪的惨状，心里也着慌。正在这个时候，殿前都指挥王宗濋进来报告，说外面的人越聚越多，叫禁军驱赶，禁军们不但不驱赶，反而还站在那里议论起来。

"民心难违呀！"吴敏着急地说，"再拖下去，恐怕真要激起民变了。"

赵桓害怕了，外有金兵围城，求和还没有结果，内部如果再激起民变，宋朝也就要完蛋了。他急忙命太监朱拱之去宣召李纲进宫。

朱拱之原是王黼、梁师成的心腹，现在又是李邦彦的密友，李邦彦主和，李纲主战，他当然不想重新起用李纲，带着十几名太监出去溜了一圈，回来说找不到李纲，有个小黄门悄悄地把这件事捅了出来，愤怒的人群怒不可遏，一拥而上，将朱拱之和那十几个太监活活地打死了。

赵桓知道众怒难犯，命户部尚书聂昌传旨，恢复李纲尚书右丞之职，还兼任京城四壁防御使。

"文青"皇帝 宋徽宗

聂昌是个聪明人，刚走出门，就将圣旨高高举起，大声说："皇上有旨，重新起用李大人！"

大众这才欢呼万岁。

赵桓又宣召城外的种师道进城，当种师道进城的时候，大家担心有假，拦住车子，非要掀开车帘子看看，确认是种师道后，高兴地说："果然是我们的种老相公。"大家这才慢慢散去。

次日早朝，耿南仲、王孝迪等人提出，将带头闹事的太学生杀一批、关一批。吴敏坚决反对，他说太学生是出于正义，忠于朝廷，朱拱之逆命抗旨，阳奉阴违，激怒了众人，打死了是他咎由自取，怨不得别人。如今是同仇敌忾，共同对付外敌的时候，不应该打击太学生们的爱国热情。

赵桓这一次总算没有糊涂，决定不追究这些学生的责任。

陈东等太学生的这次请愿，在历史上称为"伏阙上书"，这是中国古代少有的一次学生爱国运动。

恭送强盗凯旋

李纲上任之后，对城防进行了整顿，一改蔡懋只守不战的规定，下令能杀敌者，朝廷给予重奖，军民一片欢腾。如此一来，金军几次攻城，都被守城的军民击退。金军知难而退。

金军虽然从气势上压垮了宋朝君臣，但主帅宗望心里其实很害怕，他也是经过金、辽十年战争洗礼的将军，深知孤军深入是兵家之大忌，尽管宋朝君昏臣庸，但中原大地是一个藏龙卧虎的地方，说不定有哪一位懂兵法的人站出来稍加点拨，自己和六万金兵就会死无葬身之地。一想到这些，有时在睡梦中也被惊醒。为了能早日离开这个是非之地，他让宇文虚中回城，派王汭随同进城催讨金银，并要宋朝皇帝御笔亲书，将三镇割让给金国，同时要求改换人质。说办好了这些手续，他们就撤兵。

城下乞盟 第二十章

赵桓巴不得金军快点滚蛋，亲笔写下将三镇割让给金国的诏书，让宇文虚中送到金营，并命肃王赵枢随王汭去金营换回康王赵构。

宗望接见了肃王赵枢，将康王赵构和张邦昌放回。

康王赵构从金营回到京城途中，引出了一段在民间流传了数百年"泥马渡康王"的故事。

据说赵构离开金营不久，宗望打探到赵构确实是康王，他对康王临危不惧、潇洒倜傥的气度印象极深，放他回去，无意于纵虎归山，说不定要成为金国的后患。宗望非常后悔放走了赵构，立即派出三千兵马追杀赵构。

康王赵构出了金营以后，自觉能活着离开金营，实属侥幸，他也担心金人出尔反尔，回京途中，不敢走大路，只抄偏僻小道行走。没走多远，果然有金兵追来，赵构躲进树林里，看着金兵向京城方向追去，他只得改换方向逃跑。跑了半天，眼看避开了金兵，但此时天已经全黑了，远远看见半山腰有一座破庙，走近一看，原来是一座崔君庙。赵构又累、又乏、又饥、又困，只得进庙休息。

赵构太累了，坐下就睡着了，谁知刚睡着，忽然听到有人喊："王爷快跑，金人追来了！"赵构猛然惊醒，不见说话的人，却看见一匹骏马在门前急躁地扬鬃刨蹄。他也顾不得多想，起身冲出门，翻身上马，加鞭急驰，骏马四蹄腾空，如飞一般，一口气跑出七百余里，渡过一条水流湍急的大河，金兵站在河对岸傻眼了，而他身边的马，却僵立不动。赵构看时，却是崔君庙中的一匹泥马。

这个传说中的故事，只见野史，正史不曾记载，只因其流传甚广，在此稍作说明而已。

赵构回京后，晋封为太傅，加封节度使。文封太傅，武封节度使，赵构一下子成为皇族中的一颗新星。

宗望得知宋朝重新起用了李纲，东京的守卫更加严密，而且宋朝的勤王之师陆续到达，再待下去，不但很难再捞到油水，而且还危机四伏。他无心再等宋朝凑足下欠的金银，派韩光裔去向宋朝皇帝告辞，准备北归。

"文青"皇帝 宋徽宗

可笑的是,韩光裔向宋朝君臣告辞,给赵桓带去了人参、貂皮之类的礼物,仿佛是客人辞行一般。

宗望带着宋朝献给的大量金银绢帛、牛马驼骡,带着割让三镇的诏书与人质肃王赵枢,浩浩荡荡北归。其实,宗望走得提心吊胆,胆战心惊,因为他心里有四怕:一怕宋军轻骑追杀,二怕半渡黄河袭击,三怕北岸有宋军堵截,四怕沿途宋军伏击。如果真的是这样,金军将面临灭顶之灾。

侥幸得很,种师道、李纲虽然派出部队跟在金军后面伺机杀敌,赵桓、张邦昌却下了一道死命令,不准追杀,谁要擅自出手,按抗旨不遵论处。宋军护送金军顺利渡过黄河后,也就不再跟了。

黄河北岸,宋军照样不设防,金军过河间、中山的时候,曾想进去接收城池,但守城的宋军不让进,他们不愿将国土拱手送人。宗望知道这是宋朝的地盘,不敢再纠缠,命令部队绕城而走。

两镇也没有出城击敌,因为朝廷有令,谁要是拦截金军,就是抗旨不遵。故此,他们也只能眼睁睁地看着金军通过自己的防地,大摇大摆地回家。

就这样,宋朝自己把击溃金兵的机会又一次放过了。

东京保卫战胜利了。

陈东等人的伏阙上书胜利了。

然而,大宋朝的威严荡然无存,割地,赔款,皇帝成了金国皇帝完颜晟的侄皇帝。

其实,宋朝还真的有人懂兵法,而且这个人就在京城,他就是老帅种师道。金军撤退之后,种师道主张沿途对金军进行阻击,金军黄河半渡时,再打一个歼灭战。

许翰、李纲也都极力赞同种师道的主张,因为这个时候,各路勤王之师都已陆续抵达京师,宋军在兵力上占绝对优势。

可惜,赵桓坚决不同意。这才出现了种师道率军尾追其后,却不能向金军放出一箭的情景。金军过黄河后,不见宋军的踪影,因为沿途的驻军都接到了一个相同的命令:放行。

248

城下乞盟 第二十章

一次绝好的反击机会，白白地丧失了。

中国有句古话，叫亡羊补牢，犹未为晚。

御史中丞吕好问对这句话颇有心得，他对赵桓说，金人此次得志，会更加轻视中国，到秋冬的时候，一定会再来，此时如果不追击金兵，但还是要早作准备，防止金军再来。

吕好问的金玉良言，被赵桓当成了耳边风。北宋的边关照样不设防，大门仍然向敌人敞开。

张邦昌因议和有功，晋升为太宰，吴敏为少宰，李纲知枢密院事，耿南仲、李棁为尚书左右丞。同时，还莫明其妙地撤了种师道的职。

第二十一章

金兵再次南侵

赵佶回京

宋朝虽然老老实实地遵守和约，金兵却不甘心就此离去。宗翰的部队仍从西路返回，在返回的路上，他又留下银术所率的主力部队猛攻太原，而自己所率的大队兵马，顺路进攻威胜军、隆德府。威胜军守将李植，畏于金兵势大，献城投降。德隆府知府张确率城内军民誓死抵抗，终因寡不敌众，被金兵攻陷。城中军民惨遭屠杀。张确不甘受辱，自刎而亡。

威胜军、隆德府失陷的消息传到京城，又一次激怒了朝中的主战派，大臣们纷纷上书，弹劾李邦彦、张邦昌等主和派。

赵桓在金军围城时吓破了胆，又是送金银，又是割地，总算将金军打发走了。金军撤走之后，他越想越觉得窝囊，送给金人那么多金银，还欠了一屁股账，而且还要认贼作父，称金主为伯大金皇帝，再加上一些大臣说，三镇是中国的屏障，割让三镇之地，就等于是将宋朝的北大门拱手相让。想到这些，他的肠子也悔青了。看到大臣们的上书，便下诏罢免了李邦彦、张邦昌、李棁、郑望之、李邺等人的官。处罚这些人并不冤枉，但如果将接受金人那些耻辱条件的责任全算在这几个人的身上，那可就真有些冤了。李纲、种师道等人的良策他不听,奸佞们的谗言却当成圣经,真正的罪魁祸首不是别人,应该是他自己。

赵桓处罚了主和派,提升徐处仁为太宰,唐恪为中书侍郎,何㮚为尚书右丞,许翰同知枢密院事。

吴敏上言,说金人毁约败盟在先,大宋绝不可能再放弃三镇。赵桓也顾不得与金人有约定,下诏固守三镇,他在诏书中说:

> 金人要盟,终不可保。今粘没喝(宗翰)深入,南陷隆德,先败盟约,朕夙夜追咎,已黜罢原主议和之臣,其太原、中山、河间三镇,保塞陵寝所在,誓当固守。

赵桓的这道诏书,极大地鼓舞了主战派的士气。接着,他又命种师道为河东、河北宣抚使,驻军渭州;姚古为河北制置使,率兵援救太原;种师中为河北副使,率兵援救中山、河间二府。当金军大队人马退去之后,姚古乘机率军重新夺回了隆德府。威胜军,夺回了大片失地。

赵桓听到前方传来的胜利消息,心中甚是欣慰。他要大赦天下,庆祝胜利,这是他做天子以来最开心的一段日子。

御史中丞吕好问上疏建言:"金人此次南下,自以为得志,必定轻视我朝。待到秋冬之季,恐怕会卷土重来。朝廷应大力倡导军备,训练兵马,巩固城防,以备再战。"

李纲、种师道等人也多次上书,力劝赵桓要加紧备战。可是,赵桓将金玉良言当成了耳边风。他认为金人刚退,兵马劳顿,一时间不可能再举兵来犯。况且已有种师道、姚古、种师中等名将镇守北部边关,足可为北国屏障,不足为虑了。

汴京城里因为金军退去,才刚刚安稳了几天,却又有一股谣言迅速传开:说是上皇赵佶在江南不甘寂寞,因童贯、高俅等人的怂恿,欲在镇江复位再当皇上。

"文青"皇帝 宋徽宗

赵桓听到谣言后很恼火,心想,这皇位也不是一件衣裳,说扔就扔,要穿就穿。当初,金军大举来犯,父皇扔下一个乱摊子就跑了,现在金军走了,又想要回皇位。世上哪有这好的事呢?

正在这时,大臣汪藻上书朝廷,建议迎接太上皇返京。他在上书中说:上皇出走时,衣冠惶骇,倾国南奔,很多有罪之人以扈从为名,跟随南下。平日受国家大恩泽之辈,在朝廷危亡之时,抱头鼠窜,迄今为止,不见朝廷对这些人有何问罪,长此下去,朝廷政令何以通行?其次,太上皇曾下令止东南勤王之师,致使人言籍籍。太上皇驻跸镇江,仅随行官兵一天开支高达六千余缗,而缮营宫室,移栽花木,购置园地,花费甚巨。粗略估算,镇江行营每月费当在二十万缗以上,两浙之民尽遭涂炭,能不忿然?倘士兵为乱,上皇岂能安枕无忧?再次,自江以南,诏令不行,陛下不能对上皇行晨昏之礼,岂能尽孝?上皇不归,则典刑不正,典刑不正,朝廷焉能治他人之罪?如今国家正在危难之时,上皇释位而去,首恶之臣如不加惩办,何以号令天下?为今之计,应遣使迎上皇回京。

赵桓看罢汪藻的札子,正中下怀,立即派门下侍郎赵野为太上皇行宫迎奉使,前往镇江迎太上皇回京。

秘书省校书郎陈公甫上疏说,赵野任奉迎使,不能消释上皇与陛下之间的矛盾,应派重臣前往,迎奉之礼应格外隆重,陛下要亲至郊外迎驾。

赵桓觉得有理,改由李纲前去迎接上皇回京。

赵佶自从正月初三逃离京城去江南后,虽然远离了战场,没有任何危险,但他还是有些惦记京城,他担心朝廷的那些人忘了他这位太上皇。二月下旬,当他得知金兵北撤之后,便有了返回京城之意,但一直未拿定主意,正在举棋不定之时,李纲奉旨前来迎驾。

赵佶见了李纲,难免就口出怨言,说他自南巡之后,皇上与他生疏了,天冷了,也不记得进奉衣服用品。这样的小事情,也要让他这半老之人日夜盼望。

李纲一听,知道赵佶对赵桓的误会很深,父子二人在感情上出现了裂痕。于是解释说:"太上皇的冷暖,皇上日夜放在心上,只是金军围城,如果派人向江南送这些东西，恐怕暴露了太上皇的行踪，给太上皇带来危险，这样就会因小失大。"

赵佶仍然是牢骚满腹地说："听说朝中又追赠司马光谥号，还拆毁了夹墙等，难道我以前做的事都错了吗？"

李纲只好一一耐心解释，又委婉地劝谏说："圣上仁孝小心，惟恐有一事不合上皇之意，每次收到上皇的御批诘问，忧惧得连饭都吃不下。朝廷和平常人家一样，家长有事外出，家中的大小事情都落在儿子的肩上，如果这个时候强盗前来抢劫，儿子必须随机应变，进行处理，来不及请示外面的家长。等到家长回来了，儿子心里还忐忑不安，担心家长不满意。家长应该对儿子能赶走强盗，保守家园的功劳多加褒奖才是，其他一些小事，没有必要计较。上皇南巡之时，正是金兵大举来犯的时候，为江山社稷作想，政令上作一些小小的改革，也是十分必要的。如今江山无恙，四方安宁，太上皇回到汴京，应该善言嘉勉圣上，这样，父子之间自然就会亲密无间。"

李纲耐心劝谏，果然使赵佶怨气顿消，答应立即起驾回东京汴梁。

四月初三，上皇赵佶由蔡攸、高俅等护驾回京，童贯畏罪不曾随同进京。

赵桓率文武百官迎于数里之外，父子见面，和好如初。

赵佶回京后，仍确定居龙德宫，在他回京的当天，赵桓便将赵佶最喜欢的孙子、自己的皇长子赵谌立为太子，让他呆在龙德宫侍奉上皇。

赵佶回京后，遵守自己的诺言，不过问朝政，每有手札便递给赵桓，自称"老拙"，称赵桓为"陛下"，相处得倒也融洽。

赵桓仍然不放心，担心上皇会要回皇位，为此，他把上皇身边的心腹侍从全部都撤换了。

有一次，赵佶上手札，说金人虽然暂时退兵，还会卷土重来，他打算到西京洛阳去募兵。

赵桓感到很为难。宰相吴敏提醒说，上皇南巡时曾截留过勤王的兵马，如今既然回京，天子尽可问安视膳，但决不能让他管军队，否则又会政出多门，带来

"文青"皇帝 宋徽宗

不必要的麻烦。

赵桓心领神会，没有答应上皇的要求。

赵佶知道儿子不信任自己，终日郁郁寡欢。

在天宁节这一天，赵桓到龙德宫拜见赵佶，赵佶斟满一杯酒赐给赵桓，赵桓坚辞不饮。赵佶见状，心里一阵难受，号啕大哭着返回寝宫。自此以后，父子二人的关系又蒙上了一层阴影。

六贼伏诛

赵佶退位，围在他身边的一些奸佞也就失去了靠山，没有了市场。右谏议大夫杨时上表奏说童贯、梁师成等人的罪状，侍御史孙觌上表论蔡京父子的罪行，他们强烈要求将这些误国的奸人绳之以法。

赵桓做太子的时候，就对这些人看不顺眼，曾奏请父皇惩治梁师成这些阿谀奉承的小人，没有被采纳。如今做了皇帝，就可以按自己的意志办事了，于是下诏，贬梁师成为彰化军节度副使，蔡京为秘书监，童贯为左卫上将军，蔡攸为大中大夫。

太学生陈东、布衣张炳，再次上书力数梁师成等人的罪恶。

赵桓便诏令开封府派人去追杀梁师成。再贬蔡京为崇信军节度副使，童贯为昭化军节度副使。

梁师成接到贬彰化节度使的诏令，以为朝廷对他法外施恩，高兴地起程前往彰州上任。刚走到八角镇，突然，开封府的差人追了上来，当他跪接赐死诏书之后，这个横行于朝政数十年的宦官，像一团烂泥一样，软倒在地。

蔡京天生阴险狡猾，在赵佶朝呼风唤雨，作威作福近二十年，四起四落，堪称政坛上的不倒翁。童贯掌兵二十余年，同蔡京狼狈为奸，且专结后宫嫔妃，以

小恩小惠收买人心，深得圣宠，权倾一时，内外百官，多出自童贯荐引，穷奸积恶，罄竹难书。

当时京城有一首歌谣说："打破筒，拨了菜，便是人间好世界。"筒暗寓童贯、菜则是暗寓蔡京。

中国有句古话，叫作树倒猢狲散，墙倒众人推。蔡京、童贯，就是这棵烂倒的大树、就是这堵倒塌的墙，当赵桓下诏再贬的时候，言官更是猛烈弹劾他们，而猢狲们唯恐自己受到牵连，也纷纷站出来反戈一击，同蔡京、童贯划清界线，揭发他们的罪行。

赵桓下诏，再贬蔡京到儋州，蔡京的两个儿子蔡攸、蔡儵也被下诏赐死。

蔡儵平时比蔡京、蔡攸两人稍有正义感，接到诏命后，仰天长叹说，误国如此，死亦何憾！于是服毒自行了断。

蔡攸接到诏命，尚且犹豫不决，宣旨官将三尺白绫和一把钢刀丢在他脚边，喝令他自行选择，如果拿不定主意，他们可要帮忙了。蔡攸自知再拖下去，可能会死得更惨，捡起地上的三尺白绫，找一棵歪脖子树，上吊了。

蔡京前往儋州，一路上凄凉悲惨自不必说，走到谭州的时候，已经是七月天气，骄阳似火，北方人初到南方，耐不得南方炎热的天气，见路边有一个卖炊饼豆浆的小摊，让家人歇在树底阴凉处，派人去买炊饼豆浆充饥解渴。谁知那些小贩听说眼前这个老从就是老贼蔡京，不但不卖给他，反且还将他的轿子围起来，老贼长、奸贼短，痛骂起来。蔡京害怕这些百姓当场要了他的老命，躲在轿子里不敢出来，暗自流泪。

一路的惊恐、羞辱和颠沛流离，终于使这个一生安享尊荣的人身染疾病。他自己知道快要走到人生尽头，临终写了一首诗：

　　八十一年住世，
　　四千里外无家。
　　如今流落向天涯，

"文青"皇帝 宋徽宗

梦断瑶池阙下。
玉殿五回命相，
彤庭几度宣麻，
止因贪恋此荣华，
便有如今事也。

这个猖獗宋廷数十年的巨恶，终于在流放的路上命染黄泉，结束了罪恶而又可耻的一生。谭州百姓不准蔡京的尸体在这里安葬，怕玷污了他们的土地，家人只得将尸体抬出谭州，安葬在一处漏泽园。下葬时连棺材也没有，只有一块青布裹尸而埋。

蔡京已死，赵桓又下旨杀童贯。他对宰臣们说："童贯历来狡诈，必须派一个熟识他的人领命去追杀他。追上后就地正法，以免出现差错。"

宰执们推荐一个名叫张明达的人去执行这项任务。

张明达受命后，骑快马一路狂奔，在广东雄州赶上童贯，他怕童贯听到消息后服毒自杀，先派一个亲事官到童贯的住所拜见他。亲事官刚一见面，就笑逐颜开地说："恭喜童大人，天子有诏赏赐茶药，宣召大人返回京城，听说已经任命为河北宣抚了，小人特地先赶来祝贺。"

"真的吗？"童贯惊喜万丈，"这消息可靠吗？"

"宣旨官明天即可到达。"亲事官信誓旦旦地说。

童贯竟然相信了，大笑道："朝廷到底还是离不开我童贯啊！"随即命令从人停止前进，等候宣旨官的到来。

第二天，御史张明达果然赶了上来，童贯整衣出迎，张明达命他跪听诏书，童贯喜滋滋地跪下，谁知张明达宣读的并不是封官诏书，而是催命符，诏书诉说了童贯的十大罪状。童贯越听越不对劲，抬头吃惊地看着昨天前来报信的那个小吏，小吏手握刀柄，眼中露出狡黠的笑容。童贯知道上了大当，圣旨刚刚读完，小吏拔出快刀，纵步上前，手起刀落，砍下了童贯的人头。

相传童贯相貌魁梧，颌下长有十数根胡须，皮骨劲硬如铁，不像是一个阉人。

高俅见六贼纷纷被诛，终日惊恐不安，暴病而亡。

最后只剩下朱勔，赵桓派诛杀蔡攸的差人连夜赶赴朱勔贬谪地循州。差人来到王勔的住所，正是吃早饭的时候，一进院子，便被眼前的情景惊呆了：屋内躺着五具尸体，血迹未干，这些都是朱勔仅剩的几个家人。推站进屋，朱勔的尸体横卧在地，头颅却不知去向。再一看，头颅在北墙边的一张香案上，头颅的上方，立着一个木制牌位，上面用金漆书写着："圣公方腊千古"。

差人明白，这是明教中人所为，也不说破，只将朱勔的首级带回去交差。

山雨欲来风满楼

金兵撤走了，六贼伏诛了，朝廷上下无忧无虑，似乎将金人入侵的不快忘得一干二净。除了李纲、吴敏几个人常常提醒赵桓要备战固防之外，没有人记得这档子事了。

其实，平静的背后，预示着更大的风暴将要来临，因为，和平表象的背后，战争的硝烟并没有消散。金军的大队人马北撤之后，还留下了十几万大军围困太原城，边境上，宋、金之间的磨擦仍然不断发生。

五月，种师道与姚古、张灏两位将军约定，三军齐进，会师山西榆次，准备与围困太原的金军展开决战，以解太原之围。结果，因姚古的部将焦安国妒嫉种师道的军队，向姚古谎报军情，说种军离得还很远，姚古便让部队停下来等候种军。张灏见姚军停止不进，也下令停止前进。结果，种师道的部队孤军深入，此时，种师道身染疾病，由二弟种师中、三弟种师闵各率三万人马进军。结果，种师中被金军包围，孤军无援，战死沙场。

姚古也在盘陀驿遭到金军袭击，败退到隆德。

"文青"皇帝 宋徽宗

种师道得知弟弟遭人陷害，战死沙场的消息后，悲伤成疾，便以身体有病为由，告老还乡了。

种师中战死，姚古战败的消息传到京城，李纲大惊失色，查明原因后，立即上奏赵桓，赠种师中少师，贬姚古安置广东，将焦安国就地处死。另授解潜为置制副使，代替姚古之职。

前方战火不断，后方仍然在争论不休。

此时，朝中是主战派掌权，吴敏为宰相，李纲任尚书右丞兼知枢密院事，许翰同知枢密院事。三人日夜筹划调兵遣将，谨防金兵秋后入侵。

唐恪、耿南仲两人自从金兵围困东京、劝赵桓逃跑被李纲谏止之后，对李纲怀恨在心，一直想找机会把李纲挤出朝廷。得知种师道因病辞职，便联袂去找赵桓，说种师道请辞了，如今要解太原之围，非李纲莫属。

赵桓不知是计，还以为他们是忠心为国。于是下旨命李纲为大元帅，领兵去救太原。

李纲接旨后犯难了，如果去了前线，朝中的事情实在是放心不下，如果不去，又是抗旨不遵。

吴敏、许翰都看得明白，这是那些主和派要挤走李纲，便一齐劝李纲留下来。李纲于是上奏说："臣乃一介书生，不懂兵法战阵，难以带兵打仗，今为大帅，恐误国事。"

赵桓不答应。李纲又要求病退致仕，赵桓还是不肯。

朝中大臣们知道这件事后，纷纷上书，要求将李纲留在朝中。

耿南仲乘机密奏赵桓，说李纲游说大臣，要挟朝廷，意在不测。此时在各位大臣心目中，已经把李纲看成了擎天保驾，抗金卫国的中流砥柱。他们知道，在这个时候，朝廷离不开李纲。

真是人牵不走，鬼牵冒跑，赵桓对大臣们建议留下李纲的奏疏无动于衷，对耿南仲的谗言却信以为真，直斥李纲专权凌上。

许翰一看情况不妙，立即派人给李纲送去一张小纸条，李纲打开纸条一看，小纸条上就两个字:"杜邮"。

"杜邮"是先秦时期的一个故事。说是秦始皇当年命大将白起带兵征伐越国,白起宁死不受命,遭到放逐,当白起走到杜邮这个地方的时候,朝中使臣追来了,带来秦始皇的一道诏书和一柄剑,诏书就两个字:"赐死!"剑,当然是送白起上路的工具。结果,白起在杜邮被秦始皇赐死。

李纲当然知道这个故事,看了纸条后,流着眼泪长叹道:"大宋之事,不可为也!"无奈之下,只得打点行装,离开东京汴梁,带兵出征。

李纲在河阳用了十余天时间训练士兵,修缮武器,然后进驻怀州,大造战车,誓师御敌,他派解潜驻扎在威胜军,刘韐驻扎在辽州,幕官王以宁与都统制折可求、张思正等驻扎在汾州,范琼驻扎在南北关,相约三路并进,增援太原。

耿南仲、唐恪害怕李纲得势,又向赵桓提议同金人议和,他们暗地密令解潜、刘韐等武将,直接听从朝廷指挥,不必受李纲的约束。

李纲不愿上前线,却又不能不去,去了以后,却又没有指挥权,这个仗想不败也难。他当然不到前线来当摆设,上表向朝廷要指挥权,不想指挥权没有要到,却来了一纸调令召他回京,让种师道接替他的职务。

朝廷的这些宰臣,敌人来了做缩头乌龟,敌人走了搞窝里斗,不仅如此,他们还要去招惹金人。

肃王赵枢往金国做人质的时候,宋朝也扣留了金国的使臣萧仲恭和副使赵伦,萧仲恭、赵伦是辽国旧臣,为了达到回家的目的,两人谎称自己是不得已才投降金人,其实心里非常痛恨金人,时刻都想复国。如果宋朝能放他们回去,他们可以联络辽国旧将耶律余睹除去宗望、宗翰两人。

宋朝几个没脑子的宰臣包括吴敏在内,居然信以为真,写了一封信,蜡封后交给萧仲恭和赵伦,让他们回去策反耶律余睹,除去宗望、宗翰。

徐处仁、许翰两人虽然极力反对,但却阻止不了昏君和佞臣的愚蠢行动。

靖康元年八月,萧仲恭、赵伦返回金军营,第一件事便是将宋廷的蜡书交给宗望。宗望再转交给金主完颜晟。完颜晟看后大怒,任命宗翰为左副元帅,宗望

"文青"皇帝 宋徽宗

为右副元帅，兵分两路，牧马南侵。

宗翰率西路军从西京出发，直扑太原。

自去年十二月以来，太原城的军民在知府张孝纯、副都统王禀的率领下，万众一心，同仇敌忾，以弹丸之地，无数次击退了金兵的进攻，连续九个月固守了这座城池。太原成了宋朝抗金的一面旗帜。

这一次，宗翰下了死命令，一定要拿下太原，砍倒这面大宋朝引以为豪的抗金旗帜。

实际上，太原城的情况，可以用"惨烈"二字来概括，军民困守孤城九个月，内无粮草，外无救兵，已经到了弹尽粮绝的地步，金兵再次围城，城里几乎断粮，守城军民一天只能吃一顿饭，饿得连武器都拿不动，更不用说同敌人展开拼命搏杀了。

在金兵的猛烈攻击下，九月三日，太原城终于失陷，副都统王禀率领疲惫不堪的士兵同金兵展开巷战，最后居然突出重围，在金兵穷追不舍的情况下，不甘心做金兵的俘虏，纵身跳入滚滚的汾河，以身殉国。通判方笈、转运使韩撲等三十多人一并遇难。知府张孝纯被俘，最后经不住金人的利诱，变节投敌了。

太原一战，是金兵第二次南侵的揭幕战。

第二十二章

山河破碎

北宋版"烽火戏诸侯"

太原失守的消息传到京师,举朝震惊。

宋朝的君臣们,又在战、和之间发生了争吵,你言和,我主战,吵得个不亦乐乎。徐处仁、许翰是主战派,耿南仲、唐恪是主和派,吴敏原本是主战派,这次竟然也附于耿南仲、唐恪,主张言和。两派之争异常激烈,在朝堂上差一点打了起来。御史中丞李回受耿南仲的指使弹劾徐处仁、吴敏和许翰。

赵桓决意主和,下诏罢免了主战派徐处仁、许翰及吴敏,用主和派唐恪为宰相,何㮚为中书侍郎,陈过庭为尚书右丞,聂昌为同知枢密院事,李回签知枢密院事。并派著作佐郎刘岑到宗望军营请求和谈;太常博士李若水到宗翰军营中请求和谈。分别恳求金人暂缓出兵。

刘岑回来后,说宗望索要所欠的金银;李若水回来后,说宗翰要割让三镇之地。

赵桓再派刑部尚书王云出使金军,说愿意将三镇的赋税收入全部交给金国。

金人的意图是司马昭之心,路人皆知,其意已不再是三镇,而是大宋江山,偏偏赵桓缺心眼,始终看不明白这一点。

"文青"皇帝 宋徽宗

正在这时，李纲应召回京。

耿南仲、唐恪担心李纲又要主战，唆使言官弹劾李纲，说他劳师费财，有损无益。赵桓先贬李纲为扬州知州，接着又流放建昌军，最后发落到四川奉节安置。

更可笑的是，太原保卫战打响之后，赵桓下令，调集各路兵马北上，驰援太原。太原沦陷后，他听信唐恪、耿南仲之言，让奉命北上的各路兵马停止前进，四川、福建、广东、陕西的兵马都已经走在半道上，接到命令后，只好掉头回去了。

赵桓在耿南仲、唐恪的怂恿下，导演了一场北宋版的"烽火戏诸侯"闹剧。

"烽火戏诸侯"的闹剧可不是好玩的，当年的周幽王就曾为此付出了惨重的代价。此后不久，赵桓这场闹剧玩大了，大得让他失去了江山社稷，堂堂的一国之君，成了金人的阶下囚，这是后话。

宋朝君臣只想和谈，金国的兵马一路挺进。十月间，宗望率领的东路军越过中山府，在井陉一带击败种师道所部，围困了真定府。知府李邈快马传书，向朝廷连上三十四道告急奏章，都被唐恪、耿南仲扣压了。赵桓居深宫，不知道外面的世界。此时，真定府守军不足二千人，在李邈的率领下，居然坚守了四十多天，最后粮食耗尽，真定失守。

副都统刘翊率兵与金人展开巷战，部卒大多战死，刘翊大叫道："我乃宋将，绝不做金人的俘虏。"随之自刎而亡。

李邈被金人俘虏，仍骂敌不止，金人被骂得恼羞成怒，割掉他的舌头，最后竟将他凌迟处死。

太原、真定失守，大宋北部再无屏障，河北、河东一片惊慌。敌人已经进了门，朝中的几位大臣，仍然还在坚持和议。

宗望派杨天吉、王汭为使，来东京见宋朝皇帝。王汭气冲冲地将宋廷写给耶律余睹的书信丢在地上说，你们不肯割让三镇也就罢了，为何还要挑唆耶律余睹恢复契丹呢？

赵桓自知理亏，推说这是奸人所为，他不知道这件事情。

王汭并不想听解释，他们提出了两个条件，一是大金国必得太原、中山、河间三镇；二是宋朝派康王赵构到金国和谈。答应这两个条件，议和可成，否则，金兵将要攻占汴京。

赵桓迟疑地说："等我们商量以后再回答你好吗？"

"好吧！那你们商量去了。"王汭挖苦地说，"等你们商量好了，我们的兵马已经过了黄河。"

赵桓犹豫不决，还是没有立即答复。

"你们就派亲王到我们军前去说吧，我没有时间在这里等了。"王汭冷哼一声，扬长而去。

原来，上次宗翰一时疏忽，放走康王赵构之后，一直很后悔，他总觉得康王气宇轩昂，非等闲之辈，担心纵虎归山，后患无穷。因此，便在第二次兴兵南侵，连下太原等重镇的得势之时，提出让赵构前往议和，让他自投罗网。

赵桓见议和不顺，心里发慌，立即下诏，四处调兵进京勤王。由于有了上次"烽火戏诸侯"的闹剧，响应者寥寥无几。

种师道料定京城很难守得住，上表建议赵桓移驾长安，暂避敌锋。唐恪反而说他贪生怕死，怂恿赵桓召回种师道，命范讷接替种师道之职。

种师道奉召回京，见沿途宋军毫无准备，愤慨不已，从内心发出悲叹，有昏君如此，有佞臣如此，大宋朝真的是完了。他自知自己久经沙场，浑身都是病，只求速死。种师道回京数日，竟然真的病重身亡。

种师道是活活地被气死了。

金兵第一次围攻东京汴梁，全仗李纲、种师道二人主持战局，才使京城没有落入敌手。如今，种师道死了，李纲也被贬到扬州去了。京师真的无将了。

耿南仲、唐恪似乎并不担心金兵犯境，反而对贬到扬州的李纲念念不忘，再次将李纲贬为保静军节度副使，安置建昌军。

"文青"皇帝 宋徽宗
康王成漏网之鱼

王云出使金营回来了，带回来的消息让赵桓很失望：金人坚持要三镇之地，并且要康王亲自到金国去谈判，否则就发兵南下。

赵桓又慌了，召集文武百官在尚书省开会，专门讨论三镇的弃守问题。讨论来，讨论去，还是老生常谈，唐恪、耿南仲力主割地，何栗认为三镇乃国家之根本，不能割弃。唇枪舌剑，最终仍然毫无结果。

金人并不坐等宋朝的答复，他们表面上讲和，实际上仍然没有停止军事行动。

可怜大宋君臣，满朝文武，竟无一人识破金人这些鬼蜮伎俩。唐恪、耿南仲两位新任宰相，及朝中数十位大臣，都认为上次既然答应割让三镇，现在却又不给，这是大宋失信于金人。自己不守信用，怪不得金人发兵南下。为今之计，还是履行诺言，割让三镇才是上策。

刑部尚书王云建议，说谈判还得康王亲自前往，因为金人早就放话："须康王亲到，议乃可成。"

赵桓无奈，只得召见康王赵构，请他当议和大使，到金国去走一趟。为了安慰赵构，赵桓对他"赐以玉带，抚慰甚厚"。

说议和是好听的，明摆着是要把羊送进狼口里，可皇帝哥哥开口，赵构怎么能够拒绝呢？奉旨北上，是他唯一的选择。

赵构和王云带领随从一同出使，出了京城，一路北上，经滑州、浚州进入磁州地界，当地守将、知州宗泽闻讯赶来，在城外十里坡拦住赵构的车驾，不让赵构北上，他说："大王上次为人质，侥幸逃脱，为何又要重入虎狼之穴？"

赵构无奈地说："圣上有旨，不去就是抗旨啊！"

宗泽哭谏道："大王再重蹈覆辙，此去无异于肉包子打狗，有去无回。肃王被金人带走后，杳无音信。金人狡诈，用心叵测，明摆着就是要诱你北上，然后

将你扣押在北国。"

"我能怎么样？"

"将在外，君命有所不受，何况殿下贵为亲王？更何况明知前路险不可测？为大宋江山社稷计，大王千万不能北上啊！"

赵构终于想明白，已经有一个亲王做了人质，而且被带过了黄河，根本不可能再回来，自己再去，确实是白白送死。这一次与上次不同，上一次，金人是怀疑自己的亲王身份，让肃王换自己回来，这一次身份明确，下场也就可想而知了。

正在赵构犹豫不决的时候，很多百姓都围了过来，当他们了解了知州与这位王爷的对话内容后，七嘴八舌地议论起来。

王云怕耽误了行程，喝令百姓让路。

接下来发生的事，彻底地打消了赵构北去的念头。

人群中，不知谁大叫了一声："这不是狗官王云吗？"

"就是这个狗官，害得我们无家可归！"

"这个奸贼，又要去同金人议和，打死他！打死他！"

人群中，突然窜出几条汉子，将王云从马上拽下来，愤怒的人群一拥而上，将王云按在地上狠打。

宗泽知道百姓对王云恨之入骨。因为在抗金之战中，王云让磁州的百姓坚壁清野以抵抗金兵，将城外百姓的房子都扒掉了，弄得很多百姓无家可归。如果是为了抵抗金兵，百姓还是愿意作出这样的牺牲，因为百姓对金人恨之入骨。然而，朝廷并不是真的要抵抗金兵，而是铁了心要同金人讲和，眼前这个王云，几次路过磁州去同金人议和。百姓们都说他是汉贼。就在宗泽这么一犹豫，王云便被愤怒的人群打死了。

老百姓打死了王云，实际上表明一个态度，同金人不能讲和，以牙还牙才是正道。

有人说，百姓打死王云，是经过宗泽默许的，因为他是主战派。不然的话，当着知州和康王的面打死朝中大臣，这是一件不可思议的事情。

"文青"皇帝 宋徽宗

　　王云死了，赵构不能走了，但在磁州也不安全，因为金兵的侦察兵经常在城外出现，据说是在打探赵构的行踪。

　　相州知州汪伯彦得知宗泽留住了康王，而且得知康王在磁州也有危险，立即赶到磁州，力邀康王赵构南下，去相州隐居。

　　正是因为宗泽、汪伯彦这班大宋忠臣，才使赵构成为金人攻占汴京后赵宋王室唯一的漏网之鱼，为赵宋王朝留下这唯一的嫡系子孙，为后来建立南宋王朝留住了一位皇帝——宋高宗。

　　赵构到达相州后，汪伯彦极力建议他招兵买马，再挥师保卫东京汴梁。还给他引荐了一位顶天立地的英雄好汉，此人姓岳，名飞，字鹏举。

　　岳飞是相州汤阴县人。相传他出生的时候，一只大鸟在他家的上空盘旋，其父因之给儿子取名鹏举。岳家世代务农，父亲岳和，母亲姚氏。岳飞出生尚未满月，便遇上黄河发大水，洪水淹没了他的家园，他的母亲抱着他坐在一个大缸里，随水漂流，才得以逃生。岳飞家里虽然很穷，但他却非常好学，尤其喜好《左氏春秋》《孙吴兵法》，长大后拜在名师周同门下，学得一身好武艺，更兼臂力过人，两手能挽三百斤强弓，曾在刘韐部下当差，屡建奇功。

　　赵构问明了岳飞的来历，留在身边做了一名侍卫。

　　相州有一个巨盗名叫吉倩，此人武功高强，占山为王，官府奈何不得。赵构命岳飞去招抚吉倩。

　　岳飞领命，单枪匹马进了吉倩的山寨。吉倩也是一条好汉，他要求同岳飞比划比划，如果胜了，岳飞的命就得留下；如果败了，情愿率山寨四百名兄弟归顺朝廷。两人比箭、比力、比搏击，吉倩屡斗屡败，心甘情愿地随同岳飞投诚。赵构对岳飞另眼相看，授他为承信郎。

　　这一天，耿南仲突然来到相州，传达朝廷之命，说金兵即将攻打东京汴梁，命康王赵构赶快在河北招兵去保卫京师。

　　赵构奉命，在相州竖起了招兵的大旗。

　　其实，耿南仲此次出京，是同聂昌一起到金军中去求和，不料走到绛州，绛

人得知他们又是去金国求和，愤怒之下，杀了聂昌。耿南仲见势不妙，只得打消了北去的念头。他打听到康王出使金国并没有成行，而是隐居在相州，便跑到相州来传了这道圣旨。

其实，这是一道假圣旨，不过没有关系，这件事他倒没有做错。

铁蹄踏碎汴梁城

金人交替使用和、战的策略，一方面麻痹大宋君臣，一方面迅速向汴京进军。

宗翰自攻克太原以后，继续率兵南下，陷平阳，降隆德府，一路上长驱直入，直向黄河边挺进。宗翰的部队有八万人，其中，真正的女真人不过二万人而已，其余都是契丹人、汉人、渤海人，也就是说，宗翰的部队是一支杂牌军。

宋朝这次驻守黄河天险的是宣抚副使折彦质，他的部队有十二万人，还有守御使李回率领的一万骑兵协防。

从兵力上看，金兵处于劣势，且还是远道而来，宋军不仅在兵力上占优势，还是以逸待劳，按常规推断，金兵要越过黄河天险，恐怕比登天还难。

实际情况却大出人们的意料，金兵不但过了黄河，而且还是轻而易举，不费吹灰之力地过来的。说起金兵这次过黄河，绝对是一个笑话：金兵抵达黄河岸边，为了壮军威，他们在河对岸架起了数百面大鼓，整整敲了一夜，据说为了节省体力，他们把羊绑在鼓上，让羊敲鼓。第二天，战鼓停了，河对岸却不见了宋兵的踪影。

原来，河对岸的宋军听到鼓声，以为金兵大举来攻，吓得屁滚尿流，夹着尾巴逃走了。黄河不防守，金兵也就顺利过河了。数百头羊、数百面大鼓，吓跑了十三万宋军，这在中外战争史上，绝对是一个独一无二的典型战例。

黄河天险再次失守。

"文青"皇帝 宋徽宗

十一月二十五日，宗翰率领的东路军抵达东京汴梁城下，七天之后，宗望率领西路军在汴梁城下同东路军会师。一时间，大兵屯集，黑云压城，东京汴梁再度陷入万分危急之中。

汴梁城的军民，又一次面临着死亡的威胁，赵桓见强兵压境，派去金营求和的人去了几拨，连金营的门都没让进，就被人家给出撵回来了。无奈之下，赵桓只好硬着头皮应战，他一面将守城的七万士兵分成五军，命姚友仲、辛永宗为统领，登城御敌。一面催促大臣们出谋划策，以退强敌。

同枢密院事孙傅想起丘浚的《感事诗》中有"郭京、杨适、刘无忌，尽在东南卧白云"之句，突发奇想，张贴布告，要找一个名叫郭京的世外高人，让他来帮助退敌。天下事也真有这么巧，布告贴出不到一天，竟然真的有一个叫郭京的人找上门来。此人自我吹嘘，说他神通广大，能撒豆成兵，驱使六丁六甲神兵作战。

孙傅居然信了，将他推荐给赵桓。

郭京向赵桓保证，只要给他七千七百七十七人，他就可以退敌。赵桓居然也信了，立即授他京城忠郎之职，命他在全城军民中任意挑选、自行招募兵士。

郭京召兵，不问技艺，只看生辰八字，只要生辰八字对路就行。于是乎，京城的一些市井无赖纷纷前来报名，不到一天时间，便凑足了名额。一个平日在街上耍刀弄棒、叫薄坚的卖艺人被封为教头，一个叫刘宋杰的江湖卖药人被封为将军。

赵桓不相信种师道、李纲这样的忠臣，却想倚仗这支"神兵"来保卫京城。在国家生死存亡的紧要关头，军国大事被当作儿戏一般，这在中国数千年的历史上，恐怕又是一个空前绝后的笑话。

唐恪密奏赵桓，请他到西京洛阳去避难。赵桓不知哪里来的勇气，恼怒地说："朕死也要死在京城，哪里也不去。"

次日，唐恪给赵桓送来了一份辞职书，一问原因，原来是他退朝回家的时

候，被人痛打了一顿。打他的理由是，金人兵临城下，是他们这些奸贼造成的，如果不一味求和，金人也不至于如此猖狂。唐恪害怕了，故而递了辞呈。

赵桓知道唐恪非常不得人心，下诏罢免他宰相之职，让何栗接任宰相之位。

当时，天正在下着大雪，赵桓冒雪上城视察，并命御厨烧好热汤，送上城给守城的将士御寒。即使有皇帝御厨的热汤，但连续的大雪，还是有不少的宋军冻死在城墙上。

金兵生长在北国，天生不畏寒。望着漫天的大雪，赵桓心里着急，赤脚站在雪地里，祈求天能放晴，然而，他的愿望落空了，天不仅没有放晴，而且雪还在越下越大。看来，天也要灭宋了。

闰十一月初九，金兵开始大规模攻城，他们本想把整个汴梁城包围起来，但是，汴梁城太大，金军兵力不足，所以只围攻善利、通津、宣化三城门，每天矢石如雨，杀声震天。守城的宋军只是消极防御，尽管如此，由于城高墙厚，金兵很难破城，战事进入胶着状态。

二十日，赵桓诏命康王赵构为河北兵马大元帅，不久，赵桓又派人持蜡书向各路告急，任命陕西的范致虚为五路宣抚使，淮南的翁彦国为五路经制使，要他们立即率师勤王。

南道总管张叔夜父子三人率兵勤王，领三万人马杀到南薰门外，张叔夜只身进城，请赵桓移驾襄阳。赵桓仍然不愿离开京城，命张叔夜领军进城，提拔他为签书枢密院事，命他率兵助守。

同时，枢密院也行文各地帅府、监司、郡守，要他们尽其所有，起勤王之兵救援京师。并号召百姓拿起武器，抵抗外来之敌。可是，远水救不了近火，短时间内，哪里有勤王之师能够赶来？

硝烟弥漫，战鼓声声，又一次惊醒了道君太上皇赵佶耽于酒色声乐的绮梦。赵佶居住在龙德宫，担惊受怕，坐卧不安。金兵这次来得凶猛迅速，当他得知消息时，已经是兵临城下，将至壕旁了，再也不能出城逃跑了，只能坐在宫中干着

"文青"皇帝 宋徽宗

急，一点办法也没有。

这天晚间，一直侍候在他身边的老太监领一个人来见他。他见是一个普通民妇，开始并不在意，仔细看时，不觉大吃一惊，原来是他的旧相好李师师。因为街上太乱，李师师化装成普通民妇前来求见。赵佶尚未来得及问话，李师师抢一步跪下，尚未说话，早已是泪流满面，泣声奏道："情势危急，让太上皇受惊了。贱妾李师师身为女流，手无缚鸡之力，不能挥戈上阵，杀敌立功，甚觉惭愧。为报效国家，师师倾数十年积蓄，凑足白银二十万两，请上皇转交当今皇上，犒赏守城将士，聊尽绵薄之力。"说罢，将二十万两的银票双手呈给赵佶。

赵佶双手接过银票，心中一阵酸楚，第一次有了一种负罪感。国家弄到这般光景，自己罪责难逃。因为自己的罪行，让这个弱女子跟着遭难。想到这里，眼眶里涌出了泪水。他赶紧扶起李师师，二人抱头痛哭。

赵佶要留李师师在宫中过夜，李师师坚辞道："京城危在旦夕，恕贱妾不能奉陪。待击退金兵，汴京解转之后，师师愿与陛下长相厮守。"说罢，擦了擦脸上的泪水，转身急步出宫。

赵佶看着师师那孱弱的身影消失在夜色中，颓然坐下，两行热泪如雨般流下来。

宗翰见汴京久攻不下，又玩起了和谈的把戏，派萧庆进城，要赵桓亲自出城缔结盟约。赵桓不敢亲自去金营，只派冯澥和赵仲温到金营求和。宗翰的目的是见赵桓，根本就不见其他的人。

东道总管胡直孺率兵增援京城，被金军击败，胡直孺被擒，绑到城下示众，城中人更加惧怕。范琼带一千人出击，渡河时冰面崩裂，溺死五百人。

何栗想到了郭京和他的六甲神兵，郭京先曾几次推说，不到危急的时候，神兵不出，现在已到危急关头，何栗再次催促郭京率神兵出战。

郭京其实是一个骗子，他当然知道六甲神兵是什么东西，在被逼出战的时候，他就留下了退路，借口有人在旁边观看，法术就不灵验，把城头上的宋兵都撵下城，只留下张叔夜等少数几个人。

山河破碎 第二十二章

六甲神兵从宣化门出城,刚过壕沟,两路金兵迎面冲杀过来,这些六甲神兵,其实就是临时凑合在一起的乌合之众,连普通的士兵都不如,有的连放箭都不会,金兵铁骑冲入六甲神兵队中,如虎入羊群一般,军刀挥舞,人头落地,犹如砍瓜切菜一般。

郭京站在城头上,情知不妙,回头面对督战的张叔夜说,金兵太猖狂,他要亲自下城去作法。张叔夜下令打开城门,放郭京出城。

这位郭神仙出城之后,带着几个人,一溜烟逃跑了。

据说,这位郭神仙逃出汴梁后,一路南逃到襄阳,竟欲聚众为乱,被张恩正拘杀了,也算是罪有应得。可他作的孽,却远远不是他的死能赎回的。

郭京逃走之后,金兵乘机登上了无人防守的城墙,苦苦坚守了一个多月的京城,让一支荒诞的神兵给毁了。

张叔夜知道受骗,急命关闭城门,命令守军上城墙。但为时已晚,敌铁甲军已涌过吊桥,沿城架云梯,登上城墙,进入南薰门。

姚友仲奋勇阻敌,死于乱军之中;刘延庆夺门出奔,为金兵所杀;统制何庆言、陈克礼,中书舍人高振等力战至死;张叔夜率两个儿子奋力抵抗,父子力战受伤,只好退回内城。

汴梁城外城失守。

赵桓得知城门失守,大哭:"朕悔不用种师道之言,后悔莫及啊!"

赵桓似乎很少说真话,东京汴梁城破城之日,竟然发自肺腑地说了一句真话,可惜,真的是迟了。

第二十三章

靖康耻

赵桓献降表

京城沦陷之后，官民们终于觉悟到被郭京愚弄和出卖，恨不得生食其肉，而太上皇赵佶却不这样想，他认为京城沦陷，是少主祈祷不虔诚所致，或许是少主把童贯、蔡攸、梁师成、李彦等大臣赐死，违反了本朝太祖《誓词碑》中"不得杀士大夫及上书言事人"的规定，因而受到上天的惩罚。现在京城陷落，宗庙不保，惊骇、愁苦、悔恨、受辱的思绪一齐涌上心头，他不知道如何是好。远望四周城头，楼橹正在燃烧，冲天烈火把夜空烧得一片血红，照出了敌人黑色的旗帜，照出敌军人影绰绰，号角声和战鼓，震撼着京城大地。胜利者正在狂欢，在城头上俯瞰着围困中的百万生灵和其他猎物。见此情景，他不禁痛哭失声，感到愧对天下苍生，愧对祖宗的在天之灵！

龙德宫的侍卫们害怕兵荒马乱中出事，当夜自动护卫太上皇进入禁城。赵佶畏惧少帝怪罪，在禁城门外徘徊不前，不敢贸然进入，禁城中灯火暗淡稀省，到处像死一样寂静。夜里冻云密布，寒风刺骨，积雪已有尺余厚，他被迫等待少主的旨意。大约一个时辰之后，才被恩准入居延福宫，此时，他和贵妃、随从们几乎都冻僵了。

汴梁城虽然沦陷，城中的军民却不甘心做亡国奴，何㮚号召城中军民与金兵打巷战，闻者争奋，从者如云。数以万计的军民自发地组织起来，投入到巷战之中。

金军副帅宗翰有些害怕了，他知道，汴梁城内有数十万百姓，如果全部投入战斗，金兵将深陷其中。因此，他命令金兵不要下城墙，并提出与宋朝和议。

六神无主的赵桓得知金人愿意和谈，立即派宰相何㮚与济王赵栩、御史中丞秦桧等人前往金军营求和。

宗翰、宗望接见他们，宗望说，"自古有南即有北，不可有北无南，现在要谈的，就是割地问题，但要你们的上皇亲自来谈。"

何㮚、赵栩回城，将金人的要求转告给赵桓。

赵桓感到有伤国体，且也于心不忍，流着眼泪说："父皇经过这场大变，惊忧交加，大病一场，怎么能让他去呢？"表示自己愿意去青城金军营。

青城原是皇帝祭天之处，现为宗翰的帅府。

赵桓率何㮚、孙傅、陈过庭等几位大臣到金兵大营。恰恰中了金人的圈套。赵桓到金营后，金军统帅宗翰、宗望故意避而不见，只是派人索要降表。

赵桓不敢违背，只得命何㮚写降表献上，金人对降表措辞进行刁难，要求去掉"大金"两字，只称皇帝，抹去"大宋皇帝"四字，意思是只有金国皇帝，宋朝只配称臣，又把"负罪"改为"失德"，把"宇宙"改为"寰海"。赵桓一一照办，命孙觌反复斟酌，降表算是勉强通过。

接着，金人在斋宫里向北设香案，举行受降仪式，宗翰傲慢地坐在上面，命宋朝君臣面北而拜，以尽臣礼，宣读降表。当时风雪交加，赵桓君臣受此凌辱，都暗自落泪。

宗翰接受降表后，对宋朝君臣说："我国本不愿劳师动众，实在是你国君臣太昏庸，所以特来问罪。我们准备选贤者为宋国主，削去帝号。"

赵桓站在那里不敢出声。

何㮚抗争道："割地输金，都可以遵依，惟易主一事，不容再议。"

宗翰只是摇头。宗望狰狞地笑着说："既然愿意割地，快去割让两河之地，

"文青"皇帝 宋徽宗

至于金帛，那就先送来金一千万锭，银二千万锭，帛一千万匹。"

如此漫天要价、敲诈勒索，宋朝君臣实在是没有胆量答应。

"有困难，是吧？"宗翰冷笑一声说，"那你们就住在这里，想好了再回答。"说罢转身离去。

这就是说，金人已经将宋朝君臣扣押起来了，几时答应他们的条件，几时放人。迫于金人的淫威，赵桓只得硬着头皮答应金人提出的条件。

赵桓出了金营，想到在金营受到的屈辱，悲痛难抑，走到南薰门，见到在那里等候的群臣和民众，悲从心来，不禁号啕大哭。

赵桓回到宫里，张叔夜等迎上前放声大哭，赵桓也觉得这次是两世为人，流泪不止。宫内宫外，到处是一片哀恸之声。

何栗等人归来之后，以为和议告成，竟然约在一起，摆酒庆贺，至于金人索要的金帛从哪里来，今后的日子怎么过，似乎都不是他们担心的事情。

赵桓可不敢含糊，他命何栗、陈过庭、折彦质等为割地使，分赴河东、河北给金人割让土地。又派欧阳珣等二十人到各州县，通知地方官投降金国。

割地钦差到达两河传达圣旨，两河民众一片哗然，拒不奉诏。

欧阳珣虽为宣旨官，但却不愿做亡国奴，他在金人的押送下到达深州城下，冲着城上的守兵，大声喊道："朝廷为奸人所误，丧师割地，我特拼死来此，奉劝你们，要做忠义之士，守土报国，不要做亡国奴，不要投降金狗。"

随行的金人没有料到欧阳珣会来这一手，立即将他捆起来，送往燕京。金人对欧阳珣动用酷刑，最后，竟活活地将他烧死了。

赵桓刚派出传谕割地、劝降的人，金人就上门来催讨一千万锭金，二千万锭银，一千万匹帛。赵桓已经被吓破了胆，一意屈辱退让，又下诏增派侍郎官二十四名为根刮官，下令大刮金银，无论是宗室、权贵、商人还是娼妓，甚至连僧道都不能免，据记载，就连福利机构"福田院"里的贫民乞丐，也要"纳金二两，银七两"。

金人除了索要金、银、帛外，还要宋朝为他们提供后勤保障，今天来要粮食,明日来要骡马,后来又向宋廷索要少女一千五百人。

赵桓成了金军的后勤部长,金人要什么,他就得提供什么。就说那一千五百名少女,仓促之间,一时难以凑齐,赵桓便让后宫的嫔妃、宫女抵数,可怜一班宫娥彩女,得知要把她们送往金营受金人糟蹋的消息,很多人都投河自尽了。

少女之数总算是凑齐了,金银之数实在是无能为力,因为京师已经成为一座孤城,全城的财富已洗劫过一次,即使是挖地三尺,也不能满足金人的要求。金人没有得到他们想要的,赖着不走,扬言要纵兵入城抢劫,并要求赵桓再次去金营商谈。

赵桓想起上次去金营的情景,心有余悸,尽管心里一百个不愿意,但却又不敢拒绝。张叔夜闻讯赶来,跪拜于地说:"陛下千万不能去啊!去了恐怕就回不来了。"

赵桓扶起张叔夜,流着泪说:"朕为顾全满城百姓,冒死前往,实出于无奈,嵇仲留守京城,可要努力啊!"

嵇仲是张叔夜的表字,赵桓以字称臣,这是重托之意。

皇帝做了人质

赵桓抵达金营后,宗翰、宗望根本就不与他见面,将他们君臣软禁在军营斋宫西厢房的几间简陋小屋内。屋外还有金兵把守,天还没黑,金兵便用锁链将门牢牢地锁起来。大宋朝皇帝,成了金人的阶下囚。此时正是寒冬季节,朔风凌厉,滴水成冰。赵桓晚上睡在土炕上,仅有一床毛毯御寒,又冷、又饿、又悲、又忧,一夜辗转反侧,不能成眠。

太学生徐揆到金营投书,请求放还赵桓回朝,被宗翰杀死了。

割地使刘韐到金营,宗翰派仆射韩正告诉他,说相国(宗翰)很器重他,将

"文青"皇帝 宋徽宗

要重用他。刘韐义正词严地说:"忠臣不事二主,烈女不嫁二夫,我就是死,也不会投靠金人,并不想得到你们的重用。"

韩正哈哈大笑地说:"军中正在议立一个异姓人做南朝的皇帝,相国欲以你取代那个昏庸无能的赵桓,这样的好事你也不愿意?"

刘韐怒斥韩正,称绝不受金人的胁迫利诱。随即进入内室,写下几句绝命辞:

贞女不事二夫,忠臣不事两君,况主忧臣辱,主辱臣死,以顺为正者,妾妇之道也,此予所以必死也。

刘韐写完绝命辞,交给亲信送给他的家人,然后悬梁自尽,以身殉国。

赵桓去金营议和,一去不返,朝中文武大臣每天都到南薰门等候他归来,人没有盼到,盼到了圣旨:满足金人提出的所有要求,要什么,给什么,赎朕回朝。

宋朝的臣子们闻讯,加紧搜刮,开封府派官吏直接闯入百姓家里强索,横行无忌,如抓捕叛逆一般。为了防止百姓逃走,规定五家为保,互相监督,如有藏匿,即可告发。就连福田院的贫民、僧道、工伎、倡优等人也不放过。到正月十九日,才搜刮到金十六万两,银二百万两,衣缎一百万匹。

提举官梅执礼将金银布帛送往金营,宗翰见与他们索要的数目相差甚远,一怒之下,杀了梅执礼,将随行人员痛打一顿后,逐出了金营。

金人知道已经榨不出多少油,便改掠其他物品抵金银,如祭天礼器、天子法驾、各种图书典籍、大成乐器以及百戏所用服饰,都在他们的搜求之列。

抢完了东西,又开始抢人,首先是抢有技术专长的人,如医生、教坊乐工、各类工匠、课命官、卜祝司、天台官、六尚局修内司等,都列入了应抢黑名单,抢完了技术人才,接着又疯狂地掠夺妇女,几稍有姿色的女子,都被捉拿送往金营,供金兵淫乐。

灭宋，是金人的既定方针，所以，尽管宋朝君臣对金人俯首听命，要什么，给什么，但金人还是要废掉宋朝的皇帝。

靖康二年（1127年）二月初六，对于赵宋王朝，是一个耻辱难忘的日子，对于中国的历史，也是一个不能忘记的日子，这一天，宋朝皇帝赵桓被金人废为庶民。

二月七日，金人又传金主完颜阿骨打的旨意，将宋朝的两位皇帝都废为庶人，并命令上皇及太后等出城前往金营。

消息传到延福宫，赵佶与郑太后抱头大哭。然而，宋朝已成为金人案板上的一块肉，除了听任其大卸八块之外，没有丝毫的反抗之力。

赵佶将要出行的时候，留守的张叔夜匆匆赶来，跪下哭谏道："皇上已被金人拘押，上皇万不可再去，金人欲灭大宋的狼子野心昭然若揭。臣愿率将士，誓死保卫上皇突围。即使逃不出去，血洒在大宋土地上，也幽魂立夷狄为囚好。"

赵佶怕死，他宁愿做金人的阶下囚，也不愿冒险突围。张叔夜抱住赵佶的腿不让走。赵佶这个书画皇帝，此时倒生于满腔勇气说："如果我去金营，能把陛下换回来，我愿意前往。"

赵佶想得太天真了，金人的目的，是要将宋室子孙一网打尽，他们是不可能放赵桓回来的。

正在这时，早已投降金人的都巡检范琼来了，催促道："上皇，快起驾吧！金人都等得不耐烦了。我将车都备好了，快上车吧！"说罢，也不管赵佶愿意不愿意，硬将他和郑太后拽上了车。

牛车缓缓地驶出了延福宫，驶出皇城，驶出东京汴梁城。一代风流天子，从此走上了不归路。

接着，金人按范琼等人拟定的一份赵氏宗室人员名单，按图索骥，将赵佶的儿子、帝姬、妃嫔、驸马以及赵桓的后妃、太子和所有赵氏宗室的人，全部拘捕，一个不留。宫里抓不到的，就在全城搜捕，五户联保，不得藏匿，若藏匿皇亲国戚一人，就要灭九族。几天时间，共捉获三千多人，皇室中人一网打尽。金

"文青"皇帝 宋徽宗

人将他们一条绳子串了,牵往金营。

这中间,有一个重要人物漏网,她就是哲宗的元祐皇后孟氏,由于她是被废的皇后,居住在宫外,范琼、内侍邓述这些叛逆就没有将她列入花名册。这也就给宋朝从北宋到南宋的转换,留下了一个非常重要的过渡性人物。这是后话。

宗翰得到上皇赵佶后,命他们父子俩脱去龙袍,换上胡服。

李若水扑上前去抱住赵桓不让脱,并大骂金人,说这是大宋朝皇帝,龙袍是不能脱的。

宗翰见李若水忠义,似乎不想为难他,命人将他拖到一边去,李若水破口大骂,说宗翰是巨贼,金人是金狗。

金人恼羞成怒,用刀背砸李若水的嘴,牙齿被砸掉了,血流如注,李若水仍然是骂声不止,金人恼羞成怒,割断他的舌头,割断他的咽喉,李若水气绝而亡。

金人中有经过金人灭辽过程的,看到李若水宁死不屈的壮举,感叹地说:"辽国亡国的时候,有十多人死于忠义,南朝仅李侍郎一人,算是一个血性男儿。"

宗翰也叹李若水是一个忠臣,命人用一张破席子包住他的尸体,抬出去埋了。

傀儡张邦昌

金国人没有想到宋朝这么容易就被灭亡了,他们的本意,只是想惩罚一下宋朝的言而无信,没想到惩罚得如此顺利,不但攻克了宋朝的都城汴京,而且还一举俘获了赵宋的两任皇帝和宋室的龙子龙孙。胜利来得太突然,让金人有些措手不及,如何统治广大的中原地区和汉人,他们没有经验。于是,有人建议让辽国的降臣萧庆来统治中原,因为辽国毕竟占领过燕云十六州,有统治汉人的经验。

萧庆倒是有些自知之明，因为要威服这么多的宋人，统治大片的宋土，不是一件容易的事情，他赶忙表示，说自己能力有限，干不了这个事。金人又打算让刘彦庆来完成这项使命。刘彦庆本是辽国的汉人，是辽国降金的汉将。刘彦庆也是抵死不干，推说萧庆干不了，我就更不行了。

谁来统治中原地区成了一个难题。赵佶、赵桓两代帝被俘，宋朝是绝对不能再恢复，因为金人恨死了姓赵的，言而无信，说话不算话，总是欺骗他们。但金人又不想老待在中原，还想回到东北老家去，再说，他们也统治不了这个地方。这个残局由谁来收拾呢？最后，金主完颜阿骨打给出了答案：宋人治宋，建立一个傀儡政府。

宗翰派人进城告诉宋朝的大臣，叫他们自己推选一个有才能、有德行的人做皇帝，废掉赵氏。

宋朝的这些大臣纷纷反对，他们说赵宋统治天下已经有一百多年，深仁厚德，百姓众望所归，并无大错，至于对金人失信，那是权臣所误，错不在他。仓促册立，会四方不服。

灭宋是金人的既定方针，他们当然不会答应宋臣的请求，甚至扬言，如果不按照他们的意图办，就要下令屠城。

二月十一日，宗翰命吴开、莫俦将宋朝旧臣召集在一起，商议推举一个人出来做皇帝。非常时期，众人谁也不敢开口。留守王时雍私自问吴开、莫俦，金人到底属意谁。莫俦说金人属意太宰张邦昌。因为张邦昌曾在金军营中做过人质，对金人竭力谄媚奉承，摇尾乞怜，早为金人看中。王时雍说张邦昌恐难服众。正在这时，尚书员外郎宋齐愈从金营归来，带回了一张纸条，上面就写三个字："张邦昌"。金人并且扬言，如果不立张邦昌，他们就不退兵。

王时雍便把张邦昌的姓名列入议状，吴开、莫俦首先签名，孙傅、张叔夜却拒不签名，太常寺主簿张浚、开封士曹赵鼎、司门员外郎胡寅也都进入太学躲避，拒不签名。唐恪签名之后，不知如何良心发现，服药自杀了。吴开、莫俦便将情况向金人作了汇报，宗翰派人将孙傅、张叔夜抓走了。

"文青"皇帝 宋徽宗

王时雍召集百官到秘书省开会，议题是民主选举皇帝。然而，门外却有金兵守卫，看来，这个民主，是一种刺刀下的民主。

范琼并不待大家举手表决，当众宣布拥立张邦昌为帝。

金人之所以要选张邦昌，可能是觉得这个老头子比较好管，因为他曾同康王赵构一起在金营做过人质，整天哭哭啼啼，眼泪从来就没有干过。这样的人好摆弄。

御史马伸、吴给和中丞秦桧公然站出来反对，要求迎赵桓回朝。金人便将他们几个人抓走了。

三月七日，在金人的主持下，为张邦昌举行册命之礼，立张邦昌为楚帝，国号大楚。张邦昌粉墨登场，当上了金人的傀儡皇帝。

张邦昌得知自己被定为大楚皇帝，也是死活不干，他知道这不是小事，是诛九族的谋逆大罪。于是，金人放出狠话，说张邦昌如果不当皇帝，就血洗开封，要把开封城的男女老少杀个鸡犬不留。

张邦昌当皇帝，也是被逼的。

登基那天，张邦昌在文德殿接受朝贺，看着空荡荡的御座，触景生情，悲从中来，搞得即位大典像丧礼一样。百官被逼向新皇帝行君臣之礼，谁的脸上也没有喜色，总觉得别扭、凄楚。唯有王时雍、吴开、莫俦、范琼四个汉奸面带喜色，等着大楚皇帝册封，好做开国功臣。

古代皇帝的宝座都是面朝南方，背朝北方，所以说"南面为君，北面称臣"。张邦昌不敢坐御座，他叫人在御座旁另设一个座位，面朝东而坐，文武百官面向西给他行礼。

百官行礼的时候，张邦昌一定要站起来还礼，表示我不是皇帝。张邦昌也不敢穿黄袍，而是穿红袍；不敢张黄伞，张红伞；不敢称朕，称予，开口就是予怎么怎么样；下的命令也不叫圣旨；所有的宝殿，张邦昌都不敢进，还给贴上封条，封条上写着"臣张邦昌谨封"，表示他只不过是替大宋皇帝看摊子。

张邦昌任命的官员，前面一律加一个权字，如命王时雍为权知枢密院事，吴开同为权知枢密院事，莫俦为权签书院事，吕好问为权领门下省，徐秉哲为权领

中书省，权，即是代理的意思。

张邦昌做了皇帝，虽然没有改元，但却撤去了"靖康"的字样，唯吕好问行文，仍继续签署靖康二年。王时雍进殿，对张邦昌称陛下，自称臣，并劝他到以前宋朝皇帝坐堂的紫宸垂拱殿去接见金使，由于吕好问的力阻，才没有成行。

上皇赵佶得知张邦昌僭位做了皇帝，向少帝赵桓说："张邦昌若以节死，则为社稷增光，今已僭位，我们还有什么指望呢？"说罢，父子二人泪下沾襟。

其实，他们这是自作自受，因为张邦昌等一班奸臣，都是自己一手提拔起来的。

魂断五国城

从三月底开始，金人便开始撤离东京汴梁。

四月一日，赵佶、赵桓二帝及后妃、皇子、帝姬、驸马等四百七十余人，宫女、孝坊乐人等三千余人，被分为七批押解北上。

宗望押解上皇赵佶、郑太后、亲王、帝姬、驸马，赵佶众妃嫔及康王母韦贤妃、康王夫人邢氏，往滑州进发。

宗翰押解赵桓、皇后、太子、赵桓妃嫔及大臣何栗、孙傅、张叔夜、陈过庭、秦桧等，由郑州取道北上，各路人马，约定在燕京会齐。

赵佶一行即将启程之时，忽然有一个身着道服的女人，不顾金兵拦阻，欲进金营与上皇诀别，赵佶听到争吵声，远远望去，竟惊愕得两眼发直，原来，来人便是曾经让他神魂颠倒的奇女子李师师。

李师师得知京城失陷，金人将劫二帝北去，她以为宫眷不会同去，便想来寻到上皇赵佶，前往金国服侍他。竟不顾厉害地闯进了金营。碰巧闯进真珠营中。

真珠是宗翰的儿子，也是个好色之徒，他早闻李师师的艳名，金人攻陷京城后，他曾派人四处寻找，欲求一欢，只是杳无音信，这才作罢，此次李师师自

"文青"皇帝 宋徽宗

动送上门，令他大喜过望，问过姓名之后，竟将她拥住不放。李师师面无表情，推说让她见上皇一面，她便随金人北去。否则，就死在眼前。真珠便带着她来见上皇。

李师师来到赵佶乘坐的牛车旁，看着面容憔悴的赵佶时，泪如雨下，赵佶见了李师师，几次想开口说话，却又不知从何说起，两人竟大眼瞪小眼，泪眼婆娑。

真珠站在一旁，看到两人含情脉脉，醋意顿发，扯着李师师就走。李师师回过头，惨叫一声道："上皇保重啊！"说罢，哭着被金人拖走了。

真珠将李师师带到自己车上，好言相慰，李师师两眼呆滞，口里只是念叨着上皇，时过不久，突然两眼一瞪，仰面倒在车上，猝然而逝。真珠欲想抢救也无从下手。

后来经检验，才知李师师事先已经吞服了一枚折断的金簪。真珠叹惜不已，便在青城附近择地埋葬，立石以记，石碑上写着：烈女李师师之墓。并亲自吊祭一番。

赵佶这一路，分乘八百六十余辆牛车，由彼此语言不通的胡人驾车，一路凄风苦雨，受尽屈辱折磨。四月五日，赵佶见到韦贤妃（康王赵构之母）等人乘车先行而去，竟不敢吱声，不觉五脏俱焚，潸然泪下。四月七日，妃嫔曹才人如厕时，被金兵乘机奸污了。八日，抵达相州时，适逢大雨不断，车篷渗漏，不能遮雨，宫女们到金兵帐中避雨，又被金兵奸污，很多宫女当场被糟蹋至死。

赵佶看到这些，只能暗自叹息，毫无办法。北上途中，食物匮乏，又遭风雨侵袭，宋俘饿殍满地，惨不忍睹。

赵桓出发时，被迫头戴毡笠，身穿青布衣，骑着黑马，由金人随押，一副失魂落魄的样子，不但受尽旅途风霜之苦，而且还受尽金兵的侮辱。每经过一座城池，他都要痛哭一场，走到白沟这个昔日宋、金的界河的时候，发生了一件意外的事情。

张叔夜在途中早已绝食，仅饮水以维持生命，到白沟河的时候，驾车的人说："要过界河了！"原来，澶渊之盟划定，宋、辽以白沟河为界。

张叔夜一听要过界河，从此将进入异国他乡，突然弹身而起，仰天狂叫道："苍天，苍天，此身竟为俘囚，奇耻大辱啊！奇耻大辱啊！"喊罢，以右手自扼咽喉，惨叫一声而亡。

金兵围过来，见他左手却紧紧攥着，掰开五指，却见一张血写的字条，上面有七个血字："葬我于大宋国土"。

宗翰得报，哀叹不已，敬重张叔夜是个忠臣，命人将他葬在宋境之内。

随同押往金国的中丞秦桧，见张叔夜死得如此凄惨，吓得魂飞魄散。他自拘押北上以来，便被分在完颜阿骨打的弟弟完颜昌手下为奴，鞭挞羞耻，忍饥挨饿，实在是不堪忍受，看到张叔夜的下场，想到自己的后果，不寒而栗。他伤心对妻子王氏说，我们还年轻，不能再这样过下去，得赶紧想办法啊！

"那怎么办？"王氏说，"逃又逃不脱，连熟人也没有一个，谁能帮我们？"

秦桧泪流满面、唉声叹气，迟疑了一会，对王氏说："你就去求求完颜昌吧！我看他一路上总是偷偷地看你，似乎对你很有意思。"

王氏眼睛一亮，佯嗔地说："就凭我去求人家，动动嘴皮子，管用吗？"

秦桧有些不耐烦地说："都什么时候了，哪顾得了那么多虚荣？只要他能照顾我们，他想怎么的，就依了他，都这个时候了，还是性命最重要。"

这天夜里，王氏精心打扮一番，悄悄钻进了完颜昌的帐篷。

第二天，秦桧做了完颜昌的书办，渐渐成了完颜昌的亲信。后来，经金太宗完颜阿骨打同意，秦桧和他的老婆王氏回到南朝，官至南宋宰相。他自己谎称说是杀了金人看守逃回的，其实，他是做了金人的奸细。这是后话。

七月二十日，两路金军在燕山会合，赵佶、赵桓父子二人，大宋朝的两代皇帝在异国他乡相会，四十多岁的赵佶须发皆白，二十八岁的赵桓衣冠不整，父子二人，你看看我，我看看你，几乎是不敢相认。怔忡片刻，这才相互抱头痛哭起来。

"文青"皇帝 宋徽宗

金军会合之后，宗翰的儿子真珠求见宗望，宗望笑问他何事。

原来，真珠是一个好色之徒，逼死了李师师以后，又看上了赵佶身边婉容王氏和另一个帝姬刘氏，起了占有之心。由于赵佶这一路由宗望监押，因此，只好向宗望请求，叫他开方便之门成全他。宗望便来征求赵佶的意见。

赵佶此时连性命都不保，哪里还顾得了妻女？无奈之下，只得忍痛割爱，答应了宗望的要求。真珠带着赵佶的两个美人，回营受用去了。

九月，金人又将赵佶父子押送到更远的上京。

金人之所以再次将赵佶父子转移，是因为金人北撤以后，傀儡张邦昌自知皇帝那把交椅不好坐，他请元祐皇后出来主持大局，孟皇后以太后的身份，册立康王赵构为帝，建立南宋政权。

此时，南宋势力渐强，金人怕他们夺回被他们囚禁的两位宋朝的皇帝，使他们在同南宋政权的交涉中失去讨价还价的筹码。

赵佶父子再受颠沛流离之苦，跋涉千余里，抵达上京，开始的三千余人，到上京时死得只剩下一千多人。

金太宗完颜晟有意羞辱北宋君臣，让他们去拜祭金人祖庙，行献俘礼。

在金兵威逼下，赵佶、赵桓两父子脱去袍服，身穿孝服，其他人不论男女，都脱光了上衣，身披羊裘，腰系毡条，入庙行牵羊之礼。金国的君臣哄堂大笑，宋朝的宗室、大臣放声大哭。

接着，金人又逼迫他们在乾文殿拜见金太宗完颜晟。

赵佶、赵桓及太后、皇后，都要穿金人的平民衣服，以帕巾包头，外着衣裘。而其他诸王、驸马、妃嫔、王妃、帝姬、宗室妇女和太监们，一律赤裸着上身，披一件羊裘。身后插着五面白旗，上面分别写作："俘宋二帝""俘宋二后"、"俘叛奴赵构母、妻""俘宋诸王驸马""俘宋两宫眷属"。君臣人等跪在殿下听金人宣读诏书。

献俘仪式完成后，金太宗完颜晟打下令册封赵佶为昏德公，赵桓为重昏侯。这种封号，显然是侮辱他们的，并不是真的要让他们享受公侯的待遇。

此外，郑太后、朱皇后并封为夫人。三百名妃嫔宫女没为奴婢，到上京洗衣局干杂活,四百名宫眷送入元帅府女乐府,供金人淫乐。

赵桓的朱皇后不堪忍受侮辱,上吊自杀不成,愤而投水自尽了。

赵佶、赵桓两父子误国,耻辱却让这些女人来承担,朱皇后烈性,一死了之,而两位昏君却不顾廉耻,苟且偷生。

不久,金人又将赵佶、赵桓转移到荒凉而偏僻的五国城(黑龙江依兰县)居住。说是五国城,不过是一个边陲小镇。从此以后,他们便在这里定居下来。

南宋绍兴五年(1135年)四月二十一日,赵佶病死五国城。他做了二十五年皇帝,一年太上皇,九年囚俘。赵佶享尽了人间的富贵,也受尽了人间的屈辱,终于魂归道山,得到了彻底解脱。这年,他五十四岁,死后庙号徽宗。

绍兴二十六年(1156年),赵桓病死五国城。但他的死讯直到绍兴三十一年(1161年)才传到南宋。

宋高宗赵构表面上虽然痛不欲生,内心里却暗自高兴,上赵桓谥号"恭文顺德孝皇帝",庙号钦宗。

北宋自金人掳走赵佶、赵桓两个皇帝后,正式亡国。

从宋太祖赵匡胤开国,到赵桓亡国,北宋共经历了九个皇帝,一百六十八年。

跋

才华横溢的艺术家

中华上下五千年，在历代帝王中，爱艺术的皇帝一大堆，比如唐太宗、李后主、乾隆，但真正称得上艺术家的恐怕只有一个，那就是宋徽宗。徽宗在政治上昏庸无能，毫无建树，在艺术上却造诣颇深，瘦金体书法独步天下；丹青造诣堪称登峰造极，是一位才华横溢的艺术家。

独树一帜的书法

徽宗的书法艺术，在北宋末年独步一时，十六七岁时与驸马都尉王诜、宗室赵令穰过从甚密，这两个人都擅长绘画，而赵令穰又喜欢黄庭坚的书法，近朱则赤，近墨者黑，受赵令穰的影响，徽宗也喜欢书法。徽宗早年临摹薛稷、黄庭坚，个人书法稚嫩婉约。后期融合各书法家之长，自辟蹊径，独树一帜，字体刚劲强健，如屈铁断金，号瘦金体。瘦金体有骨感美，结字至瘦，颇具筋骨之力，似铁画银勾，字形夸张，线条丰腴，瘦硬却不失其肉。

有人称徽宗的书法笔势飘逸，如冲霄鹤影，高迈不凡，掠水燕翎，轻盈无迹，瘦劲而不纤，端整而不板。

才华横溢的艺术家

鹤影直冲云霄，是何等的潇洒飘逸；燕翎掠水，是何等的轻盈而不着痕迹！笔迹虽瘦，但遒劲而不纤细，字体端正，但又不显呆板。这种艺术境界不是一般书法家所能达到的。

南宋末年书法家赵孟頫曾说："所谓瘦金体，天骨道美，逸趣蔼然，细玩之，信不在李重光下，诚足珍矣。"

徽宗的书法作品传世者不多，稀世珍宝《牡丹帖》是瘦金体的代表作，全帖共一百一十字，潇洒飘逸，刚柔相济，结构、行笔恰在此时到好处，给人以艺术的享受。

徽宗不但擅长写楷书，草书也达到炉火纯青的地步，一气呵成，意先笔后，潇洒流落，笔翰飞舞，奔放流畅，字里行间全是霸王之气。现珍藏于辽宁博物馆的草书《千字文》，被誉为"下一人绝世墨宝"。

上海博物馆庋藏的徽宗《草书纨扇》，上面写"掠水燕翎寒自转，堕泥花片湿相重"十四个字，婀娜多姿，风流跌宕，恰似出水芙蓉，天然而去雕饰，也是不可多得的珍品。

徽宗的书法在当时深受欢迎，群臣皆以争得一轴为荣。相传有一次他到秘书省去，打开箱子，取出御书画，凡公宰亲王、使相从官，各赐御画一幅，兼行草书一纸，命蔡攸分给大家。群臣欣喜若狂，断佩折巾，争先恐后地索要，徽宗高兴得开怀大笑。这则皇帝赏赐臣下书画的故事，在中国书法史上传为佳话。

徽宗的瘦金体作为众星捧月的书体，有很多崇拜者。蔡京也曾模仿徽宗的瘦金体，蔡京的行书虽然不输徽宗，但瘦金体却模仿得四不像，他之所以临摹，只为拍君王的马屁而已。据说金国皇帝金章宗完颜璟非常喜欢汉族文化，也曾临摹过徽宗的瘦金体，但金帝的书法缺了徽宗书法之大气。

精湛的绘画艺术

徽宗自幼酷爱绘画艺术，十六七岁时就声誉鹊起。他的画路宽广，画技精妙，丹青卷轴，具天纵之妙，有晋、唐风韵。

"文青"皇帝 宋徽宗

徽宗的花鸟画尤为世人称道，传世的作品也以花鸟画居多。据邓白所撰《赵佶》一书统计，国内现存的徽宗花鸟画有：

故宫博物院收藏——《听琴图轴》《芙蓉锦鸡图轴》《祥龙石图》《枇杷山鸟图》《池塘秋晚图卷》《梅花绣眼图》《枇杷山鸟图》；

上海博物馆收藏——《柳鸦图》《柳鸦芦雁图》；

辽宁博物馆收藏——《瑞鹤图》；

四川省博物馆收藏——《蜡梅双禽图》；

南京博物院收藏——《鸜鹆图轴》；

现存台湾——《红蓼白鹅图轴》《山禽蜡梅图》《杏花鹦鹉图》《鸲鹆图》《香梅山白头图轴》；

流散在海外的——《竹禽图》《写生珍禽图》《四禽图》《御鹰图》《六鹤图》《栀雀图》《金秋英禽图》《五色鹦鹉图》以及藏于日本的小品《水仙鹤鹑图》《小鸠桃花》《桃鸠图》等。

这些画用笔细腻，逼真传神，具有独特的风格。《画继》记载，政和初年，他曾画了一幅《筠庄纵鹤图》，画面上二十只神态各异的白鹤，或游戏于上林苑，或饮水于太液池，或昂首向天，引吭高鸣，或刷洗羽毛于清泉。并立而不争，独行而不倚，闲暇之格，清迥之姿，寓于缣素之上，各极其妙，千姿百态，没有一个是相同的。如果不是大手笔，是很难达到这种境界的。

元朝人刘敏中说徽宗的鹤图，骨活神从，曲尽真态。另一元朝的贝琼评徽宗的《蝉雀图》所画螳袭蝉后，蝉环顾左右，布局恰当，非一般画家所能企及。

南宋初年的王廷珪《题宣和殿双鹊图》诗中说：

宣和殿后新雨晴，　两鹊飞来向东鸣。
当时妙手貌不成，　君王笔下春风生。

另一位南宋人李曾伯评论徽宗的《宣和浦禽图》说，徽宗的画技超群，落笔不凡，一片羽行，一株花卉，皆落笔不凡，精妙过人。

才华横溢的艺术家

宣和初年，徽宗又画了一幅《双鹊图》赏给中书舍人何栗，样书郎韩子苍赋诗赞道：

> 君王妙画出神机，　弱翅争巢并语时。
> 想见春风鸸鹊观，　一双飞占万年枝。

喜鹊站在万年枝（冬青树）上，神态自然，呼之欲出。

清人王士祯在其《池北偶谈》中记载了这样一个故事：武昌府有一个姓张的人家，儿媳妇狐仙缠身，请了几个道士驱鬼，都没有效果。一天，设宴请客，把徽宗画的鹰图挂在堂上让客人欣赏，狐仙来了之后，不敢进门，一天风平浪静。等客人散去，已是深夜时分，狐仙这才进去。妇人问狐仙，为何这时才来，狐仙说："你们家堂屋里有神鹰，看见我即奋爪搏击，如果不是它脖子上系着铁链，我就死无葬身之地了。"第二天，妇人将狐仙说的话告诉丈夫，将图中神鹰脖子上系着的铁链涂掉，到了晚上，狐仙果然被击死于堂下。这是一个神话故事，当然不可信，但也说明徽宗画的鹰栩栩如生，呼之欲出，与真鹰没有区别，狐仙才把画上的鹰当成了真鹰。蔡京题《御鹰图》，称之为神笔，并非溢美之辞。

徽宗的人物画也有很高的水平。元人汤垕在其所著《画鉴》说徽宗画的《梦游化城图》（佛教用语，即化出来的城市），在很小的画幅中，不但能画出上千个人物，而且还把城郭、宫室、麾幢、鼓乐、仙嫔、真宰、云霞、霄汉、禽兽、龙马等也描绘在上面，看后令人有神游八极的感觉。

徽宗的画，既有临摹，也有自己的创作。临摹的如故宫博物院收藏《摹张萱虢国夫人游春图》、现存于美国波士顿美术馆的《摹张萱捣练图》，笔墨生动，几可乱真。元代大画家赵孟頫说徽宗的人物画，风神法度可与顾恺之、陆探微一争高下。

徽宗人物画的真迹只有《文会图》（藏于台湾）、《听琴图》（藏于故宫博物院）两幅，《听琴图》画面上有一株苍松挺拔的松树，枝繁叶茂，高耸云天，树下一人身穿道袍，专心致志地弹琴。左右各有大臣一人，右边一人俯首凝视，

"文青"皇帝 宋徽宗

左边一人目视远方，全神贯注地听琴，他身后有一小书僮侍立，画的正上方有蔡京题的诗。

据后人考证，弹琴者为徽宗本人，右边俯首听琴者是蔡京。画面完整和谐，意境优美，给人以无限遐想，仿佛悠扬的琴声与雄浑的松涛声汇成了一首动人的合唱曲。

徽宗的山水画也气概不凡，有一幅《奇峰散绮图》，画的是秀丽山水，迢迢银河，琼楼玉宇，使人有身临其境，飘飘欲仙之感。《画继》一书称意匠天成，工夺造化，妙外之趣，咫尺千里。

现存于故宫博物院的《雪江归棹图卷》，也是一幅气势恢弘的作品，蔡京在题跋中称赞这幅画"水远无波，天长一色，群山皎洁，行客萧条，鼓棹中流，片帆天际，雪江归棹之意尽矣"。

除花鸟、人物、山水画之外，徽宗还擅长其他杂画，墨竹就是一例。《画鉴》说徽宗的花鸟、山石、人物画可入"妙品"，而有些墨花、墨石画则可入"神品"。他画的墨竹紧细不分浓淡，一色焦墨，从密处微露白道，自成一家，绝不蹈袭古人轨辙。

工于格律的诗词

徽宗的诗词在文学史上地位不高，但他贵为天子，也有大量诗词流传下来，但大都是一些粉饰太平之作，可取者不多。靖康之变之后，环境骤变，真是天上人间，伤感时事，也留下一些感伤诗。这些诗大都婉转流亮，发自肺腑，情真意切，悲怆欲绝，虽不能与王禹偁、梅尧臣、苏东坡、欧阳修、王安石、李清照等诗坛大家媲美，但也有自己的特色。可惜的是，当徽宗身陷五国城，沦为阶下囚后，因沂王樗、驸马刘文彦告变而心灰意懒，将他以前的诗作付之一炬，仅数十首留下来，真是一件憾事。

徽宗的诗分为四类。

才华横溢的艺术家

第一类是宫词。这些诗多是描绘宫廷景色，即兴吟咏，格调不高，《宋诗纪事》一书虽有收录，但流传不广，不为世人所知。如一首写宫中打水球的诗：

苑西廊畔碧沟长，　修竹森森绿影凉。
掷球戏水争远近，　流星一点耀波光。

第二类是题画诗。这些诗大都描写女性，清新自然，通俗易懂而又寓意深远。如《题修竹仕女图》：

瑶台无信托青鸾，　一寸芳心思万端。
莫向东风倚修竹，　翠山禁得几多寒。

瑶台是神仙所居之地，是指远方的情人；青鸾指传说中的神鸟。心中的人音尘阻隔，杳无音信，只得托青鸾传递候。一个疾情女子，春心脉脉，穿一件薄薄的翠衫，背倚修竹，思念远方的情人，尽管寒气袭人，也毫不在意。一个多情女子的形象跃居首位。

第三类是赐给臣下的诗。这类诗大部分是赐给宰相蔡京的，这些诗尽是粉饰太平之作，思想性、艺术性都无可取之处，只有一首《赵昌江梅山茶》颇可玩味：

赵昌下笔摘韶光，　一轴黄金满斛量。
借我圭田三百亩，　真须买取作花王。

这首诗写画家赵昌运用神来之笔，摘下春光置于画卷之中，百花盛开，如同一轴黄金。如果徽宗有三百亩畦田（卿大夫供祭祀用的田地），就全部种上花卉作为花王。诗意饶有趣味，使人浮想联翩。

第四类是沦为囚徒后的伤感之作。这类作品因身处逆境而显得感情真挚，哀婉凄凉，催人泪下。如：

"文青"皇帝 宋徽宗

其一　在北题壁

彻夜西风撼破扉，　萧条孤馆一灯微；
家山回首三千里，　目断山南无雁飞。

这首诗描绘徽宗被俘北上途中的酸辛。西风凛冽，摇撼门窗，馆驿萧条，一灯如豆，回首乡关，三千余里，仰望云天，无雁南飞。此情此境，实在是令人感慨万分。

其二

九叶鸿基一旦休，　猖狂不听直臣谋。
甘心万里为降虏，　故国悲凉玉殿秋。

北宋一共有九位皇帝，因此称作九叶鸿基，徽宗是第八位皇帝，到他的儿子钦宗时国祚中断，个中原因是没有采纳贤臣的忠言劝谏，于今悔之晚矣。山河破碎，北国为囚，遥望故国，悲怆难言，玉殿萧瑟，又逢深秋，怎不让人气塞咽喉！

徽宗的词也可分为三类。

第一类是描写帝王宫阙生活之作，如：

声声慢（春）

官梅粉淡，　岸柳金匀，　皇州乍庆春回。
凤阙端门，　棚山彩建蓬莱。
沈沈洞天向晚，　宝舆还、花满钩台。
轻烟里，　算谁将金莲，　陆地齐开。

才华横溢的艺术家

触处声歌鼎沸， 香鞯趁， 雕轮隐隐轻雷。
万家帘幕， 千步锦绣相挨。
银蟾皓月如昼， 共乘欢、争忍归来。
疏钟断， 听行歌、犹在禁街。

这是一个乍暖还寒的初春，岸柳吐绿，大地回春，凤阙端门已经搭起了山栅，装点得如同蓬莱仙岛一般。烟雾弥漫之中，到处悬挂着状如莲花的彩灯。耳目所及之处，笙歌鼎沸，鞍鞯生香，车轮驶过之处，隐约听到轻雷之声。看灯的人搭起帘幕，万家相连，如同锦绣一般。皓月当空，如同白昼。如此良辰美景，使人流连忘返，夜阑人静之时，钟声已稀疏了，但禁街上仍不时传来悠扬的歌声。这是一幅多么令人陶醉的太平景象啊！

探春令

帘旌微动， 峭寒天气， 龙池冰泮。
杏花笑吐香犹浅。 又还是、春将半。

清歌妙舞从头按。 等芳时开宴。
记去年、对著东风， 曾许不负莺花愿。

帘旌微微飘动，春寒料峭，池中的冰已开始融化，杏花正在逐渐开放，透出淡淡的清香，不过已是烂漫的春天了。春光如许，正是载歌载舞的好时机，等到百花万紫千红的时候，再设宴赏春。去年百花盛开时，对着骀荡东风，曾许下诺言：不辜负莺、花、燕，即有莺、花燕的地方饮酒探春。这首诗把宫廷的美好风光、帝王的闲适恬淡都描绘出来了。

第二类是悼亡之作。流传下来的只有一首"预赏景龙门追悼明节皇后"的《醉落魄》词：

"文青"皇帝 宋徽宗

醉落魄

无言哽咽，　看灯记得年时节。
行行指月行行说。
愿月常圆，　休要暂时缺。

今年花市灯罗列。
好灯争奈人心别。
人前不敢分明说，　不忍抬头，　羞见旧时月。

　　明节皇后，即林灵素所说的九华玉真安妃刘氏。宣和三年（1211年），刘氏病故，徽宗悲惜不已，当后宫众人前往吊唁时，徽宗掩面而泣。这首《醉落魄》词情真意切，感人肺腑。上半阕写去年上元节时，两人携手观灯，一边行走，一边低声诉说，愿花常开，明月常圆，有情人白头偕老。下半阕笔锋一转，写今年风景依旧，街市花灯罗列，而安妃已逝，空有满怀惆怅，又不便在人前诉说，更不忍心观看去年此时两人共赏过的那轮明月。通篇没有"相思"二字，但悼念亡人的一片挚情却绵绵不尽。给人以无限想象的余地。整篇词质朴自然，没有雕琢痕迹，哀婉动人，是一首非常成功的作品。

　　第三类是退位、被俘后的作品。这些作品抒发胸中愤懑，叙述自己坎坷困顿的遭遇，使人看后不禁流下同情之泪。除了那首《眼儿媚》外，还有一首《燕山亭》，也是一首非常好的作品。

燕山亭·北行见杏花

裁剪冰绡，　轻叠数重，　淡着燕脂匀注。
新样靓妆，　艳溢香融，　羞杀蕊珠宫女。
易得凋零，　更多少无情风雨。
愁苦！　问院落凄凉，　几番春暮。

凭寄离恨重重， 这双燕何曾， 会人言语？
天遥地远， 万水千山， 知他故宫何处？
怎不思量， 除梦里有时曾去。
无据， 和梦也新来不做。

这首词上半阕写一个妙龄女子试新妆，淡施脂粉，风情万种，芳香四溢，天上的仙女也自愧不如。但是韶光易逝，人生易老，经过几度风雨摧残，春已迟暮，庭院冷落凄凉，往日繁华不再，人也变老了。这俨然是作者自况，从雍容华贵的天子沦落成金人的阶下囚。下半阕抒写国破家亡的离愁别恨，家乡天遥地远，相隔万水千山，旧时宫阙何处寻觅，恐怕只能在梦里相见了。这首词哀怨低回，虽然说不上是千古绝唱，但也深深打动着读者的心扉。

推动文化的繁荣

由于特殊的身份，身为皇帝的徽宗，凭借其特殊的身份，对北宋末年的文化艺术，特别是绘画艺术的发展，作出了巨大贡献，有力地推动了当时的文化复兴。

徽宗组织人力收集整理古今名画，把上自三国时期的曹不兴，下至宋初的黄居寀的作品，共一百帙，分为十四门，总数达一千五百卷，编辑成《宣和睿览集》。在此之前，虽然也有人做过收集整理工作，但都没有达到如此规模。蔡京的儿子、《铁围山丛谈》的作者蔡絛说，徽宗自即位后，着意访求天下书法绘画，自崇宁末年便命宋乔年负责御前书画所，后来又命著名书画家米芾接替他，至崇宁末年，内府所藏已达千件有余了。

据《画继》一书记载，宣和殿御阁内庋藏有隋代画家展子虔的《四载图》，号称高品，徽宗玩赏，终日不倦，但四图只收集到三图，有一幅《水行图》是他人补遗之作，不是完璧，徽宗常常叹为憾事。一次，一位太监赴洛阳公干，在一

"文青"皇帝 宋徽宗

户人家见到一幅画，正是宣和殿中缺少的那幅，便立即收购过来，贡入御阁中，徽宗欣喜若狂。

徽宗还组织人编写过《宣和画谱》，成书二十卷，内府收藏的魏晋以来的名画尽收其中，计二百三十一家，作品达六千三百九十六件，详分为道释、人物、宫室、番族、鱼龙、山水、鸟兽、花木、墨竹、果蔬十门，并分别加以品评。托名徽宗御制的"叙"中说，编撰这本画谱的目的，是为了"见善以戒恶，见恶以思贤"。这本画谱是研究中国古代绘画不可多得的资料。

据《铁围山丛谈》记载，内府所藏名画，曹不兴的《元女授黄帝正符图》名列第一，与他同时代的魏国高贵乡公曹髦的《卞庄子刺虎图》名列第二。其实，《卞庄子刺虎图》是西晋人卫协的作品，《宣和画谱》的作者误认为是曹髦的作品。西晋人谢雄的《列女贞节图》名列第三。

据说有一次曹不兴画屏风，墨汁误落于纸上，曹不兴随手将掉落在纸上的墨汁勾勒成苍蝇之状，惟妙惟肖，孙权误以为是一只真苍蝇，以至于用手弹之。卫协画道释人物《七佛图》，从不画眼睛，有人请他补上，他却说，不能补，如果补上，佛就腾空飞去了。这两个人时代既早，画技高超，列为前两名，可谓实至名归。紧随其后的便是顾恺之、陆探微、张僧繇等人。唐代画家的作品很多，已不足珍贵了。

徽宗经常品赏揣摩这些名画，自然受益良多。

北宋的绘画艺术在徽宗时代达到了鼎盛时期，其时高手如云，名家辈出，这与徽宗关心画院、优待画家的做法密切相关。

画院在我国历史悠久，可以上溯到春秋、战国时期。到了五代十国时期的西蜀、南唐，画院大盛，当时的著名画家如高太冲、周文矩、顾闳中、董源、高文进、黄筌父子等，都在画院供职。

赵匡胤统一天下后，供职于南唐、西蜀以及中原各地的画家，纷纷归附。北宋沿袭五代旧制，也建立了翰林图画院，官职的设置，也较之前完备。除翰林院待诏、图画院待诏、图画院祗候补，还有翰林应奉、翰林画史、翰林入阁供奉、图画院艺学、御画院艺学、正画谕、画学正等，让这些画家粉饰太平，为统治者服务。

徽宗因喜好绘画，且画技精湛，爱屋及乌，对当时的画家、书法家也格外优待，改善他们的生活，提高他们的政治待遇。比如诸待诏立朝班时，画院的待诏站在最前面，以下是书院待诏、琴院待诏、棋院待诏等。其他局工匠发工资叫食钱，只有画院、书院发工资称俸直。书画院的人还可以佩鱼。所谓佩鱼，是指官员身上佩戴的鱼袋，不到一定级别不许佩戴，是身份尊贵的标志。

把绘画列入科举制度与学校制度之内，是徽宗的一大创举。

传说徽宗要建五岳观，召集天下名家数百人作画，绘画作品确实不少，但能让徽宗看得上的少之又少，于是，徽宗萌生了兴建画学，开科取士的念头。崇宁年间，徽宗以画家、书法家米芾为书画两学设博士，开始招收生员。当时的试题多采自古诗，谁能准确地画出诗句的意境，便能中选。这种考试别开生面，前所未有。至今还传为艺林佳话的考试题目有：

1. 野水无人渡，孤舟尽日横

"野水无人渡，孤舟尽日横"是寇准的诗句。要求作品不但要切合试题，更要构思巧妙，不落俗套。应试者有的画一只空船系于柳岸，有的画一只鹭鸶立于船舷，还有的画一只乌鸦栖于篷背，表示船上无人。但诗的原意是无人渡河，小船自有撑船的船夫，因而意境都不佳。唯独有一画者，画了一船夫卧于船尾，横一孤笛，风流飘荡，任意东西，而中选夺魁。

很显然，夺魁者的成功之处在于突破了常规思维定式的束缚，运用反向思维，立意构图，即以没有渡客来对比出寒江旷野中船夫的悠闲孤寂，从而切中了诗句中"无人"的真正含义。可见，反向思维立意在艺术创作中对突破常规思维定式，取得创造性思维成果的形成起着重要作用。它的突出特征是反常规性，体现一种创新精神。

2. 深山藏古寺

这名诗的意境隐在"藏"字。应试者有的把古庙画在山腰间；有的把古庙画在丛林深处。有的把庙画得完整，有的只画出庙的一角或庙的一段残墙断壁。

"文青"皇帝 宋徽宗

主考官看了很多幅,都不满意。就在他感到失望的时候,有一幅画深深地吸引了他,他再仔细端详了一番,便连连点头称赞,说:"好,好,这才是"魁选"(第一名)之作呀!

那幅画好在哪里呢?好就好在构思巧妙,那位高明的画家,根本就没有画庙。画的是崇山峻岭之中,一股清泉飞流直下,跳珠溅玉。泉边有个老态龙钟的和尚,一瓢一瓢地舀了泉水倒进桶里。就这么一个挑水的和尚,就把"深山藏古寺"这个题目表现得含蓄深邃极了。和尚挑水,当然是用来烧茶煮饭,洗衣浆衫,这就叫人想到附近一定有庙;和尚年迈,还得自己来挑水,可以想象到那庙是座破败的古庙了。庙一定是在深山中,画面上看不见,这就把"藏"字表现出来了。这幅画比起那些画庙的一角或庙的一段墙垣来,更切合"深山藏古寺"的题意。

那些落选的画家并非画技不好,如果不好,根本就没资格应考了,他们落选的原因是因为构思平庸。而那位聪明的画家过人之处未见得是绘画技术,但由于他巧于构思,选择了老和尚挑水的角度,就使画面含蓄,能启发别人的联想。对于作画来说,仔细审题,选择新颖的表现角度,巧妙地构思是十分重要的。作者深刻地发挥了想象能力,用他的巧妙的构思,完成了作品。

3. 嫩绿枝头一点红,动人春色不须多

多数应试者都是用花卉来表示春色,立意平平,难入主考官的法眼。唯独有一人画的是高亭,在绿色成荫的树丛中若隐若现,一位美人凭栏而立,体现出了闺中少妇因春色撩人而思春的意境。此画评为魁首。其他应试者大为叹服,心服口服。

4. 踏花归来马蹄香

画家们拿到试题后,面面相觑,一筹莫展。有的画家在"踏花"二字上下功夫,有的画面上画了许许多多的花瓣儿,一个人骑着马在花瓣儿上行走,表现出游春的意思;有的画家在"马"字上下功夫,画面上的主体是一位跃马扬鞭的少年,在黄昏疾速归来;有的画家在"蹄"字上下功夫,在画面上画了一只大大的马蹄,特别醒目。

有一位画家别出心裁,着重表现诗句末尾的"香"字。他的画面是:在一个

夏天落日近黄昏的时刻，一个游玩了一天的官人骑着马回归乡里，马儿疾驰，马蹄高举，几只蝴蝶追逐着马蹄蹁跹飞舞。

考卷交上来以后，主考官一幅一幅地审看，没有一幅画满意，当他看见蝴蝶追逐马蹄蹁跹起舞这一幅时，脸上露出了微笑，连声称赞："好极了！好极了！"于是选中了这一幅。

在这句诗题里，"踏花""归去""马蹄"都是比较具体的事物，容易体现出来；而"香"字则是一个抽象的事物，用鼻子闻得到，眼睛看不见，而绘画是用眼睛看的，所以难于表现。

被选中的这一幅，恰恰都没有体现出这个"香"字来，蝴蝶追逐马蹄，使人立即联想到马蹄踏花泛起一股香味而引来蝴蝶将其误作花，如此画境，自然成功地获得第一名。

5. 竹锁桥边卖酒家

许多考生从"卖酒家"三字着眼，去刻画酒店的摆设，以小桥、流水、竹林作为陪衬，没有表现出"锁"字的意境。只有李唐独出心裁，画了一弯清清的流水，一座小桥横架于水上，桥畔岸边，在一抹青翠的竹林中，斜挑出一幅酒帘，迎风招展。

李唐的画虽然没有画出酒家，但却很好地表现出酒家被竹林遮挡的"锁"字的意境，被徽宗评为这次考试的第一名，并录入图画院，后来李唐也成为北宋的著名画家。

6. 蝴蝶梦中家万里，子规枝上月三更

有一个名叫王道亨的生员，画苏武牧羊于北海，披毡持节而卧，一双蝴蝶在苏武身体上方飞舞，表现出苏武在沙漠风雪中羁旅愁苦之状。又画林木扶疏，上有子规（即杜鹃），月正当午，木影在地，亭榭楼观皆隐约可辨，准确地体现出了诗的意境。徽宗拍案叫绝，钦点王道亨为学录。

7. 六月杖藜来石路，午阴多处听潺湲

多数人画茂树临溪，一人面水而坐，表现了"听潺湲"之意，但缺少意境，

因而落选。独有一人画林木茂盛，浓阴匝地，山径崎岖，乱石铺疲乏，一人于树荫深处倾耳以听，但水在山下，目不能见，只能用耳朵听，"听瀑授"的意境表现得恰到好处，自然入选。

8. 万年枝头太平雀

这是徽宗亲自主持考试时出的试题，因考生不懂万年枝为何物，无人中选，实际上万年枝就是冬青树。

徽宗观察生活细致入微。一次，宣和殿前栽种的荔枝树结果，特地前往观看，发现孔雀在荔枝枝下，便召画师描绘。画师们各展技艺，妙趣横生，但画到孔雀飞往藤墩时，都是画右脚先举。徽宗摇头说画错了！画师们面面相觑，不知错在哪里。几天之后，徽宗召画师们询问，众人仍然不知错在哪里。徽宗说，孔雀升空，必先举左脚，检验发现，果然正确，众画师们大为叹服。

有一次，龙德宫落成之后，徽宗召画师们在屏壁上作画，画成之后，徽宗前往观看，没有一句夸赞之词，画师们格外紧张，突然，徽宗在一幅月季画前徘徊不已，一问才知道，那幅画是一位少年新进，没有什么名气。徽宗当场给那幅画的作者赐绯。按照制度，六品官才能赐绯，那位少年新进还没有进入仕途，得此殊荣，实属少见。众人不解，询问原因。徽宗说月季花春、夏、秋、冬四季及朝暮，蕊、叶各不相同，这幅画是春天正午时分的月季，没有丝毫差错，因此才赏赐他，众人佩服得五体投地。

录取进入画院的学生分士流、杂流两种，分室居住。士流兼学一大经或一小经。杂流只诵小经或读律考。每隔十天，徽宗便命宦官将两匣内府收藏的名画送往画院，让士子观看，但立下规矩，不得渍污、遗失。

画师们每作一幅画，都要先呈上草稿，然后再呈上真品。徽宗也不定期前往观看，如果对哪一幅画不满意，先用白色土涂去，令画家重新构思，直到徽宗满意为止。徽宗在位期间，是宋代画家人数最多的时候，有成就的画家达四十八人之多。